‘장판’에서 푸코 읽기

장애의
교차로에서
푸코를
만나다

박정수 지음

'장판'에서 푸코 읽기

오월의봄

차례

책을 내며

인권활동가들은 진보적 장애운동 현장을 '장판'(장애운동판)이라 부른다. 내가 '장판'에 온 것은 2016년 봄이다. 이전에도 잠깐씩 '장판'에 들른 적은 있다. '노들장애인야학'의 '수요인문학' 세미나에 정기적으로 참석했고, 2010년에는 '장애와인권발바닥행동'이 조직한 미신고 장애인 시설 조사에 참여했다. 그때 나는 연구공동체 '수유너머'에 몸담고 있었고, 인문학의 현장성에 대해 고민하는 와중에 '노들'과 '발바닥'을 알게 되었다.

2015년 내가 속해 있던 '수유너머R'이 해체되었다. 13년 동안 달고 있던 '수유너머 연구원'이라는 직함이 떼어지고, 나는 무소속이 되었다. 공허하면서도 홀가분했다. 다른 인문학 단체에 들어갈까도 했지만, '이제 그만할 때가 됐다. 뭔가 다른 일을 해보자'는 생각이 텅 빈 마음을 돌아다녔다.

몇 달을 빈둥거리다, 문득 언젠가 '수요인문학' 뒤풀이에서 내가 "만약 수유너머가 없다면 나는 노들에 있을 겁니다"라고 말한 기억이 떠올랐다. '그래, 노들이 있지. 노들로 가자.' 영화평론 하는 아내가 옆에서 "그거 좋겠네. 앞으로 장애운동이 사회학과 인문학의 블루오션이 될 거야"라며 거들었다.

그렇지만 '노들야학' 상근 활동가는 내게 너무 낯설었고, 한다 해도 시켜주는 이도 없을 거라고 생각했다. 인문학 연구 경력을 살려 도움을 주면서 새로운 글쓰기도 배울 수 있는 인터넷 언론사 '비마이너'가 딱 좋아 보였다. '비마이너'에 내 의사를 전했고, 두 달의 숙려기간과 '비마이너' 기자들과의 면접을 거쳐, 2016년 3월부터 대학로 '유리빌딩'에 있는 '비마이너' 사무실로 출근하게 되었다.

명함도 만들고 기자증도 받았지만, 나는 동료 기자들과 달리 급여를 받지 않았다. 그래서 마감에 쫓기는 '노동'에 시달리지 않고 일주일에 한 편 정도 내가 쓰고 싶은 기사를 쓰면 됐다. '수유너머R'의 동료였던 고병권 씨가 "와, 일주일에 한 편만 쓰고 이 안정된 자리와 멋진 동료와 매체를 갖게 되었다"며 부러워했다.

일주일에 기사 한 편을 쓰는 게 쉬운 일은 아니었다. 번역 문체와 의미 부여에 익숙해진 내 문장은 간결하고 정확한 사실 전달을 요하는 기사문과 좀처럼 간격을 좁히지 못했다. 첫 현장 취재부터 애를 먹었다. 발달장애인 부모회의 농성 현장 취재였다. 전원을 켠 채 들고 나간 카메라는 현장에 도착하고 얼마 후 배터리가 나가버렸고, 핸드폰으로 찍은 사진은 초점이 맞지 않거나 흔들렸다. 핸드폰으로 한 발언 녹음도 왔다 갔다 하느라 중간에 끊겨버렸고, 손으로 받아쓴 글씨는 나조차도 알아볼 수 없었다.

사무실로 돌아와 기사를 쓰려는데 막막했다. 문장의 시작과 끝, 접속어, 단어 선택 하나하나가 어색했다. 특히 농성의 이유와 의의를 생각하느라 시간을 너무 많이 허비했다. 다른 언론사들이 관련 기사를 모두 발행한 지 한나절이 지나고서야 기사를 등록했다. 등록한 기사는 그나마 편집장이 3분의 1 정도 교정을 보고 나서 발행할 수 있었다. 다음 날 편집장이 현장 취재는 다른 기자한테 맡기고 심층 분석 기사나 인터뷰 기사만 쓰시라고 배려 어린 지시를 했다. 현장 취재는 그게 마지막이었다.

'비마이너'는 내게 새로운 연구 공간이 되었다. 장애인, 성소수자, 홈리스, 탈가정 청소년, 무연고 사망자에게 일어나는 날것의 사건들은 내게 어떤 책보다 깊은 해석을 요하는 텍스트였다. 나는 저자 대신 인터뷰이가 들려주는 이야기에 매료됐고, 세미나 대신 편집회의를 통해 몰랐던 것들을 배웠다.

현장은 책으로는 알기 힘든 미묘한 진실을 알려주었다. 〈시설에 갇힌 성性, 마리스타의 집에 스포트라이트를〉이라는 글을 썼을 때다. '마리스타의 집'은 충주에 있는 남성 지적장애인 거주시설로, 수년간 반복된 거주인 간 성폭력 및 성추행 문제로 국가인권위원회로부터 폐쇄 권고를 받았다. 그런데 '마리스타의 집' 폐쇄 촉구 기자회견을 보고 의문이 생겼다. 동성 거주인 간 성폭행 및 성추행이라는 상황이 잘 이해가 안 됐다. 성폭행은 문제지만, 상호 성행위까지 문제 삼는 이유는 뭘까? 동성애라서? 아니면 지적장애인이라서? 그런 선입견이 오히려 문제 아닌가?

현장의 목소리를 들으면서 의문이 조금씩 풀렸다. 시설 조사에 참여했던 발달장애인 부모회 소속 어머니들을 만나 '마리스타의 집'에서는 성추행이 '놀이'처럼 하나의 일상이었다는 이야기를 들었고, 탈시설 활동가들을 만나 가톨릭 재단 시설의 현황과 시설의 고립성, 그 안의 무미건조한 일상에 대해 들었다. 다른 한편, 천주교 신부들의 성폭력 문제를 다룬 영화 〈스포트라이트〉(2015)도 보고, 교도소나 군대의 동성 간 성폭력 사건을 다룬 관련 자료도 찾아보았다. 그러면서 '강제냐 합의냐' 하는 이분법으로는 파악할 수 없는 구조적 성폭력의 실상을 이해할 수 있었다. 애초 장애인 거주시설은 성적 자유가 발현될 수 없는 곳이었다. 어릴 때부터 산속에 고립된 가톨릭 재단의 동성 공동체에 편입되어 살아야 하는 상황 자체가 성적 폭력임을 깨달았다.

2017년 3월 '노들장애학궁리소'가 창립했다. 김도현 씨를 비롯해 '장판'에 있던 연구 활동가들과 고병권 씨를 비롯해 '수유너머'를 정리하고 '장판'에 들어온 연구자들이 결합해 '유리빌딩' 4층 한 켠에 작은 연구공간을 만든 것이다. 장애학은 1970년대 영국 분리와 차별에 반대하는 장애인들의 운동 속에서 탄생했다. 한국 장애인 차별 철폐 운동의 최전선에 위치한 '노들야학'이 있고, '노들야학' 교사이면서 활발한 번역과 저작 활동으로 한국사회에 장애학 담론을 일으킨 김도현 씨가 있는 이곳에 장애학 연구 기관을 만든 건 너무나 당연하고 멋진 일이다. 나는 기쁜 마음으로 합류했다. '연구소'라는 단어가 지겨웠던 나는 '궁리소'라는 단어를 제안했다. 고병권 씨는 궁리소 소개글에서 '궁리窮理'란 단어에 장애를 규정하는 '근거에 대해서 바닥까지 따져 묻는다'는 의미와 함께, '장애'라는 이름 아래서 우리를 억압하고 병들게 하는 온갖 삶의 형식들을 부수어나갈 '실천적 전략을 모색한다'는 의미를 부여했다.

'노들장애학궁리소'에서 나는 세미나와 강좌를 열었고, '노들야학'에서 정규 과목으로 편성된 철학 수업을 했다. 그리고 차담회(차 마시면서 하는 좌담회)와 강좌에 참여해 다른 연구자들의 이야기를 듣고 배웠다. 그런 활동들은 '수유너머'에서 하다가 지쳐서 그만둔 것들이다. '수유너머' 공동체가 깨지면서 더 이상 코뮌commune의 삶에 대해 자랑스럽게 말할 수 없게 되자, 내가 가진 앎을 말할 힘도, 남의 앎을 들을 힘도 빠져나가버린 것이다. 그런데 '장판'에 들어와 장애인의 뜨거운 삶을 만나자 내 안에서 앎의 동력이 다시 생겼다.

'수유너머'에서 멈췄다가 '노들장애학궁리소'에서 재가동된 작업이 있다. 《푸코와 장애의 통치》* 번역과 '푸코의 삶과 사유'를 정리한 개론서 집필이 그것이다. 푸코와 관련된 그 작업들은 출판계약까지 했지만, 출판사와 내 안의 에너지가 떨어져 중단된 상태였다.

---

* Shelley Tremain ed., *Foucault and the Government of Disability*, University of Michigan Press, 2005.

'노들장애학궁리소'에서 나는《푸코와 장애의 통치》로 첫 세미나를 열었다. 이 책은 정상화normalization 권력에 대한 푸코의 이론적 분석이 척수장애인, 농인, 발달장애인 등 '장애disability'를 가진 사람들에게 가해진 통제와 그에 맞선 저항을 이해하는 데 활용되는 여러 방식들을 보여준다. 이 책을 소개받을 무렵 나는 푸코의 후반기 작업, 즉 '통치성governmentalities'(자기와 타자의 품행conduct을 일정한 방향으로 인도하는 효과를 지닌 일련의 테크닉들)에 대한 작업과 자기-돌봄의 윤리학에 대한 마지막 강의에 빠져 있었다.

한국의 지식사회에서 그동안 푸코의 후반기 작업은 이전의 권력 비판과 단절된 채 개인 윤리로 후퇴했다고 평가받아왔다. 이런 식의 가치 폄하는 권력에 대한 푸코의 계보학을 마르크스주의적 권력 비판의 연장선상에서 거칠게 이해해온 것과 무관하지 않다. 그런 제한된 시야에서 푸코의 정치철학이 마르크스주의와 갈등한 지점은 보이지 않았고, 또한 통치성의 관점에서 권력이 주체 형성과 맞닿아 있는 지점을 사유하려는 푸코의 후반기 작업이 이전 작업과 자연스럽게 연결되어 있다는 사실도 애써 무시되었다.

이런 시야의 한계가 존재했던 건, 노동운동을 사회변혁의 중심으로 여기는 진보주의자의 눈 말고는 푸코를 찾는 눈이 없었기 때문이다. 2000년대에 들어 장애인 운동이 침체된 노동운동을 대신하여 변혁운동의 최전선에 등장하고, 성소수자 운동이 새로운 좌파 어젠다로 대두하면서 푸코를 보는 시야도 훨씬 넓고 선명해졌다. 푸코의 권력이론은 장애인과 도착증자 같은 '비정상인' 범주를 형성하며 작동하는 권력 장치들을 분석한다. 따라서 그 권력 장치들에 직접 결부된 장애인들과 성소수자들의 저항 운동에 무기로 활용될 때 그의 권력이론은 비로소 담론적 생명력을 얻게 된다.

또한 근대 지식에 대한 푸코의 고고학적 비판(특히《말과 사물》)은 그동안 과학철학의 맥락에서 다분히 현학적으로 소비될 뿐이었는데, 장애인 운동 같은 소수자 운동이 성장하면서《말과 사물》(1966)의 부제 '인간학(인간과학)의 고고학'이 지닌 의미가 또렷이 보이기 시작했다. 말하고, 노동하고, 완벽한 유기체로 진화한 '인간'에 대한 근대 인문학의 지식이 어떤 인식틀을 통해 노동하지 못하고, 말하지 못하며, 손상된 신체를 '비인간화'했는지 비판할 수 있는 앎의 무기로 푸코의 고고학이 조명되기 시작한 것이다.

《푸코와 장애의 통치》가 특히 관심을 끌었던 건, 그동안 주목받지 않던 푸코의 '통치성' 개념을 가지고 장애인의 삶에 가해진 정상화 권력을 분석했기 때문이다. 그래서 흔쾌히 출판계약까지 하고 번역을 했는데, 갈수록 힘이 빠졌다. 외적으로는 '수유너머' 공동체가 붕괴되기 시작했고, 내적으로는 책 내용이 재미없게 느껴진 것이다. 이 책은 영국과 미국의 장애학 연구자들이 쓴 연구 논문들을 모아놓은 것으로, 장애학에 대해 잘 알지 못했던 나로서는 장애 문제에 대한 자세한 내용이 다소 지루했고, 그에 비해 푸코에 대한 논의는 (비중이) 너무 적고 거칠게만 여겨졌다.

그런데 '장판'에 들어와 '노들장애학궁리소' 세미나를 할 때는 달랐다. 그동안 '비마이너' 기자생활을 통해 장애인이 처한 현실을 목격했고, 장애운동의 쟁점과 전망에 대한 '장판' 내부의 고민도 접할 수 있었다. 그 후에 다시 보니 이 책의 진가가 보였다. 특히 진보적 장애운동의 이론 틀인 '사회적 장애 모델'(장애는 의료적 손상이 아니라 사회적 차별과 제도적 장벽으로 인해 발생한다는 인식 모델)에도 문제점이 있으며, 푸코의 통치이론이 그 부분을 보충할 수 있음을 구체적인 장애 현실에서 고찰한 점이 좋았다.

《푸코와 장애의 통치》 세미나에는 장애인 당사자, 장애인권 활동가, 다른 소수자 운동 활동가들이 참여했다. 이 책을 읽고 토론하는 데 더할 나위 없이 좋은 인적 구성이었다. 장애인·소수자 차별의 다양한 경험들이 쏟아져 나왔다. 그런데 새로운 문제가 생겼다. 세미나에 참여한 사람들 다수가 푸코에 대해서는 너무 적게, 그리고 거칠게 말한다는 점이다. 푸코를 처음 접한 활동가들이 푸코의 고고학적, 계보학적 개념들을 섬세하게 이해하기에 세미나 시간은 너무 짧았고, 그에 비해 각자의 활동 영역에서 폭로해야 할 차별의 현실은 너무 많았던 것이다. 그런 아쉬움을 달래기 위해서는 반대 방향의 접근이 필요했다.

《푸코와 장애의 통치》가 장애 문제를 고찰하며 푸코의 이론이 활용될 가능성을 타진했다면, 그 반대 방향에서 푸코의 사유를 훑으면서 장애 문제에 접근할 필요가 있겠다는 생각이 들었다. '노들장애학궁리소'를 연 지 1년째 되는 2018년 3월 나는 '장판에서 푸코 읽기' 강좌를 열었다. 이 강의를 계기로 푸코의 저작을 전반적으로 훑으면서 그의 사유 방식으로 장애 문제와 소수자 운동을 조망해보고 싶었다. 이를 위해 나는 '수유너머'에서 쓰다가 멈춘 '푸코의 삶과 사유' 집필 노트를 다시 꺼냈다.

2015년 봄 나는 디디에 에리봉의 푸코 전기를 시작으로, '주체와 진실의 관계'를 다룬 푸코의 1984년도 마지막 강의록* 부터 첫 저서《광기의 역사》(1961)까지 푸코의 삶과 사유를 거슬러서 훑어가는 2년 동안의 세미나를 끝마치고, 그 내용을 개론서 형태로 정리하는 집필 작업에 들어갔다. 외과의사의 아들로 태어나《광기의 역사》와《임상의학의 탄생》(1963)을 쓰게 된 과정, 최고 권위의 철학교수로서 시위를 조직하고 지식-권력을 비판한 의미, 동성애자로서 섹슈얼리티를 사유한 맥락 등을 시대순으로 정리해나갔다.

하지만 후반부로 갈수록 내 안에서 에너지가 고갈되는 걸 느꼈다. 어느 순간부터 디디에 에리봉의 전기와 푸코의 책 내용을 단순 요약하고 있는 나 자신을 발견했다. 푸코를 보는 나

---

* Michel Foucault, *The Courage of Truth: The Government of Self and Others II: Lectures at the College de France, 1983-1984*, Translated by Graham Burchell, St Martins Press, 2011,

의 시선에서 아무런 열정이나 호기심이 느껴지지 않았다. 이게 무슨 의미가 있을까? 푸코의 삶과 사유에서 무엇을 건져내 보여주고 싶은 건지 모르겠다는 회의가 들자 더 이상 집필을 이어갈 수 없었다.

그러나 '장판'으로 넘어와 장애 문제와 소수자 운동이라는 입각점이 생기자, 푸코의 사유가 훨씬 또렷이 보였다. 의료적 인간학에 입각한 장애등급제 앞에서 장애인이 어떻게 비인간화되는지 목격하면서 《말과 사물》의 인간학 비판도 눈에 들어왔고, 2017년 정신요양시설 실태 조사에 참여하고 궁리소 차담회에서 김원영 변호사로부터 정신병원 실태를 전해들은 것이 《광기의 역사》와 《정신의학의 권력》(푸코의 1973~1974년 콜레주 드 프랑스 강의록)을 이해하는 데 큰 도움이 됐다. 발달장애인의 탈시설, 특수학교, 성년후견인 문제는 '비마이너'의 핫이슈로, 푸코의 '자기와 타자의 통치' 논의가 그 이슈에 대한 입장을 갖는 데 많은 통찰을 주었다. '비마이너'가 장애 이슈와 함께 많이 다루고, 나 또한 몇 차례 당사자 인터뷰를 한 성소수자 문제는 푸코의 《성의 역사》 시리즈(1976~1984)를 운동의 맥락에서, 긴장감을 갖고서 독해하게 만들었다.

'장판에서 푸코 읽기' 강의를 하면서 나는 실로 오랜만에 '앎'이 '삶'과 일치하는 희열을 느꼈다. 그리고 매주 다뤄야 할 푸코의 저서와 꼭 맞는 장애 관련 이슈가 떠올라 일사천리로 강의 원고가 써지는 '기적'을 체험했다. 그때의 강의 원고를 다시 손보아서 이 책을 낸다.

나는 이 책이 '수유너머'에서 쓰다 만 푸코 개론서('푸코의 삶과 사유')를 완성한 것이라고 생각한다. 나로서는 '장판에서 푸코 읽기' 이외 다른 형태의 푸코 개론서를 쓸 수 없다. 마치 심해에서만 신비로운 빛을 발하는 해파리처럼, 운동하는 삶 속에서만 특유의 광기 어린 신비를 발하는 푸코의 담론을 만날 수 있기 때문이다. 여기와 다른 운동 '판'에서 또 다른 '푸코의 삶과 사유'가 쓰일 수도 있겠지만, 지금 나는 '장판'보다 푸코를 읽기 더 좋은 곳은 없다고 생각한다.

1

인간학과 장애학, **그 말과 사물**

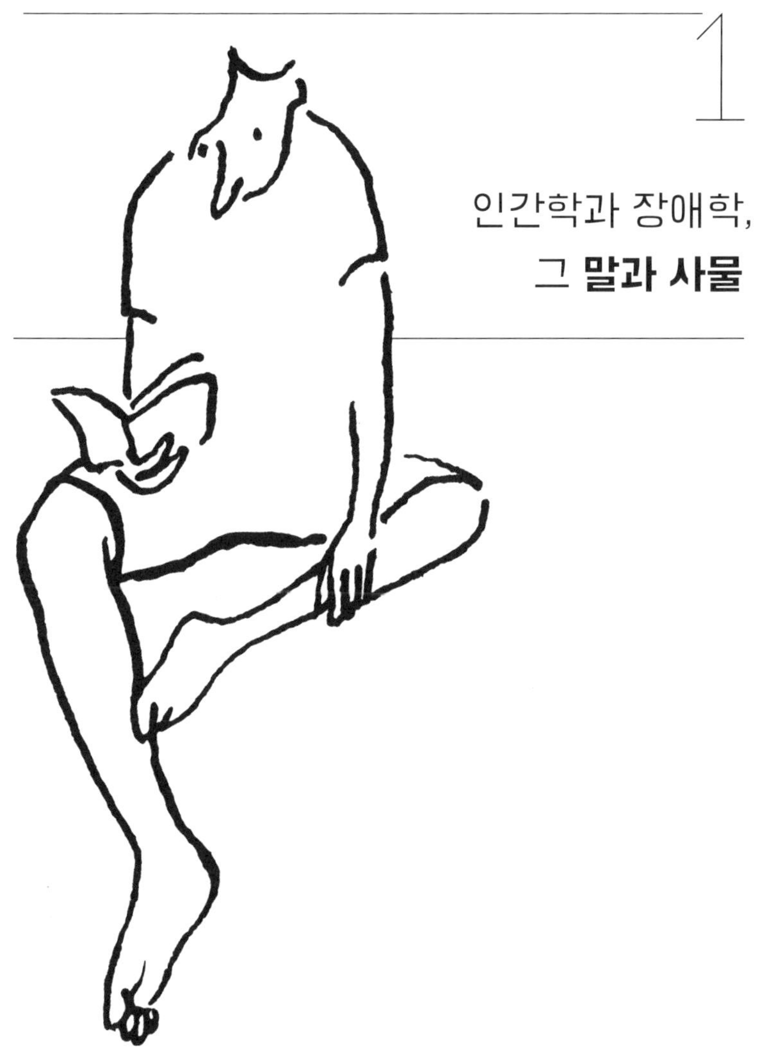

인간학의 질문

《말과 사물》(1966)의 부제는 '인간과학의 고고학Une Archéologie des Sciences Humaines'이다. '인간과학'이란 흔히 '인문학' 혹은 '인류학'이라 부르는 학문을 가리킨다. 어떻게 부르든 '인간', '인간됨', '인간의 본질'을 대상으로 '인간이란 무엇인가?'라는 물음을 따라가는 학문이다. 단어마다 지시 범위나 강조점이 조금씩 다르다. '인간과학'은 굳이 과학임을 주장할 필요가 있을까 싶고, '인문학'은 인간의 '무늬'(文)란 말이 너무 모호하고, '인류학'은 민족학ethnologie의 냄새가 너무 난다. 쓸데없이 덧씌워진 의미는 걷어내고, 가장 중립적인 의미를 지닌 '인간학'으로 부르려 한다.

인간학이란 뭘까? 푸코는 국가 박사학위 부논문으로 칸트의 《실용적 관점에서 본 인간학》을 프랑스어로 번역하고 〈칸트의 인간학에 관하여〉*라는 제목의 서설을 첨부하여 제출했다. 칸트는 1772년 겨울 학기부터 1796년까지 20여 년간 '인간학anthropologie'에 대해 강의했다. 인기가 많아서 출판 요구가 쇄도했지만, 강의 중이라 거절하다 1798년 74세를 맞아 출판했다. 이 책은 인간의 정신적 능력을 '인식능력', '쾌와 불쾌의 감정능력', '욕구능력'으로 나누어 고찰하고, 인간의 실존 방식을 '개인', '양성兩性', '민족', '인종', '인류'로 나누어 그 특성과

---

* 미셸 푸코, 《칸트의 인간학에 관하여》, 김광철 옮김, 문학과지성사, 2012.

위상을 검토한다. 다음 두 구절을 통해 칸트의 인간학 강의 내용을 어느 정도 맛볼 수 있다.

> 인식능력의 결함은 정신박약이든지, 정신병이든지 둘 중 하나이다. 인식능력에 관한 정신병은 두 가지 주요한 부류로 나뉜다. 그중 하나는 심기증hypochondria이며, 다른 하나는 조광증mania이다. (……) 정신착란은 경험 법칙과 일치하는(객관적인) 규칙과 어긋나는 독자적인(주관적인) 규칙을 가진 그런 사고의 자의적인 흐름이다.*

> 남성은 가정의 평화를 사랑하며, 자신의 일이 단지 방해받지 않도록 하기 위해서 즐겁게 여성의 지배에 복종한다. 여성은 가정의 싸움을 피하지 않는다. 그 싸움을 그녀는 혀로 수행하며, 자연도 이 목적을 위해서 남성의 무장을 해제시키는 수다나 풍부한 능력을 그녀에게 부여하고 있다.**

칸트는 《논리학 강의》 서론에서 '나는 무엇을 알 수 있는가?', '나는 무엇을 해야 하는가?', '나는 무엇을 희망해도 좋은가?', '인간이란 무엇인가?'라는 물음들이 철학의 분야를 나

---

* 임마누엘 칸트, 《실용적 관점에서 본 인간학》, 이남원 옮김, 울산대출판부, 1998, 123쪽.

** 《실용적 관점에서 본 인간학》, 260쪽.

눈다고 했다. 인간학은 이 중 마지막 질문에 답하는 학문이다. 실제로 18세기 중후반 서구에서는 '인간학anthropologie'이란 이름으로 '인간이란 무엇인가?'라고 묻고 답하는 형태의 지식이 쏟아져 나왔다. 신학적(형이상학적)이거나 철학적(관념적)인 차원이 아니라 경험적인 차원에서 과학적 태도로 말이다. 이 학문은 보통 '인간의', '인간 본연의', '인간의 고유한' 무엇을 탐구한다는 말로 자신을 소개한다. 인간학이라는 큰 범주 안에서 생물학·생리학·의학은 인간의 몸에 대해, 심리학·정신의학·정신분석학은 인간의 영혼에 대해, 경제학은 인간의 먹고사는 문제에 대해, 사회학은 인간의 무리생활에 대해, 언어학·문학·기호학은 인간의 소통 방식에 대해 다룬다. 칸트의 말처럼 이 학문들은 항상 결론에 '그래서, 인간이란 무엇인가?'라고 묻고 답한다.

모닝빵처럼 먹힌 '인간의 종언'

푸코에게 인간학이란 "칸트로부터 우리에게 이르기까지 철학적 사유를 지배하고 이끈 가장 기본적인 경향"***이다. 조금 더 구체화해보면, 이는 "인간이나 인간의 지배 또는 인간의

*** 미셸 푸코, 《말과 사물》, 이규현 옮김, 민음사, 2012, 468쪽.

해방에 관해 말하고자 하는" 경향, "항상 인간이 본질적으로 무엇인가에 관해 자문하며", "진실에 도달하기 위해서는 인간을 출발점으로 삼아야" 하고, "모든 인식은 인간 자신의 진실로 귀착된다"고 주장하는 경향이다. 푸코는 "사유하는 것은 바로 인간이라고 생각하지 않고는 사유하려고 들지 않는" 그런 인간학적 편견을 "도래할 사유를 끈질기게 가로막는 장애물"로 느낀다. 그리고 마치 선지자처럼 인간학의 종언을 예언한다.

> 사유의 고고학이 분명히 보여주듯이 인간은 최근의 시대에 발견된 형상이다. 그리고 아마 종말이 가까운 발견물일 것이다. (……) 어떤 사건에 의해 그 배치가 뒤흔들리게 된다면, 장담할 수 있건대 인간은 바닷가 모래사장에 그려놓은 얼굴처럼 사라질지 모른다.*

단언컨대 푸코의 말과 글 중 가장 난해한 것이《말과 사물》이다. 그럼에도 이 책이 마치 "모닝빵처럼 팔린"** 건 분명 인

---

* 《말과 사물》, 525~526쪽.
** 디디에 에리봉,《미셸 푸코, 1926~1984》, 박정자 옮김, 그린비, 2012, 278쪽. "초판 3,500부가 단숨에 매진되었다. 6월부터 재쇄에 들어가 5,000부를 더 찍었다. 그리고 7월에 새로 3,000부를 찍었고, 9월에 다시 3,500부, 11월에도 마찬가지였다. 이 추세는 다음해에도 계속되어 1967년 3월에 4,000부, 11월에도 5,000부를 찍었다. 1968년 4월에는 6,000부, 6월에도 6,000부였다. 철학서가 그런 부수에 달한 것은 아주 드문 일이었다. 1989년 이 책의 총 발행부수는 100만 부가 넘었다."

간의 종언을 선포하는 이런 멋진 문장들 때문일 것이다. 인간의 종언은 당시 젊은 지성인들의 시대정신 같은 것이었다. 제2차 세계대전 직후 스무 살을 맞은 푸코 연배의 지식인들은 헤겔과 사르트르로 대변되는 기성세대의 철학에 반감이 컸다. 대학 내의 헤겔주의든 대학 바깥의 실존주의든 결국 '인간 주체가 만들어가는 역사'를 믿는다는 점에서는 다르지 않았다. 나치와 스탈린의 전체주의를 경험하고 드골의 민족주의에 환멸을 느낀 푸코 세대에게 '인간 주체가 만들어가는 역사'는 끔찍하고 지긋지긋했다.

구조주의가 유행한 것도 같은 맥락에서 이해할 수 있다. 푸코는 구조주의자로 불리길 거부했지만 구조주의자로 불린 사람들과 공통된 태도를 갖고 있었다. 그것은 데카르트부터 사르트르까지 한 번도 단념되지 않은 '인간의 주체성'에 이의를 제기하는 태도이다. 프로이트의 정신분석학에 구조주의를 결합시킨 라캉은 무의식 이론과 주체성 이론은 양립할 수 없다고 선언했다. 그 때문에 사르트르는 정신분석학의 무의식 이론을 거부했다. 당대 최고의 문화인류학자 레비스트로스도 구조주의적 분석틀을 내세워 인간의 주체성에 이의를 제기했다. 심지어 마르크스주의자인 알튀세르 역시 마르크스주의의 본령은 초기의 인간소외 이론이 아니라 자본의 구조를 분석한 《자본》(1867)에 있다고 주장했다. 1960년대 프랑스 지성인들에게 구조주의는 인간의 주체성을 근간으로 삼은 전통철학의 거부이자 기존 체제에 대한 비판으로 인식되었다. 구조주의가 지닌 체제비판적 성격은 구조주의의 원천이라 할 수 있는 소련과 동유럽의 언어학, 민속학, 신화학이 스탈린에 의해 분쇄된 것에서도 드러난다. 구조주의 안에는 정통 마르크스주의와 공산주의에 조종을 울리는 무언가가 있었다.

하지만《말과 사물》은 정작 인간학이 왜 사라져야 하는지, 인간학의 어떤 점이 새로운 사유에 걸림돌로 작용하는지 구체적으로 설명하지 않는다. 이후 1970년대에 이르러 푸코는 인간학이 근대 규율권력과 맺는 동맹관계를 비판하는데,《말과 사물》에는 아직 그런 비판이 등장하지 않는다. 여기서는 다른 방식의 비판이 이뤄진다. 그것은 인간학을 당연하고 필연적인 것으로 여기는 사고방식을 무너뜨리는 방식이다. 사람들은 흔히 우리가 바로 인간이므로 인간이 주체로서 인간 자신에 대해 탐구하는 것이 지극히 당연하다고 생각했다. 그전까지 그러지 못한 것은 인간이 소외되어 있었고, 인간 정신의 발달 수준이 낮았기 때문이라는 것이다. 푸코는 그런 목적론적 역사관을 비판하면서, 대안으로 고고학을 제시했다. 그는 인간학을 역사적 필연이 아니라 고고학의 유물처럼 다루었다.

푸코의 고고학:
지식의 조건을 묻다

고고학archéologie의 작업은 땅에 묻혀 있던 유물이 드러나면서 시작된다. 그렇게 발굴된 유물을 복원하고 다른 유적과 비교하면서 그것이 원래 사용되던 맥락과 조건, 기능과 의미를 추적한다. 푸코는 그와 같은 방법으로 지식의 기원을 추적한다. 시작은 역시 유적 발굴이다. 지식사의 유적은 고문서이다. 푸코는 역사 교과서의 정전 대신 여기저기 흩어진 고문서들을 발굴한다. 그 문서 중 상당수는 푸코가 스웨덴의 웁살라 대학에 근무할 때 고문서 수집가 에리크 발러Erik Waller가 웁살라 대학 도서관에 기증한 것이었다. 그 엄청난 양의 고문서는 16세기에서 20세기 초반까지 작성된 총 2만 1,000개 품목의 편지, 원고, 희귀본, 마법의 책 같은 자료들로, 대부분 1800년 이전에 인쇄된 것이었고, 특히 의학 관련 문서들이 주를 이뤘다.

푸코는 담론 통제 장치에 의해 억압되는 두 종류의 지식에 관해 이야기한다. 하나는 목적론적 역사주의에 의해 억압된 과거의 파편화된 지식으로, 이는 고고학적 작업으로 발굴되어야 한다. 또 하나는 권위주의적인 학문 제도에 의해 억압된 민중의 지식으로, 이는 권력관계의 말단에 있는 실행자 및 희생자의 말과 일상 속에서 발굴되어야 한다. 푸코는 이 둘을 연결하여 기존 담론권력에 저항하는 것이 자신의 역할이라고 생각했다. 특히 고문서들을 발굴, 복원, 해석하는 고고학적 작업은 엄청난 노력과 인내력 그리고 지적 역량을 필요로 한다.

푸코의 고고학에는 지질학적 발상이 있다. 푸코는 고문서의 지식을 과거의 지층 속에 파묻혀 있다가 출토된 광물로 본다. 그것을 분석해보면 원래 묻혀 있던 지식의 지형을 알 수 있다.

> 우리가 명백히 드러내고자 하는 것은 인식론적 영역, 즉 인식이 합리적 가치나 객관적 형태에 대한 기준 바깥에서 검토되고, 인식의 실증성이 파묻히며 이런 식으로 인식의 완벽성이 증대하는 역사보다는 오히려 인식을 위한 가능 조건의 역사가 드러나는 **에피스테메**인데, 이 이야기에서 반드시 나타나게 마련인 것은 지식의 공간에서 경험적 인식의 다양한 형태를 야기한 **지형**이다. 우리의 시도는 전통적인 의미에서의 역사라기보다는 오히려 고고학이다. (강조는 인용자)*

푸코의 고고학이 구조주의와 비슷해 보이는 것은 이 때문이다. 그는 지식의 역사를 개별 지식의 통시적 발전사로 보지 않고, 그 지식이 형성된 지층의 변천사로 다룬다. 과거의 인식 지층이 어떤 공시적 체계를 이루고 있는지 규명하고, 그 체계가 붕괴하면서 어떤 새로운 체계가 형성되어 그 위에 쌓이게 되었는지 탐사하는 것이다. 지식이 형성되기 위해서는 그것을 가능케 하는 조건이자 체계가 있어야 하는데, 푸코는 그것을 에피스테메épistémè라고 부른다. 《말과 사물》 서문 첫 페이지에 등장하는 '중국의 백과사전'에서 우리는 '에피스테메'의 존재를 느낄 수 있다.

---

* 미셸 푸코, 《말과 사물》, 17쪽.

> 보르헤스의 텍스트에 인용된 '어떤 중국의 백과사전'에는 동물이 다음과 같이 분류된다. ⓐ 황제에 속하는 동물 ⓑ 향료로 처리되어 방부 보존된 동물 ⓒ 사육동물 ⓓ 젖을 빠는 돼지 ⓔ 인어 ⓕ 전설상의 동물 ⓖ 주인 없는 개 ⓗ 이 분류에 포함된 동물 ⓘ 광폭한 동물 ⓙ 셀 수 없는 동물 ⓚ 낙타털과 같이 미세한 모필로 그릴 수 있는 동물 ⓛ 기타 ⓜ 물 주전자를 깨뜨리는 동물 ⓝ 멀리서 볼 때 파리같이 보이는 동물.**

푸코는 이 황당한 분류가 "우리의 사유, 우리의 시대와 우리의 지리가 각인되어 있는 사유의 친숙함을 깡그리 뒤흔들어 놓는 것" 같아서 한바탕 웃음을 터뜨렸다고 한다. 이 분류표를 보면 꼭 있어야 할 무언가가 없다는 느낌이 든다. 사물을 분류할 때 꼭 있어야 하는 어떤 것, '황제에 속하는 동물'과 '향료로 방부 처리된 동물'을 연달아 놓을 수 있는 어떤 '테이블', 어떤 '공간'(장소), 혹은 어떤 질서나 틀이 이 분류표에는 없다. 그것이 바로 '에피스테메'이다.

칸트식으로 말하자면, 어떤 대상에 대한 인식 경험, 혹은 경험적 인식이 이뤄지는 것은 그것을 가능하게 하는 틀이 경험에 '앞서', 경험의 '조건'으로서, 즉 선험적transcendental으로 있기 때문이다. '에피스테메'는 칸트가 말한 선험적 인식틀이다.

** 《말과 사물》, 7쪽.

칸트는 그 인식틀의 보편성을 찾으려 했다. 하지만 푸코는 영원하고 세계적인 보편적 인식틀 같은 건 없다고 보았다. 어떤 인식 대상을 출현시키고 그것을 인식하는 방식과 인식 요소를 구성하는 에피스테메는 시간적으로나 공간적으로 유한하다는 것이다. 푸코에게 선험적 인식틀은 역사적이고 사회적인 것이다.

인간의 본질,
노동·생명·언어

그렇다면 인간을 인식 대상으로 출현시킨 인간학의 에피스테메는 어떤 것일까? 푸코는 '인간'에 대한 지식의 에피스테메를 추적하는 대신 '노동'·'생명'·'언어'가 경험과학의 대상으로 출현하게 된 에피스테메의 변천사를 추적한다. 왜냐하면 노동·생명·언어에 대한 실증적 지식이 응집되면서 '인간'에 대한 지식이 출현했기 때문이다. 노동·생명·언어를 경험적 실체로 다룬 경제학·생물학·언어학이 출현하고, 그 인식 지층 위에서 노동하는 존재로서의 인간·진화의 정점에 있는 생명체로서의 인간·언어를 통해 상징 세계를 구성하는 존재로서의 인간에 대한 지식이 축적되기 시작한 것이다.

인간학은 살아가고, 말하고, 생산하는 범위 내에서 인간을 겨냥한다. 인간은 바로 생물로서 성장하고, 기능과 욕구를 지니고, 인간 자신에게서 맺어지는 유동적인 좌표들의 공간이 열리는 것을 보고 일반적으로 육체적 삶에 의해 생물계의 나머지와 철저하게 엮이며, 물건과 도구를 생산하고 자신이 필요로 하는 것을 교환하고 자신에 의해 소비될 수 있는 것이 유통되고 자신이 중계 지점으로 규정되는 온전한 망을 조직하는 만큼 살아가면서 다른 사람들과 직접적으로 뒤얽히는 것으로 보이며, 끝으로 언어를 사용하기 때문에 자기 자신을 위해 온전한 상징 세계를 구성할 수 있는데, 이 상징 세계 내에서 과거, 사물, 타자와 관계를 맺고 또한 이 상징 세계로부터 지식 같은 것을 구축할 수 있다.*

노동·생명·언어에 대한 실증과학의 지평 위에서 인간에 대한 탐구가 시작되었다고 할 때, 바로 그 인간학의 에피스테메 위에서 '장애'라는 개념과 '장애인'이라는 인식 대상 역시 출현했다고 유추해볼 수 있다. 즉 노동을 통한 가치 산출 능력이 인간의 본질로 구성되면서, 그런 노동 능력이 결핍된 인간으로서 장애인이 인식 대상으로 출현한 게 아닐까? 생명과 언어의 측면에서도 같은 방식으로 장애인이 인식 대상으로 떠올랐을 것이다. 즉 인간이 기능들의 유기적 총체로 정의되면서 그 기능에 손상을 입은 인간으로 장애인이 인식되고, 언어적

* 《말과 사물》, 480쪽.

의사소통이 인간의 본질로 정의되면서 그 언어 능력이 결핍된 인간으로 장애인이 인식되기 시작한 것이다.

고전주의적 재현의 붕괴와 사물의 출현

인간학의 에피스테메에서 노동·생명·언어는 칸트가 말한 '사물 자체Ding an sich'처럼 선험적 객체로 출현했다. 노동·생명·언어는 인간의 본질을 구성하는 것이지만 인간보다 앞서 언제나 이미 존재하며, 인간의 주관으로부터 독립된 법칙과 역사를 따른다. 노동·생명·언어에 대한 이런 근대적 인식틀은 17, 18세기 고전주의 에피스테메가 붕괴한 자리에 새롭게 형성되기 시작한다.

근대적 에피스테메와 달리 고전주의 에피스테메는 인간의 관념으로부터 독립된 '사물 자체'를 상정하지 않는다. 사물 혹은 자연은 그것을 표상하는 인간의 관념 표상représentation으로만 존재한다. 데카르트의 '나는 생각한다. 고로 존재한다'는 명제처럼 사유하는 것이 곧 존재하는 것이며, 사물의 존재 형태는 그것을 표상하는 관념 및 말의 질서와 원칙적으로 같다. 그 에피스테메에서는 객관적 대상으로서 '인간'이 보이지 않았다. 마치 보는 눈 자체는 보이지 않는 것처럼, '인간'이 너무 가까이 있어서 그 경계가 보이지 않는 것이다.

고전주의 에피스테메에서 생물을 포함한 자연은 감각에 의해 가시화되고 이성에 의해 위계적 질서를 부여받았다. 자연은 가시적 기관의 형태, 수, 비율, 위치에 따라 저마다 고유한 특성으로 파악된다. 그 특성들의 동일성과 차이에 따라 자연은 종별화되고 위계적으로 분류되었다.

> 자연사의 대상은 작용이나 비가시적 존재에 의해서가 아니라 표면과 선에 의해 마련된다. 계통적인 단위에 따라서라기보다는 오히려 기관들의 가시적인 모양에 의해 식물과 동물이 보이는 것이다. 동물과 식물은 호흡이나 내부의 체액이기에 앞서 발과 발굽, 꽃과 열매이다. 자연사는 본질적인 종속 관계 또는 조직 관계가 없는, 가시적이고 동시적이며 병존하는 변수들의 공간을 가로지른다.*

푸코에 따르면, 고전주의 에피스테메상의 자연사에서 자연(생물)을 분류하는 방식은 찰스 다윈 이래 근대 생물학의 지식보다 오히려 '부richness'를 분석하는 중상주의자들의 이성과 더 많은 공통성을 지닌다. 고전주의 에피스테메에서는 가치를 '생산'하는 '노동'이 보이지 않는다. 중상주의로 대변되는 고전주의 가치 분석의 관심 영역은 '부'가 '표상'되는 장, 상품의 가치가 비교·분석되는 교환의 장이다. 그래서 교환 수단이자

---

* 《말과 사물》, 208쪽.

가치 비교의 척도인 화폐가 주된 분석 대상이다. 푸코는 근대 경제학의 창시자로 함께 호명되는 애덤 스미스(1723~1790)와 데이비드 리카도(1772~1823) 사이에 놀랍게도 에피스테메상의 단절이 있다고 말한다.

애덤 스미스는 '부'를 노동량(노동시간)으로 분석했다는 점에서 근대 경제학의 창시자로 불리지만 푸코가 보기에 그것은 고전주의 경제학자인 튀르고Anne Robert Jacques Turgot(1727~1781)나 캉티용Richard Cantillon의 분석과 별반 다르지 않다. 교환의 척도를 노동의 양에서 찾은 이는 캉티용*으로, 이는 고전주의 에피스테메에서 별로 벗어난 것이 아니다. 캉티용과 스미스에게 노동의 양은 계측을 위한 도구에 지나지 않는다. 이들에게 노동의 가치는 교환의 장에서 노동자가 먹고살기 위해 구매한 재화의 양으로 환원된다. 결국 노동자의 '필요'가 가치의 척도로 규정되는 것이다. 마찬가지로, 스미스에게 중요한 것은 가치 '척도'로서의 노동이다. 모든 상품은 일정량의 노동을 표상하며, 모든 노동은 (노동자가 필요로 하는) 일정량의 상품을 표상한다.

고전주의 가치 분석과의 근본적인 단절이 일어나는 것은 리카도에 이르러서다. 리카도는 가치의 척도가 아니라 가치의

---

* 캉티용(1680s~1734)은 화폐의 수량을 중요하게 여긴 이론가로 화폐의 유통 속도와 양을 결정하는 요인을 추산했고, 귀금속의 국제적 배분이 자동적으로 조정된다는 이론을 발전시켰으며, 통화량이 여러 가지 방법으로 증가할 때 그 방법 각각이 경제 활동의 순환에 미치는 영향을 탐구했다.

'원천'인 노동에 주목했다. 노동을 빈곤한 자연 환경에서 가치를 산출하는 인간 활동으로 정의하고, 교환의 장이 아니라 생산의 과정에서 파악한 것이다. 그에 따라 상품 가치는 가치가 표상되는 교환의 법칙보다는 가치를 산출하는 생산의 조건과 환경에 의해 결정된다고 여겨진다.

고전주의 에피스테메에서 언어는 자연을 표상하는 수단 혹은 이성의 질서를 담는 그릇으로서 보편성을 지향한다. 《말과 사물》 첫 페이지에 인용된 '중국의 백과사전'을 다시 보자. 이것은 보르헤스의 수필집 《또 다른 심문들》(1952)에 실린 〈존 윌킨스의 분석적 언어〉에 인용된 것으로, 실은 보르헤스가 상상해낸 것이다. 하지만 존 윌킨스John Wilkins(1614~1672)는 고전주의 시대에 실존했던 인물이다. 그는 인류의 사고 전체를 조직하고 담아낼 수 있는 보편 언어를 만들고자 노력했다.

> 윌킨스는 세계를 먼저 마흔 개의 범주 또는 종種으로 나눈 뒤 그것을 다시 차差로, 또 그것을 다시 류類로 나누었다. 그리고 각각의 종마다 두 글자로 이루어진 단음절 문자를 부여하고, 각각의 차에는 자음 한 개를, 각각의 류에는 모음 한 개를 부여했다. 예를 들어 de는 원소元素를 의미하며, deb은 원소 중에서도 제1번 원소인 '불'을 의미하고, deba는 불이라는 원소의 일부인 '불꽃'을 의미하는 것이다.**

고전주의 에피스테메에서는 이렇게 언어를 구성하는 낱

말이 자연의 질서를 구성하는 특성을 반영한다. 고유명사에서 추상명사까지 단어가 지칭 범위에 따라 분절되는 원리와 자연이 위계적으로 분류되는 원리는 같다. 명제 안에서 단어를 일정한 방식으로 분절한 뒤 그에 맞춰 자연을 일정한 방식으로 지칭하고, 가장 근원적인 지칭에서부터 점진적으로 의미가 파생되는 원리는 이성의 문법과 원칙적으로 같다. 따라서 문법 역시 이성처럼 보편적이어야 한다.

고전주의 에피스테메가 붕괴한 이후로는 보편 문법을 추구하는 경향이 사라지고 각기 다른 민족어의 문법을 비교하는 경향이 나타났다. 보편 문법이 언어의 재현 능력, 즉 의미화signification 능력에 근거하는 것과 달리, 비교 문법은 굴절, 모음 교체, 자음변이 등 비의미적 요소와 음운 및 형식 형태소를 비교 기준으로 삼는다. 생물학에서의 생명 유기체와 마찬가지로, 언어가 물질적 요소들(음운)의 기능적(문법적) 통합체로, 각기 다른 언어 환경 속에서 변이하는 역사적 구성체로 파악된 것이다.

** 호르헤 루이스 보르헤스, 《또 다른 심문들》, 정경원·김수진 옮김, 민음사, 2019. 176~177쪽.

에피스테메의 진화와 인간의 출현

고전주의 에피스테메는 17세기 중반 르네상스 에피스테메가 붕괴한 자리에서 형성되었다. 고전주의 에피스테메에서 '표상représentation'이 맡은 지식 생산 원리를 르네상스 에피스테메에서는 '닮음ressemblance'이 맡았다.

> 텍스트에 대한 주석과 해석을 이끈 것은 바로 닮음이다. 닮음에 의해 상징작용이 체계화되었고 가시적이거나 비가시적인 사물의 인식이 가능하게 되었으며 사물을 나타내는 기법의 방향이 결정되었다. 세계는 안으로 접혀 포개어졌다. 대지는 하늘을 반영했고 별에는 얼굴이 비치었으며 풀의 줄기에는 인간에게 유용할 비밀이 숨어 있었다.***

'닮음'은 크게 네 가지 원리, 즉 인접한 사물들 간의 '부합convenientia', 멀리 떨어진 것들 간의 '경합aemulatio', 관계들 간의 '유비analogie', 사물들 간의 '감응sympathies'에 의해 발생한다. 사물들의 유사성은 드러나 있든 숨겨져 있든 사물들의 표면에 흔적을 남긴다. 르네상스 에피스테메에서 언어는 사물들 간의 유사성을 알려주는 표징signatures이 되며, 그 표징들을 해석해내

*** 미셸 푸코, 《말과 사물》, 45쪽.

는 박물학적 이성이 지식 생산을 주도한다.

서구의 인식 지층에 '인간'이 출현한 것은 17세기 중엽과 18세기 말엽에 일어난 두 번의 인식론적 지각변동 이후의 일이다. 르네상스 에피스테메에서는 우주와의 유사성을 응축하는 소우주로서 사물 속에 잠겨 있었고, 고전주의 에피스테메에서는 자연의 질서를 표상하는 이성 안에 잠겨 있었기에 '인간'은 보이지 않았다. 고전주의 에피스테메가 붕괴하고 노동·생명·언어가 실증과학의 인식 대상으로 출현하면서 인간은 고된 노동을 통해 생명을 영위하며 불투명한 언어로 사유하는 존재로 인식되기 시작했다.

칸트의 '인간학'은 그렇게 대상화된 인간에 관한 지식이다. 그런 지식이 출현하면서 '경계'가 없어서 보이지 않던 인식 주체의 시야도 그 경계와 함께 대상화되기 시작했다. 칸트는 그것을 인간의 지성·이성·상상력이 지닌 각각의 한계로 사유했다. 인식 대상인 동시에 인식 주체로서의 인간이 출현한 것은 이처럼 인간의 '유한성'을 사유하면서부터다.

화가의 거울 속 인간의 자리

《말과 사물》 1장에서 푸코는 벨라스케스Diego Velázquez의 〈시녀들〉(1656)을 통해 고전주의 에피스테메가 붕괴되면서 인식 주체이자 인식 대상인 인간이 출현하는 방식을 보여준다. 이 그림의 에피스테메상 위치를 이해하려면 이것을 화가가 그림 속에 자기 자신을 그려 넣는 앞선 시대의 그림들과 비교해봐야 한다.

먼저, 르네상스 시대에 처음으로 자화상을 그리기 시작한 뒤러Albrecht dure의 〈모피코트를 입은 자화상〉(1500)을 보자(40쪽 그림).

이 그림을 가만히 보면 누군가가 연상된다. 바로 예수다. 지금의 우리도 이러하니, 당시 사람들은 곧바로 '아! 저건 예수의 얼굴이잖아!' 하고 알아차렸을 것이다. 손동작도 그렇고, 오직 예수의 초상에만 허용된 정면 샷은 화가의 자의식 속에 예수가 있음을 확신케 한다. '자화상'이란 제목으로 자신을 예수와 닮은꼴로 그린 이 시도를 어떻게 이해해야 할까? 오늘날 한국의 보수 개신교라면 이단이라고 욕하겠지만, 르네상스 시대에는 그것을 정당화하는 논리가 있었으니, 바로 신인동형론anthropomorphism이다. 신이 인간을 창조할 때 자기의 형상을 본떠 창조했다는 성서 구절을 근거로 르네상스 화가들은 인간의 형상으로 신을 그리고, 신과 닮은 인간 자신의 형상에 관심을 갖기 시작했다. 뒤러가 자화상을 그리기 시작한 것은 자기 안에 신의 형상이 있다는 믿음 때문이다. 르네상스 에피스테메에서 화가의 자기 인식은 이처럼 신과의 '닮음'에 근거하고 있었다.

르네상스 시대의 또 다른 화가 얀 반 에이크Jan van Eyck의 〈아놀리피니 부부의 초상〉(1434)을 보자(42쪽 그림).

알브레히트 뒤러, 〈모피코트를 입은 자화상〉(1550).
신이 인간을 창조할 때 자기의 형상을 본떠 창조했다는 성서 구절을 근거로 르네상스 화가들은 인간의 형상으로 신을 그리고, 신과 닮은 인간 자신의 형상에 관심을 갖기 시작했다. 뒤러가 자화상을 그리기 시작한 것은 자기 안에 신의 형상이 있다는 믿음 때문이다.

이제 막 확립된 원근법이 충실하다 못해 과도하게 지켜졌다. 사실적으로 그린 것 같지만 알레고리로 가득 차 있는 그림이다. 샹들리에에 밝혀진 단 하나의 촛불은 유일신을 상징하고, 벗어놓은 슬리퍼는 결혼식이 거행되는 이곳이 신성한 곳임을 암시한다. 부부 앞에는 강아지가 있는데, 실제로 기르고 있었을 수도 있지만 그보다는 충실성이라는 결혼 윤리의 알레고리에 가깝다. 가장 강력한 알레고리는 소실점의 위치에 걸려 있는 거울이다. 당시에는 평면 유리에 주석 박을 붙이는 기술이 없어서 유리 구 안에 주석을 흘려 바른 후 반으로 잘라 만든 거울밖에 없었다. 묵주 옆에 칠보 장식 틀로 맞춘 이 반구형 거울은 '신의 눈'을 상징한다. 원근법의 중심에서 방 안 전체 풍경을 응축하고 있는 저 볼록거울은 '전체를 품고 있는 부분', '전체를 비추는 일점'이라는 르네상스 시대 '소우주론'의 상징물로 '신이 지금 모든 것을 보고 있다'는 의미를 담고 있다. 거울을 좀 더 가까이서 보자(43쪽 그림).

역시 방 안 전체 풍경을 담고 있는데, 뒷모습의 신랑 신부 사이로 자그맣게 파란 옷을 입은 제3의 인물이 보인다. 거울에 반사된 맞은편 그림 바깥에 있는 저 인물은 누굴까? 바로 얀 반 에이크 자신이다. 그는 거울 위에 직접 라틴어로 '얀 반 에이크 여기 있다'라고 썼고, 그 밑에 '1434'라는 연도도 기록했다. 아놀리피니의 집 벽에 그런 문구가 쓰여 있었을 리 만무하다. 얀 반 에이크는 이 그림 속에 자기 존재를 각인하려 한 것이다. 신의 눈을 상징하는 중앙의 볼록거울에 비친 모습으로

얀 반 에이크, 〈아놀리피니 부부의 초상〉(1434).
이제 막 확립된 원근법이 충실하다 못해 과도하게 지켜졌다. 사실적으로 그린 것 같지만 알레고리로 가득 차 있는 그림이다.

〈아놀리피니 부부의 초상〉에 등장하는 거울.

이 그림에서 가장 강력한 알레고리는 소실점의 위치에 걸려 있는 거울이다. 묵주 옆에 칠보 장식 틀로 맞춘 반구형 거울은 '신의 눈'을 상징한다. 얀 반 에이크는 이 거울에 비친 모습으로 자기를 각인시켰다. 그 방식에는 '신이 여기 임재해서 모든 걸 지켜보는 것처럼, 나 얀 반 에이크는 지금 여기서 보고 있다'는 메시지가 함축되어 있다.

자기를 각인시킨 그 발상이 흥미롭다. 그 방식에는 '신이 여기 임재해서 모든 걸 지켜보는 것처럼 나, 얀 반 에이크는 지금 여기서 보고 있다'는 메시지가 함축되어 있다. '보는 주체'로서 신과 화가 자신의 동일시가 일어나고 있는 것이다. 르네상스 에피스테메에서 인간은 신과의 동일시 속에서만 주체화되고 우주를 응축한 소우주로서만 객체화된다. 오롯한 인식 대상으로서의 인간, 독립된 인식 주체로서의 인간은 아직 나타나지 않았다.

이제 17세기 고전주의 시대로 넘어와 요하네스 검프Johannes Gumpp의 〈거울 앞의 자화상〉(1646)을 보자.

이 그림의 제목을 정확하게 써보면 '거울을 보며 자화상을 그리고 있는 화가'쯤 되겠다. 다른 화가들이 거울에 비친 자신을 보며 캔버스에 옮겨 그린 '결과물'을 관람객 앞에 내놓을 때 이 화가는 놀랍게도 그 과정, 그렇게 하고 있는 자기 (뒷)모습을 그려 우리 앞에 제시했다. 푸코는 고전주의 에피스테메의 지배 원리를 '재현représentation'이란 말로 표현한다. 여기서 중요한 건 '재re-'다. 즉 모든 것이 '다시', '되돌려' 현시présent되어야 한다. 세계를 재현하는 이성은 물론, 인간 자신도 재현되어야 한다. 자연을 재현의 테이블 위에 마름질하는 인간 자신도 이성의 테이블 위에 재현되어야 한다는 것이 고전주의 에피스테메의 자기 완결성이다. 그에 걸맞게 요하네스 검프는 자기를 보고 있는 자기, 자기를 인식하고 있는 자기까지 재현하고 있다.

요하네스 검프, 〈거울 앞의 자화상〉(1646).

세계를 재현의 테이블 위에 마름질하는 인간 자신도 이성의 테이블 위에 재현되어야 한다는 것이 고전주의 에피스테메의 자기 완결성이다. 그에 걸맞게 요하네스 검프는 자기를 보고 있는 자기, 자기를 인식하고 있는 자기까지 재현하고 있다. 그러면서도 이 그림은 거울 속 '보여진 자기'와 캔버스 속 '보고 있는 자기' 사이의 간극과 불일치를 표현한다. 목적격으로 대상화된 나와 주격으로 주체화된 나는 얼핏 동일한 '나'인 듯하지만 둘 사이에는 지울 수 없는 간극과 불일치가 있다는 사유가 이 그림에 담겨 있는 것이다.

그런데 자세히 보면 거울 속에 비친 자기와 캔버스에 그려진 자기 모습 사이에는 미묘한 차이가 있다. 무엇이 다를까? 바로 눈동자의 방향, 즉 시선이다. 거울 속의 화가는 앞쪽을 보고 있는 데 비해, 캔버스의 화가는 비스듬하게 옆을 보고 있다. 왜일까? 그것은 뒷모습만 보이는 화가 자신의 시선일 것이다. 거울을 보고 거기 비친 모습을 캔버스에 옮길 때 화가의 시선이 이동한다. 캔버스 속의 화가는 곧 거울 속의 자기 쪽으로 시선을 이동시키고 있는 자신의 모습이다. 말하자면 이 그림은 거울 속 '보여진 자기'와 캔버스 속 '보고 있는 자기' 사이의 간극과 불일치를 표현하고 있다. 목적격으로 대상화된 나와 주격으로 주체화된 나는 얼핏 동일한 '나'인 듯하지만 둘 사이에는 지울 수 없는 간극과 불일치가 있다는 사유가 이 그림에 담겨 있는 것이다.

인식 주체로서의 나와 인식 대상으로서의 나 사이의 간극, '나는 생각한다. 고로 나는 존재한다'라는 데카르트의 코기토 명제가 은폐한 그 간극은 푸코가 분석한 벨라스케스의 〈시녀들〉(1656)에서 더욱 분명하게 드러난다.

이 그림은 '보고' 그린 그림이 아니라 '생각하고' 그린 그림이다. 그 사실은 관람객 기준 왼쪽에 있는 인물, 즉 커다란 캔버스 앞에서 오른손에는 붓을, 왼손에는 팔레트를 들고 있는 인물이 화가 벨라스케스임을 알아차린 순간 드러난다. 그는 지금 캔버스 앞에서 그림을 그리고 있다. 마치 우리가 보고 있는 〈시녀들〉을 그리고 있는 실재 화가처럼. 그의 시선을 주목

벨라스케스, 〈시녀들〉(1656).
벨라스케스는 재현 대상인 '왕'에게 고전주의적으로 재현될 수 없는 그 너머의 지위를 부여하고 있다. 그것은 재현의 세계 너머에서 반영되는 대상이다. 왕은 화가의 대상이기만 한 게 아니라 궁극적인 '시선의 주체'이다. 시선의 대상이면서 시선의 주체인 왕, 반영되는 대상이면서 반영의 주체인 왕, 푸코는 〈시녀들〉의 그 왕에게서 고전주의 에피스테메의 한계 지점에서 출현하고 있는 '인간'의 모습을 본다.

하자. 그는 캔버스 앞에 서서 어딘가를 응시하고 있다. 그는 무엇을 보고 있을까? 그가 보고 있는 곳에는 무엇이 있을까? 우선 그림 속 화가가 그림 밖에 실재하는 자기 자신을 보고 있다고 가정해보면, 그 시선에서 '벨라스케스, 나는 무엇을 하는 작자인가? 또 지금 무엇을 보고 있는가?'라는 묘한 메시지를 느낄 수 있다.

다시 그림 속 화가의 눈을 쳐다보자. 그는 어디, 누구를 보고 있을까? 우리 자신, 그와 눈이 마주친 우리 자신을 보고 있는 건 아닐까? 그건 그림을 보고 있는 또 다른 시선의 주체인 관람객을 향한 시선이라고 할 수 있다. 그림을 그리고 있는 화가가 그림 속에 재현된 것처럼, 그림을 보고 있는 관람객 역시 그림 속에 그려져 있다면? 가장 안쪽, 바깥의 환한 빛을 끌고 안으로 들어오거나 나가려 하는, 재현된 세계 안과 밖의 경계에 있는 저 인물이 구경꾼으로서의 관람객을 대리하고 있다.

그림 속 화가의 시선을 계속 따라가보자. 그는 어디, 누구를 보고 있을까? 이번에는 그림 속 다른 인물들의 시선에도 주목해보자. 그러고 보니 한가운데 있는 어린 공주의 시선이 눈에 띈다. 공주는 어디를 보고 있을까? 또한 공주 옆에 있는 시녀와 더 오른쪽에 있는 '난쟁이 광대'는 어디, 누구를 보고 있을까? 이들의 시선도 그림 바깥의 실재 세계를 향해 있다. 이들이 보고 있는 것이 바로 그림 속 화가가 보고 있는 것이라면? 이들은 화가가 아니므로 실재 화가나 실재 관람객에게는 관심이 없다. 하지만 응시의 대상이 화가의 '모델'이라면 관심을 공유할 수 있다. 자세히 보면, 화가는 지금 캔버스 앞에 서 있고 그의 시선은 캔버스 안에 그려지고 있는 대상을 향해 있다. 공주와 시녀들이 흘깃 쳐다보고 있는 것도 화가가 그리고 있는 실재 모델인 것이다. 화가는 무엇을 보고 있을까? 또 무엇을 그리고 있는 걸까? 그림 밖 실재 화가와 관람객이 있는 바로 그 '보는' 위치에 있으면서 동시에 화가에게 '보이고' 있는, 또한 공주와 시녀들이 보고 있는 자는 누구일까?

얀 반 에이크의 〈아놀리피니 부부의 초상〉을 다시 보고 〈시녀들〉과 공통점을 찾아보자. 두 그림 모두 한가운데 거울이 있고, 그 거울 안에 어떤 인물 상像이 있다. 거울에 흐릿하게 반사된 존재가 이 그림의 수수께끼를 쥐고 있는 자, 바로 왕(펠리페 4세)과 왕비이다. 얀 반 에이크의 거울에는 화가 자신이 은밀하게 그려져 있던 데 비해, 벨라스케스의 거울에는 화가의 실제 모델인 왕과 왕비가 뿌옇게 반영되어 있다. 재현된 세계 속에 재현의 주체가 재현되어야 한다는 고전주의 에피스테메에 따라 시선의 주체인 화가와 관람객은 그림 속의 인물들로 재현représentation되고 있다. 하지만 화가의 모델인 왕은 그림 속에

'재현'되기보다는 거울 속에 흐릿하게 '반영reflet'되어 있는데, 인식 주체로부터 독립해 있는 '사물 자체'는 재현되는 것이 아니라 반영되기 때문이다. 그게 바로 근대 인식론의 공리다.

벨라스케스는 '왕'에게 고전주의적으로 재현될 수 없는 그 너머의 지위를 부여하고 있다. 그것은 재현의 세계 너머에서 어렴풋이 반영되기 시작하는 대상이다. 여기서 왕은 화가의 대상이기만 한 게 아니라 궁극적인 '시선의 주체'이다. 시선의 주체인 화가와 관람객의 위치에 왕이 서 있다는 점, 저 멀리 방 안으로 들어오고 있거나 방 밖으로 나가고 있는 신하를 향한 (왕의) 시선의 움직임('자네, 무슨 일인가?')이 공주를 비롯한 시녀들의 시선을 왕 쪽으로 이동시킨다는 점, 궁정화가의 자의식('왕을 보고 그리는 것은 나 자신이지만, 내 시선의 주인은 내가 아니라 왕이다. 나는 왕의 시선으로 왕을 그려야 하는 궁정화가다') 속에서 왕이 시선의 주인이 된다는 점이 그 사실을 말해준다. 시선의 대상이면서 시선의 주체인 왕, 반영되는 대상이면서 반영의 주체인 왕, 푸코는 〈시녀들〉의 그 왕에게서 고전주의 에피스테메의 한계 지점에서 출현하고 있는 '인간'의 모습을 본다.

실증과학과 인간학

고전주의적 에피스테메가 붕괴하면서, 인간의 본질을 구

성하는 노동·생명·언어가 실증과학의 인식 대상으로 출현한다. 그렇다고 해서 경제학·생물학·언어학이 그 자체로 인간학인 것은 아니다. 칸트가 《실용적 관점에서 본 인간학》에서 말한 것처럼 인간학은 "생리학적 관점"이 아니라 "실용적 관점"에서 인간에게 적용되는 자연 법칙을 인식하고 그것을 자유롭게 사용하는 인간을 상정한다.* 즉 노동·생명·언어의 법칙을 수동적으로 따를 뿐 아니라 그 법칙을 표상하고 이용하는 존재로서의 인간이 인간학의 고유한 대상이다.

인간학에서 인간은 "표상을 구성하는 생물"이다. "그는 생명의 내부로부터 표상을 구성한다. 인간은 이 표상에 의해 살아갈 뿐 아니라, 이 표상을 토대로 하여 자기의 생명을 스스로 표상할 수 있는 기묘한 능력을 지니고 있다"**. 생물학적 법칙이 인간의 의식 혹은 무의식에 표상되는 방식을 다룰 때 출현하는 것이 인간학의 한 분야인 '심리학'이다. 마찬가지로 가치의 생산과 교환 메커니즘 자체는 인간학의 대상이 아니다. 개인이나 집단이 자신의 경제적 위치를 인정하거나 부정하는 방식, 즉 (자신이) 사회와 연결되어 있다거나 사회에 종속되어 있다는 느낌 따위가 인간학, 즉 '사회학'의 연구 대상이다. 음운 변화, 비교문법, 언어의 역사, 의미 변환 역시 아직은 인간학 고유의 영역이 아니다. 개인이나 집단이 단어를 표상하는 방식,

---

* 임마누엘 칸트, 《실용적 관점에서 본 인간학》, 서론. AB III, IV, V

** 미셸 푸코, 《말과 사물》, 481쪽.

문장의 형식과 의미를 사용하는 방식, 담화를 구성하고 그 속에서 자신의 생각을 드러내거나 은폐하는 방식을 연구할 때 비로소 인간학으로서의 문학·신화학·문화기호학이 탄생한다.

인간학의 한계점에서 출현한 장애학

이렇게 해서 18세기 후반 붕괴한 표상의 공간이 인간학에 의해 다시 형성된다. 그러나 인간학이 연 표상 공간은 고전주의 시대에서 그랬던 것처럼 투명성과 무한성을 지향하지 않는다. 인간학은 표상을 신체에 투과되어 불투명한 것, 역사 속에서 유한한 것으로 본다. 또한 고전주의 시대의 표상이 고도로 의식적인 반면, 인간학에서 파악된 표상은 무의식적으로 작용한다.

《말과 사물》 말미에서 푸코는 정신분석학과 구조인류학을 최후의 인간학으로 적극 평가한다. 정신분석학과 구조인류학은 '인간이란 무엇인가?'라는 물음을 따라가지만, 그 답을 제시하지 않는다. 그 대신 노동·생명·언어의 법칙이 인간에게 표상되는 방식과 그 무의식적 구조를 탐구한다. 인간의 본질이 어떤 에피스테메 위에서 구성되는지, 그 에피스테메 자체에 반성적 시선을 돌린 것이다. 하지만 정신분석학과 구조인류학은 무의식적 구조를 보편적이고 정태적인 것으로 보았다는 점에서 그것의 (역사적, 사회적, 정치적) 생성 과정과 유한성을 충분히 사유하지 못했다.

인간에 대한 지식의 에피스테메를 유한성 속에서 사유하는 것, 바로 이것이 푸코가《말과 사물》에서 하려는 일이다. 하지만 푸코 자신이《지식의 고고학》(1969)에서 말하듯,《말과 사물》은 방법론적 지표 설정을 제시하지 않는다는 점에서 "분석을 문화적 총체성에 의거한 것으로 믿게 만들 가능성이 있다"*. 이후 푸코는 '감옥', '공장', '학교', '정신병원' 같은 특정한 장소에서, 특정 부류의 인간을 프리즘으로 삼아 인간학적 지식이 생산되는 방식을 추적한다. 그리고 그렇게 생산된 지식과 그것이 생성된 장소, 그 안에 있는 사람들의 유형, 그들을 통제하는 권력 장치가 서로 맞물려 상호작용하는 메커니즘을 탐색한다.

장애학disability studies 역시 이런 인간학sciences de l'homme의 역사 속에서 출현했다. 장애학은 장애인을 '대상'으로 삼는 학문이 아니다. 즉 장애학은 '장애/장애인이란 무엇인가?', '장애인은 어떻게 분류되는가?', '장애인을 위해 무엇을 해야 하는가?' 같은 질문들에 답하지 않는다. 이것은 의학, 재활의학, 사회복지학, 특수교육학의 질문 방식이다. 1970년대 영국에서 탄생한 '장애학'은 장애인을 주체화하는 운동과 함께 발전해왔다. 1960년대 말의 대항문화와 1970년대 '분리에 저항하는 신체

---

* 미셸 푸코,《지식의 고고학》, 이정우 옮김, 민음사, 2000, 39쪽.

장애인 연합Union of the Physically Impaired Against Segregation, UPIAS', '장애인해방네트워크Liberation Network of People with Disabilities' 같은 장애인 운동 조직의 활동이 장애학을 출현시킨 것이다.

장애학은 '장애란 무엇인가'를 묻는 대신 그런 물음이 제기되는 인식틀(에피스테메)이 무엇인지를 묻는다. 장애(인)에 대한 지식이 구성되는 인식틀은 무엇이고, 그것은 어떻게 생성되며, 그 권력 효과는 무엇인가? 영국의 장애학 1세대는 마르크스주의적 관점에서 장애인에 대한 지식이 구성되는 장을 '사회'로 보았고, 그 지식의 권력 효과를 '억압'으로 규정했다. 1976년 '분리에 저항하는 신체장애인 연합'은 장애를 이렇게 정의했다.

> 우리가 보기에 신체적으로 손상을 입은 사람을 장애인으로 만드는 것은 사회다. 장애disability는 우리가 가진 손상impairment 위에 부과되는 어떤 것으로, 그것은 우리가 아무런 필연적인 이유 없이 사회에 대한 완전한 참여로부터 고립되고 배제됨으로써 초래된 것이다. 이렇게 장애인은 사회 안에서 억압받는 집단이 된다.*

장애를 개인의 기능 손상으로 보는 의료적 관점에 맞서 이

---

* 톰 셰익스피어, 이지수 옮김, 《장애학의 쟁점: 영국 사회모델의 의미와 한계》, 학지사, 2013, 31쪽.

처럼 사회적 억압의 산물로 보는 접근법을 '사회적 모델'이라 한다. 개선해야 할 것은 장애인의 몸이 아니라 장애인을 배제하는 사회의 물리적, 제도적, 법률적 장벽이라고 주장한 이 사회적 모델은 장애인을 사회적 주체로 참여시키는 운동에 이론적 근거를 제공했다.

근대 의학의 인간학적 성격과 정상성

'손상은 손상일 뿐 그것 자체가 장애는 아니다'라는 장애학 1세대의 사회적 모델은 분명 장애에 대한 의료적 인식을 비판하는 훌륭한 인식틀이 되었다. 그러나 의료적 인식을 사회적 인식으로 교체하는 것만으로는 충분하지 않다. 왜냐하면 그로 인해 의료적 인식 자체에 대한 내재적 비판을 방기할 수 있기 때문이다. 장애를 의료 과학과 상관없이 존재하는 제도적 억압으로 분리하게 되면, (장애에 관한) 의료적 인식 자체가 지닌 사회성과 역사성을 간과하기 쉽다.

푸코에 따르면, 의료는 18세기부터 그 자체로 하나의 사회적 활동이었다.** 18세기는 의학이 중세의 부진함을 떨치고 발

** 미셸 푸코, 〈의료의 위기인가, 반의료의 위기인가〉, 이보경 옮김, 《문학과 사회》 75호, 2006년 가을, 278쪽.

전하기 시작한 시점으로, 이것이 가능했던 건 의학이 개별 환자를 대상으로 하는 질병 치료와는 다른 공기, 물, 건설, 토양, 하수 등 공중보건 영역에 개입함으로써 사회적 권위를 획득했기 때문이다. 그러면서 이전까지 빈민 구제시설에 불과했던 병원hospital이 임상 의료 공간으로 탈바꿈했고, 질병과 치료 데이터를 수집하고 통계적으로 비교하는 일이 가능해졌다. 말하자면 임상의학은 공중보건에서 권위를, 병원에서 정보력을 획득한 덕에 발전할 수 있었고, 그에 힘입어 해부병리학, 진단 기술, 세균학도 출현했다.

푸코는 '의학적 시선의 고고학'이라는 부제가 붙은《임상의학의 탄생》(1963)에서 고전주의적 표상의 질서에 갇혀 있던 의학적 시선이 어떤 인식론적 단절을 겪으면서 환자의 몸속을 뚫고 들어가게 되었는지 탐사한다. 그 병리해부학적 시선 속에서 질병을 '죽음을 향한 기관 손상의 궤적'으로 정의하는 근대 임상의학이 탄생했다. 이 인식론적 단절의 과정은《말과 사물》에서 제시된, 고전주의 시대 자연사의 분류학적 질서가 붕괴하면서 근대 생물학이 출현한 과정과 일치한다. 그도 그럴 것이, 근대 의학은 생물학이 밝힌 생명의 법칙을 인간의 몸에 실용적으로 적용한 것이기 때문이다. 생명의 법칙이 인간에게 적용되는 양상을 실용적 관점에서 파악한다는 점에서 근대 의학은 칸트가 정의한 인간학에 부합한다.

자연사의 분류학적 관점이 신체 기관의 모양, 크기, 위치, 수를 훑는 것과 달리, 생물학의 시선은 겉으로 보이지 않는 기능들(호흡, 순환, 소화, 운동)의 작용 관계를 포착하려 한다. 생물학적 관점에 따르면, 유기체의 기능들은 환경의 요구에 적응하고 변화하는 가운데 일정한 '정상성normality'을 띠게 된다. 말하자면 기능은 언제나 정상 혹은 정상에서 벗어난 상태에 있다. 생물학의 인간학적 적용이라 할 수 있는 근대 의학도 마찬가지다.

> 18세기까지 의학은 '정상'의 문제보다 '건강'의 문제에 더 많은 초점을 두었다고 말할 수 있다. 사람이 병에 걸려 신체의 균형을 잃을 경우 다시 회복할 방법을 찾기 위해서 18세기까지 의학은, 신체의 기능이 정상적으로 움직이는 것보다는 사람들이 얼마나 원기왕성하고 유연하며 병에 대응하는 자기 조정기능이 원활히 작동하는가를 강조해 왔다. (……) 그러나 19세기에 들어서 의학은 건강보다는 '정상'의 문제에 더 큰 관심을 보이게 된다. 여기에서 의학이 개입하는 자리는 신체기능의 상태나 조직의 구조 따위다. (……) 이제 한 집단이나 한 사회, 혹은 한 종족의 삶을 말할 때 의학은 신체기능에 이상이 없다는 개인적인 차원의 건강뿐만 아니라 사회적인 차원에서 '정상'과 병리학적 상태까지 고려해야만 한다.*

---

* 미셸 푸코, 《임상의학의 탄생》, 홍성민 옮김, 이매진, 2006, 76~77쪽.

근대 의학이 인간학적 면모를 띤다고 할 때, 그건 단지 생명의 일반 법칙을 인간에게 적용해서만이 아니다. 근대 의학은 '기능'과 '정상성'이라는 생물학의 구성 모델을 인간의 행위, 사회적 기능, 실존 자체로까지 확대하여 인간의 삶을 정상성과 병리성의 구도 속에서 파악한다.

> 인간학sciences de l'homme이 인간의 삶을 다루는 영역에 등장했다고 하면 그것이 가능했던 이유는 생물학적 성격을 띤다는 이유뿐만 아니라 의학적 의미를 가지고 있기 때문이기도 하다. 분명 인간학은 생물학에서 시작된 개념이나 메타포를 빌려 썼을 것이다. 그러나 그곳에서 새롭게 등장한 분석 대상들(인간, 행동, 개인을 포함하는 사회적 차원에서 인간의 자기실현)이 드러날 수 있었던 밑바탕에는 '정상'과 병리학적 상태를 규정한 기본 원칙들이 있었음에 틀림없다.*

의료적 인간학과 장애 분류

의학이 장애를 정의하고, 그 유형과 정도(등급)를 판별하는 것은 근대 의학의 이런 인간학적 특성 때문이다. 보건복지

---

* 《임상의학의 탄생》, 77쪽.

부가 고시한 '장애인 분류' 역시 의료적 인간학의 산물이라 할 수 있다. '장애인복지법'에 따르면, 장애는 다음과 같이 분류된다(60쪽 〈표 1〉).

이 분류표는 《말과 사물》 서문에 등장하는 '중국의 백과사전'만큼은 아니지만 만만치 않은 기준의 불일치와 범주 혼란을 내포하고 있다. 장애를 크게 신체적 장애와 정신적 장애로 나누는 구분법은 고전주의 에피스테메의 기본 구도로, 데카르트의 심신이원론 이래로 영향력을 발휘해왔다. 이 구분은 근대 의학의 '외과-내과' 구분과도 다르고, '기질성 질환-기능성 질환' 구분과도 다르다. 이 장애 분류표는 기능들의 순환 관계를 꿰뚫는 근대 임상의학의 시선이 아니라, 고전주의적 표상의 논리에 따라 장애를 가시적 '기관' 손상으로 정의하고 분류한다.

단적인 예로, 신체기능 장애 안에 안면장애가 포함되어 있다. '안면'을 신체기능으로 정의할 수 있을까? 굳이 들뢰즈를 거론하지 않더라도 '안면'은 '머리'라는 신체기관이 아니라 그 표면에 형성된 사회적 '의미' 기관이다. 즉 안면은 신체적 기능이 아니라 심미적, 기호적, 소통적 기능을 갖는다. 따라서 안면의 기능 장애는 성형외과, 피부과뿐만 아니라 문화기호학의 판단도 요구되는 영역이다. 안면의 장애 정도, 즉 일상생활과 사회활동에서 타자의 시선에 의한 제약의 정도가 얼마나 심한지는 노출된 안면부의 몇 퍼센트가 변형되었는지, 그중에서 코 형태의 몇 분의 몇이 없어졌는지 따위의 기준으로 측정될

〈표 1〉 '장애인복지법'에 따른 장애 분류

대분류	중분류	소분류	
신체적 장애	외부 신체기능의 장애	지체장애	절단장애, 관절장애, 지체기능 장애, 변형 등의 장애
		뇌병변 장애	뇌의 손상으로 인한 복합적인 장애
		시각장애	시력장애, 시야결손 장애
		청각장애	청력장애, 평형기능 장애
		언어장애	언어장애, 음성장애, 구어장애
		안면장애	안면부의 추상, 함몰, 비후 등 변형으로 인한 장애
	내부기관의 장애	신장 장애	투석치료중이거나 신장을 이식받은 경우
		심장 장애	일상생활이 현저히 제한되는 심장기능 이상
		간 장애	일상생활이 현저히 제한되는 만성·중증의 간기능 이상
		호흡기 장애	일상생활이 현저히 제한되는 만성·중증의 호흡기기능 이상
		장루·요루 장애	일상생활이 현저히 제한되는 장루·요루
		뇌전증 장애	일상생활이 현저히 제한되는 만성·중증의 뇌전증
정신적 장애	발달장애	지적장애	지능지수IQ가 70 이하인 경우
		자폐성 장애	소아청소년 자폐 등 자폐성 장애
	정신장애	정신장애	조현병, 조현 정동장애, 양극성 정동장애, 재발성 우울장애

출처: 보건복지부

수 없다. 참고로 이 분류법은 "노출된 안면부의 50퍼센트 이상의 변형이 있고 코 형태의 3분의 2 이상이 없어진 사람"을 중증 안면장애인으로 규정한다.

언어장애를 신체기능 장애로 분류한 것도 황당하다. 언어장애는 청각장애, 뇌병변 장애, 발달장애의 부대 현상이기도 하다. 그리고 발성기관, 조음기관 이상으로 인한 발성·조음장애보다 말더듬처럼 명확한 기질적organic 병변을 찾을 수 없는 기능성functional 장애가 더 많다. 언어는 인간의 사회생활에서 굉장히 중요한 요소지만, 언어장애를 신체기능 장애로 보는 의료적 인간학 속에서 그것은 평가절하되곤 한다.

과거 '난쟁이'로 불리며 '프릭쇼freak show'에 자주 등장했던 '저신장 장애'는 지체장애 중 변형장애에 속한다. 과거에는 꽤 두드러진 장애로 여겨졌지만 현재는 장애의 정도가 심하지 않은 장애인으로 분류된다. '난쟁이'에 대한 전통적인 '시선'과 비장애인의 신장을 기준으로 한 '높이' 때문에 겪어야 하는 장벽들, 신체 비율의 이상으로 인해 쉽게 피로해지고 뼈의 변형으로 걸음걸이가 불안정하며 오래 걸으면 쉽게 통증을 느끼는 신체적 핸디캡이 과소평가되고 있다.

지체장애는 팔과 다리의 운동기능 손상으로 일상생활과 사회활동에 장애가 발생하는 것으로, 판정과 계측의 객관성, 장애의 전형성을 인정받아 의료적 장애학의 중추를 이루고 있다. 그러나 '절단'이나 척수·척추 손상 같은 기질적 병변(기관 손상)에 집착하다보니, 뚜렷한 신경 손상 없이 반사성 교감신경이 위축되는 복합부위통증증후군Complex Regional Pain Syndrome, CRPS과 그로 인한 기능성 사지마비는 장애로 잘 인정되지 않는다. 시각장애 판정도 비슷한 경우가 있다. 기질적 이상 없이 기능성 시각장애를 가진 사람은 장애 판정이 보류되고, 반대로 스크린 리더*를 사용하지 않고 종이 문서로 업무를 보는 데 어려움이 없지만, 수술을 여러 번 해서 눈의 모양이 이상해진 사람은 장애의 정도가 심한 장애인으로 판정받은 사례도 있다.

뇌병변 장애는 뇌의 기질적 손상에 의한 복합적 신체기능장애를 통괄하는 범주다. 뇌성마비, 외상성 뇌손상, 뇌졸중과 기타 뇌의 기질적 병변으로 손과 발의 관절이 마비되거나 경직되어 지체장애가 생기고, 안면 근육 마비로 인해 안면장애와 언어장애도 발생한다. 그러니까 지체장애, 안면장애, 언어장애와 나란히 뇌병변 장애를 놓는 것은 마치 '중국의 백과사전'에서 'ⓔ 인어' 옆에 'ⓕ 전설상의 동물'을, 'ⓖ 주인 없는 개' 옆에 'ⓗ 이 분류에 포함된 동물'을 열거하는 것과 같은 범주 오류이다.

지체장애의 정도는 병변이 있는 기관의 손상 정도, 가령 관절의 운동 범위나 근력 정도에 따라 판정되지만, 뇌병변 장애의 정도는 전혀 다른 기준으로 측정된다. 뇌병변 장애의 등급 판정 도구는 '수정바델지수'**로, 이것은 병원에 입원한 만

---

* 시각장애인이 컴퓨터를 사용할 수 있도록 화면에 나타난 내용과 키보드로 입력한 정보, 커서의 좌표 따위를 음성으로 알려주는 프로그램 또는 장치를 말한다.

성질환자의 일상 수행 능력을 평가하기 위해 발명된 도구다.

시력, 청력, 근력을 측정하는 기준과 일상생활 수행 능력을 평가하는 기준은 분명 다르다. 하지만 그렇다고 해서 전자를 의료적 손상impairment 평가로, 후자를 사회적 장애disability 평가로 보기는 어렵다. 어쩌면 의사들은 이 둘의 차이를 질적인 차이로 여기지 않을 것이다. 보행 능력을 비롯한 일상적 동작 능력도 근력과 언어 수행 능력의 연장선상에서 객관적으로 평가할 수 있다는 것이 (재활)의학의 관점이다.

그럼에도 경직, 마비, 근력의 평가 점수와 일상 수행 능력의 평가 점수는 다른 기준에 의해 매겨져 그로 인해 많은 문제가 발생했다. 과거 장애등급제에서 뇌병변 장애인들은 수정바델지수 기준에 따라 식사와 용변 처리가 가능하기만 하면 언어장애나 마비가 심해도 장애 1급을 받기 힘들었다. 또한 거의 같은 상하지 기능 장애를 가진 사람이라도 지체장애인의 경우는 장애 1급으로 판정하지만, 뇌병변 장애인의 경우는 수정바델지수 점수에 따라 장애 2~3급으로 판정하여 유형별 형평성이 저해되기도 했다.

말하자면 수정바델지수가 전제하는 삶의 범위는 병원에 입원한 만성질환자의 일상이다. 수정바델지수가 사회적 장애

** 수정바델지수는 만성질환자의 보행 및 일상생활 동작을 종합적으로 판단하기 위해 1965년 머호니 F. 바델Mahoney F. Barthel 박사가 마련한 바델지수를 근원으로 하며, 1989년 칼 그레인저Carl Granger 박사가 총점과 척도를 다소 변용한 이후 수정바델지수로 불리고 있다.

〈표 2〉 수정바델지수에 따른 일상 수행 능력 평가표

수행 정도 평가 항목	전혀 할 수 없음	많은 도움이 필요	중간 정도의 도움이 필요	경미한 도움이 필요	완전히 독립적으로 수행
개인위생[1]	0	1	3	4	5
목욕	0	1	3	4	5
식사	0	2	5	8	10
용변	0	2	5	8	10
계단 오르내리기	0	2	5	8	10
착의 및 탈의[2]	0	2	5	8	10
대변 조절	0	2	5	8	10
소변 조절	0	2	5	8	10
이동[3]	0	3	8	12	15
보행	0	3	8	12	15
휠체어 이동[4]	0	1	3	4	5

출처: 보건복지부

1) 개인위생: 세면, 머리 빗기, 양치질, 면도 등.
2) 착의 및 탈의: 단추 잠그고 풀기, 벨트 착용, 구두끈 매고 푸는 동작 포함.
3) 이동: 침대에서 의자로, 의자에서 침대로 이동, 침대에서 앉는 동작 포함.
4) 휠체어 이동: 보행이 전혀 불가능한 경우에 평가.

disability의 척도가 될 수 없는 이유다. 장애인의 지역사회 활동을 지원하는 활동지원사의 서비스 시간을 판정하기 위해 활동지원 인정조사표가 별도로 사용되었지만, 이것 역시 노인 장기요양 판정 도구를 토대로 해서 만들어졌기 때문에 목욕하기, 식사하기 등 일상생활 동작 영역의 평가 비중이 매우 크다. 그 결과 익숙한 환경에서는 기능상의 어려움이 크게 나타나지 않지만 낯선 사회적 환경에서는 제약이 많은 시각장애인이나 발달장애인의 특성이 잘 반영되지 않는다.

2019년 7월부터 명목상 장애등급제가 폐지되었다. 6단계의 장애등급은 정도가 심한 장애와 정도가 심하지 않은 장애로 이분화되었고, 활동지원 인정조사표는 장애인 서비스 지원 '종합조사표'로 대체되었다. 중요한 장애인 복지서비스는 이 종합조사표를 근거 자료로 삼아 시행된다. 현재 종합조사표는 신체적 기능제한을 측정하는 X1, 직장·학교 등 사회활동을 측정하는 X2, 가구 환경을 반영하는 X3 총 세 가지 영역으로 구성되어 있다. 이 세 가지 영역에서 도출된 총점에 따라 종합조사표 15개 구간 중 하나에 해당하는 활동지원시간을 받게 된다. 모든 유형의 장애를 종합해서 점수화한 것이기 때문에 사지마비 최중증 뇌병변 장애인조차 발달·정신장애와 시청각장애가 없다는 이유로 1구간 점수를 받기 힘들다. 심지어 사지마비 장애에 인지장애, 시각장애까지 있어도 1구간 최고점을 받을 수 없는데, X2 영역의 직장·학교 등 사회활동을 위한 서비스 지원 점수에서 0점을 받기 때문이다. 사지마비에 인지장애, 시청각장애까지 있는 사람이 직장·학교 등 사회활동까지 해야 하는 것일까? 장애인 복지서비스 지원을 위한 종합조사표 앞에서 장애인들은 서로 다른 유형의 장애인들과 반목하게 되고, 장애 정도가 심할수록 사회활동까지 해야 하는 모순에 빠진다.

시력, 청력, 근력을 재는 의료적 관점과 금전 관리 및 대중

교통 이용 능력까지 재는 종합조사의 관점은 전혀 다른 듯하지만, 인간의 신체적, 정신적 활동 능력을 표준화하고 계량화할 수 있다는 인식에 있어서는 한 치도 다르지 않다.

사회적 장애 모델이 종합조사표처럼 인간의 사회적 활동을 항목화·표준화하고, 그에 따른 무능력 정도를 계량화함으로써 장애를 사회학적으로 판정하는 것이라면 의료적 모델과 대체 무엇이 다를까? 그보다는 장애의 계량 불가능성을 타진하면서 장애인의 주체적 욕망과 그에 대한 사회적 합의를 지향하는 것이 의료적 모델과 구분되는 진정한 사회적 모델의 방법이지 않을까?

신체적 장애 중 내부기관 장애는 의료적 인간학의 새로운 국면을 보여준다. '만성질환의 장애화'라는 측면에서 그렇다. 2000년부터 정부는 신장, 심장, 간, 호흡기, 장루, 요루 등 내부장기의 손상으로 장기간 사회활동에 심각한 제약이 있는 환자들을 장애인으로 등록하게 하여 복지서비스를 제공하고 있다. 그러나 장기 손상이 기준이기 때문에 장기 손상과 상관없는 만성질환은 또다시 배제된다. 가령 '에이즈' 환자의 경우 미국과 일본 같은 곳에서는 장애인으로 등록되지만 우리나라에서는 그렇지 않다. 이와 관련해 2014년 한국 HIV·AIDS감염인연합회와 HIV·AIDS 인권연대 단체들이 에이즈 환자는 '장애인 차별금지법'상 장애인에 속하며, 에이즈 환자가 입원할 수 있는 요양병원을 질병관리본부가 마련하지 않는 것은 장애인 차별이라며 국가인권위원회에 진정을 제기한 바 있다.

내부기관 장애에 뇌전증 장애가 포함된 것도 불합리하다. '뇌전증'은 과거 '간질', '지랄병'이라고 불렸으나, 그 질환명이 주는 낙인 효과 때문에 '뇌전증'으로 명칭이 바뀌었다. 만성적인 뇌전증으로 월 6회 이상의 발작을 일으키고, 발작으로 인해 호흡장애, 흡인성 폐렴, 심한 탈진, 두통, 구역질, 인지기능의 장애 등이 발생하므로 요양 관리가 필요하다. 그중에서도 일상생활 및 사회생활에서 보호와 관리가 수시로 필요한 사람은 정도가 심한 장애인으로 판정받게 된다.

뇌전증과 유사한 기질성 신경증으로, 최근에 비로소 장애로 인정된 투렛증후군tourette syndrome이 있다. 투렛증후군은 뇌피질의 신경 회로 이상으로 인해 목, 어깨, 몸통 등 신체 일부분을 빠르게 반복으로 움직이거나 대화의 맥락과 관계없는 특정한 말이나 단어를 되풀이하는 증상이다. 2019년 대법원은 투렛증후군이 뇌전증과 유사한 측면이 있다는 점을 근거로 투렛증후군 환자의 장애인 등록 신청을 거부한 것이 헌법의 평등 원칙에 위배된다고 판결한 바 있다. 그에 따라 2020년 보건복지부와 국민연금공단은 처음으로 투렛증후군 환자의 법정 장애인 등록을 인정했다.

투렛증후군 다음으로 장애 등록을 기다리는 신경증은 공황장애panic disorder일 것이다. 공황장애는 외부 위협이 전혀 없음에도 두근거림이나 어지러움과 같은 신체 증상과 심한 불안·두려움을 겪는 신경질환이다. 이런 공황발작은 대개 짧은 시간 지속되지만, 한 번으로 끝나지 않고 수일 또는 수개월 뒤

다시 반복적으로 나타나는 경향이 있어 장애로 등록될 필요가 있다. 공황장애는 정신분석학에서 '공포증' 혹은 '불안 신경증'으로 불렸던 정신질환이다. 프로이트의 정신분석에서 공포증과 함께 가장 많이 다뤄진 신경증인 '강박 신경증'도 일상생활 및 사회생활에 심각한 제약을 초래할 경우 장애 등록을 할 수 있도록 고려해봄직하다.

만성질환을 장애 범주에 포함시키는 것은 어떤 의미가 있을까? 그렇게 되면 의료적 인간학의 영토가 더 확장될 수도 있기에 다소 우려스럽기도 하지만, 장애에 부여된 '천형' 혹은 '비정상'이라는 낙인이 희석되는 효과도 분명 있다고 본다. 만성질환이 장애 범주에 포함되면 장애가 '비정상인'의 천형 같은 것이 아니라 질병처럼 누구나 겪을 수 있는 것이라는 인식이 확산될 수 있다. 더 나아가 만성질환 역시 개인의 일시적 비극이 아니라 사회적 돌봄이 필요한 정체성의 일부로 여겨질 수 있을 것이다.

장애는 노화라는 국면에 들어 완전히 일반화된다. 인간은 모두 늙는다. 노화 과정에서 신체기능은 날로 저하되다가 마침내는 상실된다. 인지·정신기능이 저하되어 판단이 흐려지고, 의사소통에도 어려움을 겪게 된다. 노인들이 치매, 뇌혈관질환, 퇴행성 질환, 중풍, 요실금, 골다공증, 우울증, 당뇨, 고혈압, 만성 심부전증 같은 질환을 두려워하는 것은 그저 아파서가 아니다. 그로 인해 활동 능력이 제한되고, 사회적으로 고립되고 추방되어 그저 살아 있을 뿐 인간적 존엄은 상실된 수용

시설의 생명체가 될 수 있다는 것을 알기에 두려운 것이다.

인간이란
대체 무엇인가?

의료적 인간학은 장애에 대해 잘 모른다. 물론 근대 임상의학이 신체기능의 정상 작동과 오작동에 대한 지식과 그것이 인간의 생물학적 삶에 어떤 영향을 미치는지에 대한 지식을 쌓아온 건 사실이다. 그러나 장애는 생물학적 현상만도 아니며, 생물학에서 비롯된 '기능'과 '정상성'의 구도로 파악될 성질의 것도 아니다. 푸코의 도식을 기계적으로 적용해보면, 장애는 언어학에서 비롯된 '의미화signification'와 '체계système'의 구성 모델modèle constituant*로도 파악될 수 있다. 장애는 신체적, 정신적 특성을 장애로 '의미화'하는 방식의 '체계'에 관한 문화기호학의 연구 대상이다. 또한 장애는 경제학에서 비롯된 '갈등'과 '규칙'의 구성 모델로도 파악될 수 있다. 장애가 있는 사람들이 사회 안에서 다른 집단과 갈등하는(주로 배제와 차별을 겪는) 방식과 그것을 제어하는 규칙은 무엇이며, 그 규칙은 어떻게 재편되어야 하는가? 익히 알려져 있듯, 지금껏 장애학의 근간을 이뤄온 것은 이런 사회학적 연구였다.

---

* 미셸 푸코,《말과 사물》, 482쪽.

이외에도 장애와 젠더, 장애인과 성소수자, 장애인과 동물, 장애인과 사이보그의 관계에 대한 인간학적 연구가 모색되고 있으며, 앞으로 이런 연구들은 훨씬 더 진척될 것이다. 근대 인간학이 '인간'의 본질을 구성하기 위해 배제한 소수자들과 연대하며 장애학은 또다시, 그러나 다르게 '인간이란 대체 무엇인가?'라고 물을 것이다. 그 물음과 함께 인간의 본질, 인간의 윤곽은 "바닷가 모래사장에 그려놓은 얼굴처럼 사라질지 모른다"*.

* 《말과 사물》, 526쪽.

2

광기의 역사와 정신의학의 권력

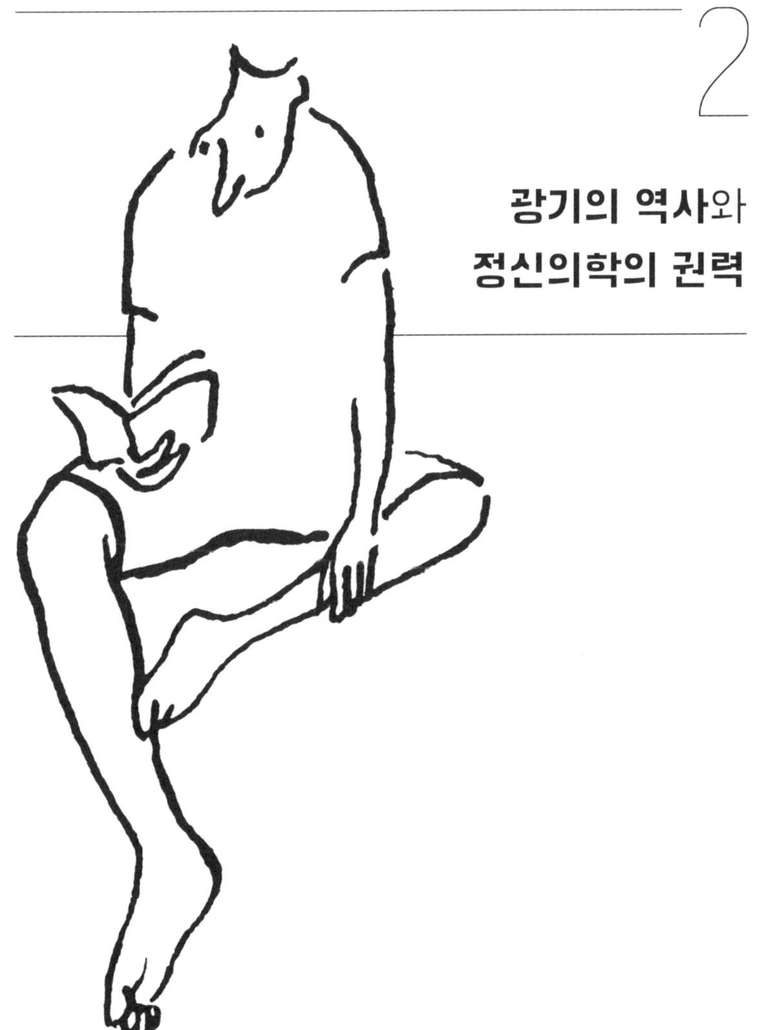

2017년 나는 국가인권위원회 연구사업 중증·정신장애인 생활시설 실태조사에 참여했다. 더 오래전인 2010년에도 '미신고' 시설 조사에 참여한 적이 있다. 그때에 비해 2017년 조사 때는 시설의 인권 실태도 크게 개선되었고, 나의 인권 감각 또한 많이 달라져 있었다. 내 기억 속 2010년의 시설은 감금, 폭력, 강제노역, 쥐가 출몰하는 숙소, 푸드뱅크의 쓰레기 식단, 비리와 횡령, 시설 폐쇄와 전원 조치, 시설원장의 "나는 이 애들 엄마야!"라는 악다구니로 소란스러운 현장이었다. 그에 비해 2017년의 법인 시설들은 무척이나 평온하고 깨끗했다. 하지만 나에게는 2010년의 시설보다 2017년의 시설이 더 끔찍하게 느껴졌다. 그 어떤 인간사의 드라마도, 떠들썩한 사건도 없이 철저하게 관리된 안전과 무위의 평온만을 요구받는 시설의 삶 자체가 무서웠다.

정신요양시설,
끔찍할 만큼 완전한 평화

2017년 당시 첫 번째로 간 곳은 정신요양시설 '조용한 집'(가명)이다. 이 시설의 역사는 1961년 설립된 '시립갱생원'에서 시작된다. 1981년부터 마리아수녀회가 서울시에서 위탁받아 운영했고, 2011년부터는 서울가톨릭사회복지회가 위탁운영하고 있다. 기능 분화도 이루어졌는데, 2005년 중증장애인 거주시설 '평온한 집'(가명)이 분화했고, 2007년에는 정신요양시설 '조용한 집'이 분화했다. 이후 남은 노숙인 시설 '무위의 마을'(가명)까지 총 세 종류의 시설이 한데 모여 있다. 정신요양시설 '조용한 집'에는 163명이 수용되어 있고, 중증장애인 시설 '평온한 집'에는 142명이 거주하고 있으며, '무위의 마을'에는 1,100명의 노숙인이 생활하고 있다(2017년 기준).

조사 당시 정신요양시설 '조용한 집' 거주인 163명 중 4명이 '지적장애'로 기록되어 있었고, 159명이 '조현병' 환자로 기록되어 있었다. 하지만 우리는 면담자 중 누구에게서도 '환각', '망상' 같은 조현병 특유의 증상을 발견하지 못했다. 대신, 사고와 정서 둔화, 어눌하거나 파편화된 언어, 체계적이지 못한 행동 등 중증장애인 시설의 발달장애인과 유사한 특성만 확인할 수 있었다. 그도 그럴 것이 이들은 증세가 한창 심하게 나타나는 급성기 때 정신병원에 입원해 치료를 받은 후 재활과 사회복귀 준비를 위해 들어온 사람들이 아니었다. 그들은 주로 갱생원에서 거주하다가 정신질환자로 분류되어 옮겨온 사람들이었다.

다른 곳은 어떨까? 2016년 기준 정신요양시설은 전국에 59개가 있고, 총 1만 3,000명 정도의 인원이 수용되어 있다. 요양과 사회복귀 훈련이라는 취지에 맞게 정신병원에서 치료를 받다가 온 사람들은 많지 않다. 왜냐하면 급성기 때 자의로 혹은 가족이나 경찰의 손에 이끌려 강제입원했다가 만성화된 사람들은 굳이 정신요양시설로 옮겨오지 않기 때문이다. 같은 정신병원에 계속 있으면서 서류상으로만 입원·퇴원을 반복하기 일쑤다. 아니면, '계속입원심사' 의무 시한인 6개월마다 다른 정신병원으로 메뚜기 뛰듯 순회 입원하는 경우가 태반이다.

'조용한 집' 시설 운영자와 종사자들은 '발달장애'라는 용어 대신 여전히 '정신지체'라는 용어를 썼으며, 소위 '정신지체'라고 하는 것과 '정신질환'을 구분하지도 않았다. 사실 조사원들도 '조용한 집'의 정신질환자들과 '평온한 집'의 발달장애인을 구분하는 데 예민하지 않았다. 나는 그 점이 의아했다. 어떤 집단으로 분류되느냐에 따라 법적으로 규정된 처우 환경이 크게 달라지는 것이 현실인데, 어째서 발달장애인과 정신질환자를 명확히 구분하지 않는 것일까? 발달장애인은 '장애인복지법'에 규정된 제반 권리와 시설 서비스 최저 기준을 적용받지만, 정신장애인은 그렇지 않다. '장애인복지법'은 조현병과 정동장애, 우울증으로 인해 일상 및 사회생활에 심각한 제약이 있는 자를 '정신장애인'으로 규정하고 있다. 그러나 15조(다른 법률과의 관계)에 '정신건강증진 및 정신질환자 복지서비스 지원에 관한 법률'(이하 '정신건강복지법')을 적용받는 정신장애인에 대해서는 "대통령령으로 정하는 바에 따라 이 법의 적용을 제한할 수 있다"고 예외 규정을 두고 있다. 그러니까 조현병, 우울증으로 힘든 사람들은 정신장애인으로 등록될 수는 있어도, '장애인복지법'에 규정된 제반 권리와 복지서비스를 받을 수는 없다.

2011년 장애인 생활시설 정원을 30인 이하로 제한하도록 '장애인복지법'이 일부 개정되면서 이후에 설립된 시설은 대체로 30인 이하의 소규모로 운영하고 있다. 하지만 정신요양시설은 장애인 시설에 부여된 30인 제한 규정을 신경 쓸 필요가 없다. 왜냐하면 정신요양시설은 정신의료시설(정신병원)과 함께 '정신건강복지법'을 적용받기 때문이다. 이는 정신요양시설이 정신병원과 똑같이 수용 인원을 제한받지 않으며, 감금·결박·강제노동 등 장애인 시설에서는 법적으로 금지된 강압도 (촉탁 의사가) 필요하면 할 수 있음을 뜻한다.

그래서 정신요양시설은 장애인 시설보다 월등히 인구 밀도가 높고, 거주인 수 대비 생활지도사 수가 훨씬 적으며, 그 때문에 관리 감독을 위한 규율과 약물 처방이 훨씬 세다. 또한 통신과 이동의 자유가 심하게 제한되고, '조용한 집'처럼 일몰 후에는 현관문이 폐쇄되면서 통행 자체가 금지된다. 장애인 시설이 지역사회의 복지서비스와 연계해 다양한 취미·여행·문화 프로그램을 운영하도록 압박받는 데 비해 정신요양시설은 그런 압력에서 자유롭다. 그래서 일상 프로그램이 거의 없다. 정해진 시간(보통 6시)에 기상해서 밥 먹고 약 먹고 방과 거실을 어슬렁거리다 때 되면 다시 점심 먹고, 또 어슬렁거리다 벽 보고 허공도 보고 그와 진배없는 옆 사람도 보고, 때 되면 정해진 순서대로 줄서서 간식 먹고 또 어슬렁거리다 저녁 먹고, 남이 틀어준 TV 좀 보다가 정해진 시간(보통 9시)에 불 끄고 잠자는, 끔찍하리만치 완벽한 무위와 평화를 지향하는 시설생활이 반복된다.

정신병원,
우리 사회의 흥신소?

정신병원은 정신요양시설보다 더 끔찍하다고 한다. 국가인권위원회 조사관이었던 김원영 변호사에 따르면,* 대다수 1차병원급 정신병원은 마치 치과·정형외과처럼 분식집이나 과일가게와 나란히 도심 한복판에 위치해 있다. 하지만 그 안에서 어떤 일이 벌어지는지는 근처에 사는 주민들도 알지 못하며, 폐쇄병동에 입원한 환사들은 긴물 밖으로 단 한 발자국도 나갈 수 없다. 이들은 나무는커녕 햇빛을 볼 기회도 거의 갖지 못하며, 기껏해야 산책 시간에 옥상 공간을 밟으며 하늘의 모양을 확인하는 것이 전부다. '조용한 집' 시설 조사에 함께했던 대학교수가 "다른 정신병원에 비하면 이곳은 살 만한 곳"이라고 말한 이유가 있었다. 다른 정신병원에 비해 화장실 냄새가 진동하지도 않았고, 건물 내 행동반경도 상대적으로 넓었으며, 무엇보다 낮에는 잠시라도 건물을 나와 땅을 밟고 하늘을 쳐다볼 수 있기 때문이다.

2016년 기준 국내 정신의료기관(정신병원)은 국공립시설

* 김원영, 〈건강한 정신, 생존하는 정신〉, 비마이너, 2015. 11. 26.

18개, 민간시설 1,431개로 확인된다. 입원자 중 3분의 2가 비자의(강제) 입원인데, 자의 입원이라고 해도 갈 곳이 없거나 6개월 입원 후 계속입원심사 때 가족들의 설득으로 다시 자의입원하게 되는 경우가 많다. 입원자들의 평균 재원 기간은 247일로, 세계 최장(스페인 18일, 독일 24.2일, 이탈리아 13.4일, 프랑스 35.7일, 영국 52일)이다. 한국보건사회연구원 정책보고서(2019)*에 따르면, 2017년 기준 정신병원에 입원한 4만 1,863명 중 65.9퍼센트(27.601명)가 180일 이상 입원하고 있으며, 1년 이상 입원하고 있는 사람도 1만 9,830명에 달한다.

어떤 사람들이 어떤 이유로 정신병원에 장기입원하는 걸까? 김원영 변호사에 따르면, 그리고 국가인권위원회 진정사항의 입원 사유를 훑어보면, 놀랍게도 정신요양시설 '조용한 집' 사람들과 별반 다르지 않다. 그러니까 '환각', '망각', '긴장성 경직 · 발작', '조증', '자살충동' 같은 양성 증상 때문에 입원한 사람들은 절반도 안 된다고 한다. 그럼 나머지 사람들은 어떤 증상을 가지고 있을까? '조용한 집' 사람들처럼 '조현병' 진단을 받았지만 사실상 '발달장애인'으로 등록될 수도 있으며, 실제로 그렇게 등록된 장애인들이 많다. 한국보건사회연구원 정책보고서(2016)**에 따르면, 정신병원에 4개월 이상 입원한

* 한국보건사회연구원이 보건복지부에 제출한 정책보고서 〈의료급여 수급자 장기입원 적정성 평가 및 제도 개선 방안 연구〉.

** 〈장기입원 수급자 실태조사 및 생계급여 적정지급 방안 연구〉.

사람의 48.1퍼센트가 의료적 목적 외에 간병, 보호자 요구, 열악한 주거 환경 등을 이유로 입원한 경우다. 이런 경우를 '사회적 입원'이라 하는데, 정부기관의 공식적 보고가 이 정도라면 실제로는 절반을 훨씬 넘는 이들이 특별한 의료적 목적 없이 정신병원에 거주하고 있을 것으로 보인다.

그렇다면 왜 거주시설이 아니라 처우 환경이 훨씬 열악한 정신병원에 거주하는 걸까? 장애인 거주시설은 그 수가 적고 도심에서도 멀리 떨어진 곳에 위치해 있지만 정신병원은 도심에서 가깝고 많기 때문이다. 정신과적 증상이 전혀 없거나, 있어도 입원할 정도는 아닌 경우라도 부모에 의해 강제로 혹은 '어쩔 수 없이' 자의로 정신병원을 거주시설로 이용하게 되는 것이다. 정신병원 운영사는 입원자의 가족을 설득하여 환자를 의료수급 대상자로 전환한다. 그러면 가족은 입원비 걱정을 덜 수 있고, 병원은 정부로부터 의료 급여비를 받을 수 있다. 이뿐만 아니라 병원은 '장애인복지법'에 규정된 제반 권리, 권리옹호 지원, 시설 서비스 최저 기준을 면제받을 수 있으며 '정신건강복지법'이 허용한 '약물'·'격리'·'강박'을 활용하여 관리의 편의성을 극대화할 수 있다.

정신분열증이나 조증·우울증 양성 증상을 가진 정신질환자의 경우도 사정은 마찬가지다. 경제적으로 여유 있고, 가족들의 관심과 지원을 받는 환자라면 급성기 때 주로 3차 종합병원 정신과로 내원한다. 그리고 본인 상담을 거쳐 잠시 입원한 후 집중적으로 약물 치료를 받는다. 그렇게 해서 증상이 억제되면 퇴원하여 지역사회에서 약물로 관리한다. 반면, 가난한 집에서 태어나 가족의 무관심 속에 급성기가 지나 만성화된 정신질환자는 대부분 가족과 경찰에 의해 강제로 1차병원급 정신병원에 입원하게 된다. 이때 병원은 환자를 수급자로 만들어 가족과 지역사회로부터 분리시킨다. 그렇게 가족과 지역사회로부터 분리된 정신질환자는 '나가면 갈 데 없는' 시설 생활자가 된다.

정신병원 입원자 중에는 조현병보다 알콜의존증이나 행동장애, 인격장애를 가진 사람들이 훨씬 많다. 매일같이 술에 절어 있고 이상한 소리를 빽빽 질러대며 가족과 이웃에게 폭력을 행사하는 이들 말이다. 국가인권위원회 정신병원 관련 상담 사례 중 하나를 보자.

> ① 내담자의 남편이 알코올 중독과 피해망상증 환자로서 결혼 후 10여 년이 지나는 동안 한 번도 돈을 벌어 온 적이 없으면서 술만 먹으면 내담자에게 폭행을 하고 돈을 요구하는 등 내담자를 괴롭혀왔음. 몇 해 전에 견디다 못하여 남편을 정신병원에 보냈다가 몇 달 후 퇴원을 시켰는데, 그 후 자신을 병원에 보낸 데 대하여 앙심을 갖고 폭행의 정도가 더욱 심해졌음. ② 작년 5월 4일 남편을 ○○시 ○○병원에 입원을 시켰으며, 6개월 후의 퇴원심사에서 계속 입원이 결정되어 현재까지 입원생활을 계속 중임. ③ 내담자는 남편이 퇴원할 경우에 살아갈 수가 없을 것 같

고, 그렇다고 아이들 문제 등 여러 가지 이유로 이혼을 할 생각도 없으며, 다만 남편이 정상 상태로 될 때까지 입원 치료를 받았으면 좋겠음. 내담자는 남편의 입원비로 매월 80만 원 정도를 지불하고 있음. ④ 남편의 음주와 폭행 때문에 아이들도 정신과 치료를 받고 있는 중이며, 온 가족이 남편이 퇴원할까봐 두려워하고 있음. ⑤ 병원의 원무과 직원의 말에 의하면 유사한 경우에 인권위에서 환자의 장기입원이 가능하도록 조처해준 일이 있다고 하는데, 인권위에서 내담자에게도 그런 도움을 주기 바람.*

다른 어떤 경우보다 강제입원이 필요하다고 느껴지지 않는가? 정신병원에 강제로 입원시키는 방안이 아니라면 가족과 이웃을 저런 사람들의 폭력으로부터 어떻게 보호할 수 있을까? 바로 이런 경우에 정신병원은 '감옥'으로 기능하게 된다. 정신병원은 아주 편리한 감옥이다. 재판을 거칠 필요도 없고, 예방적 조치로서 피해 당사자(가족)나 경찰이 '기소'하고 정신과 의사가 '반사회적 인격장애' 혹은 '알콜의존증'으로 '판결'하면 곧바로 '구금'할 수 있다. 구금 기간도 정해져 있지 않아서 보호자와 의사가 필요한 만큼 할 수 있다.

---

* 국가인권위원회 홈페이지의 '상담·진정·민원' 게시물(https://www.humanrights.go.kr/site/program/board/basicboard/view?menuid=001001001003&boardtypeid=94&boardid=407934) 참조.

말하자면 정신병원은 우리 사회의 난감한 문제들을 심플하게 해결해주는 '흥신소' 같은 곳이다. 그곳은 가난한 지적장애인들의 거주시설이기도 하고, 골치 아픈 비행자들로부터 가족과 이웃을 보호해주는 감호소이기도 하다. 그렇다면 정신질환을 치료하는 병원 본래의 기능은 전혀 없는 것일까? 물론 없지는 않다. 하지만 치료 기능을 위해 과연 그렇게 많은 병원과 병상, 그토록 긴 입원 기간이 필요할까?

오늘날 정신의학이 자랑하는 치료 수단은 약물이다. 제약회사의 노력으로 꽤 성능 좋은 약이 많이 나왔다. 할로페리돌 haloperidol(이하 '할돌')과 '프로작Prozac'*이면 웬만한 정신질환 양성 증상은 제어할 수 있다. 그렇다면 이토록 많은 입원실과 긴 입원 기간이 필요한 이유는 무엇일까? 집에서 약을 타 먹으며 지내도 충분할 텐데. 정신의학 교과서에 입원은 자신이 병에 걸렸다는 자각(병식病識)과 치료 의지를 갖게 할 만큼만 필요하다고 적혀 있지만, 현실에서는 전혀 그렇지 않다.

---

* '프로작'은 1987년 미국 식약청FDA의 승인을 받은 이후 전 세계적으로 가장 많이 처방되고 있는 항우울 약물 플루옥세틴fluoxetine을 주성분으로 하는 상품으로, 약물의 명칭보다는 유명 상품인 이 '프로작'의 명칭으로 더 널리 알려져 있다. 좀 더 자세한 내용은 108쪽을 참고하라.

정신과 의사의 그로테스크한 권력

강제입원 요건을 까다롭게 한 '정신보건법 전부개정'에 정신과 의사들이 극렬하게 반대한 이유는 결코 '치료' 때문이 아니다. 놀랍게도 그들은 정신질환자의 범죄 '위험'을 내세웠다. 정신질환자 탈원화 정책에 반대하면서 정신과 의사들은 미국의 사례를 근거로 내세웠다. 탈원화 정책 이후 미국에서 살인, 폭력, 절도 범죄가 증가했다는 것이다.** LA의 경우, 주립정신병원의 탈원화 이후 노숙인 정신질환 문제가 증가했는데, 노숙인 중 95퍼센트 정도가 알콜이나 약물 문제를 겪고 있으며, 그중 약 20퍼센트는 교도소에 수감 중이라는 통계가 그 사실을 뒷받침한다. 그러나 그것은 '탈원화'의 문제가 아니라 '마약' 문제이자 '인종차별' 문제이다. 1980년부터 싸구려 '크랙' 코카인이 대량 유통되면서 정부 지원 없이 거리로 나온 수많은 정신질환자들이 크랙 코카인 상습 복용자가 되었다. 이후 레이건 정부가 '마약과의 전쟁'을 선포하면서 수많은 정신질환자들이 감옥에 수감된 것이다. 레이건 신자유주의 정부가 '마약과의 전쟁'을 선포한 것은 1970년대 흑인민권운동에 대한 인종주의적 반격인 동시에 1983년부터 본격화된 '감산복

** 홍상표, 〈정신질환 범죄증가 전망, "치안 전망 2018"〉, 《한국정신건강신문》, 2018. 1. 20.

합체prison industrial complex'를 지원하기 위함이다. 즉 싸구려 크랙 코카인 유통과 상습 복용에 주로 연루된 거리의 흑인들을 대량으로 민영 교도소에 처넣어 그들의 값싼 노동력과 정부 수급으로 감옥의 이윤을 보장해준 것이다.

정신과 의사들은 이런 사회적 변수는 무시한 채 정신질환 자체가 범죄 소인인 것처럼 얘기한다. 또한 그들은 탈원한 정신질환자가 경제적, 심리적 고통에 시달려 약물중독이나 다른 범죄로 이끌리지 않게 지원하는 복지정책이 부재했던 요인도 간단히 무시한다. 그러고는 정신병원이 예비 범죄자들로부터 사회를 보호하는 곳이라고 당당하게 떠벌린다. '저들은 나가면 갈 데가 없다', '저들이 나가면 사회가 위험해진다'고 소리칠 때 정신과 의사는 자신의 역할을 무엇으로 여기는 걸까? 복지시설 운영자? 아니면 교도소장?

정신과 의사가 정신장애인에게 행사하는 권력은 막대하다. 그건 다른 과 의사처럼 장애 정도를 판정할 때 행사하는 권력과는 다르다. 자신의 환자가 정도가 심한 정신장애 판정을 받게 되면 환자만 낙인찍힐 뿐 환자에게 지급되는 복지 혜택은 거의 없기 때문이다. 정신과 의사의 권력은 환자를 정신병원에 수용할 때 작용한다. 가족이나 경찰의 '기소'에 대해 강제입원을 '판결'하는 자가 정신과 의사이다. 그리고 입원 후 정신병원 안에서 환자를 결박하거나 격리실에 감금하거나 강제노역을 시킬 필요를 결정하는 것도 의사이다. 무엇보다 퇴원 여부에 대한 최종 결정권도 정신과 의사에게 있다. 정신질환자에 대해 정신과 의사는 '판사'인 동시에 '교도소장'이며 최종 '사면권자'다.

정신장애인에 대한 정신과 의사의 이 절대권력sovereignity을 떠받치는 토대는 무엇일까? 당연히 이 권력은 정신질환에 관한 의사의 지식, 즉 정신의학에 근거하고 있을 테다. 가족이나 경찰이 데려온 그 사람에게 정신질환이 있는지, 그것이 환자 본인과 타인에게 해를 끼칠 만큼 위험한 것인지 판단할 수 있는 사람은 정신의학 지식을 가진 의사뿐이라는 것이다. 과연 그럴까? 정신의학은 정말로 정신질환의 유무와 위험성을 판별하는 능력을 갖고 있으며, 정신병원 수용을 통해 정신질환을 치료하는 노하우를 가지고 있을까? 정신질환자의 강제수용에 대해 정신과 의사가 행사하는 권력과 정신의학 지식은 얼마만큼 조응하는 걸까?

푸코는 "하나의 담론 혹은 한 개인이 자신의 내적 자질만으로는 도저히 갖지 못할 권력의 효과를 자신의 지위에 의해 가지고 있을 때" 그것을 '그로테스크하다'고 부르겠다면서, 정신의학의 권력이 그렇다고 이야기한다.* 학창시절 푸코는 광기에 근접해 있었다. 그는 지나치게 내성적이고 신경질적이며 때로 공격적이었다. 파리고등사범학교 재학 시절 그는 교실 바닥에 누워 면도칼로 가슴을 그으려는 소동을 벌였으며, 칼을 들고 친구를 쫓아다닌 적도 있었다. 그 당시 푸코의 멘토

* 미셸 푸코, 《비정상인들》, 박정자 옮김, 동문선, 2001, 28쪽.

히에로니무스 보스 Hieronymus Bosch, **〈광인들의 배〉(1490~1500).**
르네상스 시대까지 광기는 '다른 세상'과 통하는 종교적 현상의 하나이거나 우리의 이성이 언제든 도달할 수 있는 진실의 극단적 형태로 여겨졌다. 그리고 광인은 '광인들의 배'를 타고 멀리 사라졌다가 불쑥 항구나 강의 지류를 따라 마을에 나타나곤 했다. 그러나 17세기 중반 광기와 연결된 그런 전통은 끊어졌다. 그때부터 광기는 이성의 부재 혹은 '비이성'으로 인식되었다.

였던 알튀세르는 자서전에서 푸코가 넋 나간 표정으로 복도를 방황하는 모습을 보았다고 썼다.

푸코는 직접 정신분석을 받았고 그것을 공부하기도 했다. 이뿐만 아니라 심리학 학사 학위와 정신병리학 자격증을 취득했으며, 대학에서 심리학 조교로 일한 경험도 있다. 그는 광기는 물론 정신의학에 관해서도 잘 알고 있었다. 무엇보다도 푸코는 정신의학이 광기에 행사하는 권력과 정신의학 지식 간의 불일치와 간극에 대해 누구보다 잘 알고 있었다. 푸코는 자신의 지식을 총동원하여 그 불일치와 간격의 역사를 썼다. 그것이《광기의 역사》(1961, 원제 "고전주의 시대 광기의 역사") 그리고《정신의학의 권력》(1973~1974년 강의)이다.

고전주의,
광기와 단절하다

푸코는 광기에 대한 근대적 인식이 17세기 중반부터 형성되었다고 본다. 르네상스 시대까지 광기는 '다른 세상'과 통하는 종교적 현상의 하나이거나 우리의 이성이 언제든 도달할 수 있는 진실의 극단적 형태로 여겨졌다. 그리고 광인은 '광인들의 배'를 타고 멀리 사라졌다가 불쑥 항구나 강의 지류를 따라 마을에 나타나곤 했다. 그러나 17세기 중반 광기와 연결된 그런 전통은 끊어졌다. 그때부터 광기는 '이성의 부재' 혹은

'비이성'으로 인식되었다. 오늘날에는 '비이성적'이라고 형용사로만 쓰지만, 고전주의 시대에는 '비이성'이 명사로서 실체적 의미를 갖고 있었다. 광기가 '이성'에 의해 '비이성'으로 규정되고 침묵을 강요받은 것은 이때부터다. 이는 17세기 절대군주의 수용소 정책과 깊은 연관이 있다.

고전주의를 대표하는 철학자 데카르트는 이성과 광기의 연관성을 완전히 부정했다. '나는 착각하는 자일 수 있고, 꿈꾸는 자일 수도 있다. 그 속에서도 나는 진실에 이를 이성의 형식을 찾을 수 있다. 하지만 내가 광인이라는 가정 속에서는 그게 불가능하다.' 이처럼 데카르트는 광기에는 진실에 이를 이성의 어떤 형식도 남아 있지 않다고 보았다.

이른바 '강남역 살인사건', 즉 2016년 5월 17일 강남역 10번 출구 인근 공용화장실에서 발생한 살인사건은 어쩌면 광기에 대한 그런 태도의 현재 사례일지 모른다. 피의자 김모 씨(34세)는 경찰조사에서 알지도 못하는 여성을 살해한 이유에 대해 "여성들에게 무시를 당해 참을 수 없었다"고 진술했다. 여성에 대한 혐오가 살해 동기였던 것이다. 그러나 5월 18일 경찰은 "김 씨가 2008년부터 조현병·공황장애 등으로 네 차례 걸쳐 입원한 기록이 있다"며 "알려진 대로 '여성혐오 살인'으로 보기는 어렵다"고 발표했다. 그는 미친 자이고 미친 자의 말은 들을 필요도 없다는 듯이. 이렇듯 광기 안에는 일말의 진실도 없다는 것, 광인의 말은 진실과 무관하다는 것이 데카르트가 이룬 광기와의 인식론적 단절이다.

수용소에 감금된 '광기'

그런 인식론적 단절이 발생하면서 광인은 사회 안에서 사회와 단절된 '구빈원'에 수용되었다. 파리에 'hôpital général'(종합병원)을 설립하라는 루이 14세의 칙령(1656년)을 연대기상의 이정표로 볼 수 있을 것이다. 이 '종합병원'은 오늘날의 의료기관 같은 곳도 아니고 중세시대 수도원이 운영하던 자선기관도 아니다. 17세기로 넘어오면서 가난은 더 이상 굴욕과 영광의 변증법 속에서(수도원 문화 속에서 한편으로는 굴욕으로, 다른 한편으로는 구원의 징표인 청빈으로) 인식되지 않았다. 루터와 칼뱅 이래 '징벌'의 표지를 띠게 된 빈곤은 이제 절대군주의 통치를 저해하는 '무질서'의 표시로 인식되었다. 그에 따라 빈민은 '자선'이 아니라 '처벌'의 차원에서, 도움의 손길이 아니라 경찰의 몽둥이에 이끌려 구빈원Hôpital général에 수용되었다.

군주의 칙령이 내려진 지 불과 수년 만에 파리 인구의 1퍼센트에 달하는 6,000명의 부랑인들이 파리 구빈원에 수감되었다. 도시 안팎을 배회하던 광인들도 다른 부랑인들과 함께 구빈원에 수용되었다. 단속 대상은 주로 부랑인이었지만 '비이성'이라는 특성이 수용의 근거와 범위를 결정했다. 그래서 거지, 부랑인, 가난한 불구자, 무의탁 노인뿐 아니라 고집 센 실업자, 성병 환자, 온갖 유형의 방탕아, 가장이나 왕권의 공식 명령을 기피하는 자들, 낭비벽이 있는 가장, 규제를 어기고 멋대로 놀아난 성직자, 자유사상가들이 광인과 함께 구빈원에 강제수용되었다.

영국의 '워크하우스workhouse'처럼 프랑스의 구빈원도 강제노동을 시행했다. 오늘날 장애인 보호작업장이나 장애인 거주시설에서 일부 이뤄지는 것처럼, 17세기 구빈원의 수용자들은 집을 짓고 옷감을 짜고 다양한 물건을 제조했다. 이 물건들은 시장에 저가로 공급되었고 그 수익은 시설 운영에 보태졌다. 그러나 구빈원의 노동은 시장에서의 이윤 창출을 목적으로 하기보다 징벌과 도덕의 가치를 부과하는 활동에 가까웠다. 구빈원의 수용자들을 한데 묶는 공통 범주는 자본주의적 생산에 참여할 수 없는 '쓸모없음'이었으며, 강제수용과 노동은 이런 무능력에 대한 징벌적, 도덕적 조치였다.

고전주의 시대, 광인을 구빈원에 수용한 것은 절대군주의 통치police 이성이었다.* 그것은 빈곤과 구제에 대한 새로운 감수성이자 실업과 무위도식에 대한 새로운 반응 형태로, 도덕적 의무와 법률이 일치하는 삶의 공간에 대한 꿈을 하나의 복합적 단위 안에 조직한 것이다.** 이 프로젝트에 의학적 사명 같은 건 없었다. 구빈원에 치료 기능이 있다면 그것은 노동윤

---

* 미셸 푸코, 《광기의 역사》, 이규현 옮김, 나남, 2003, 141쪽.

** 루이 14세의 구빈원, 나치의 아우슈비츠, 스탈린의 굴락, 그리고 박정희·전두환 군사정권의 국토개척단, 삼청교육대, 형제복지원이 보여주듯 강제수용소는 절대권력의 이상적 통치 공간이다.

리를 비롯한 이성의 명령을 신체적, 정신적으로 각인시키는 것이다. 그것도 적극적인 훈육이 아니라 사회 안에서 사회로부터 추방함으로써 교화, 즉 본보기의 효과를 노렸을 뿐이다.

그럼에도 고전주의 시대 수용 정책은 광기에 대한 현대적, 의학적 경험에 뚜렷한 흔적을 남겼다. 오랫동안 자신의 입과 언어로 담론의 지평을 횡행하던 광기에 재갈이 물려졌다는 점이 그중 하나다. 이로써 광기는 침묵을 강요당하고 오로지 이성의 인식 대상으로 전락했다. 그렇게 된 것은 광기가 절대군주의 통치 이성에 의해 강제로 수용되었기 때문이다. 그다음, '비이성'이라는 폭넓은 기준 속에서 비행자, 방탕아, 성병 환자, 사상범과 광인 사이에 모호한 친족 관계가 형성되었다. 심리적 죄와 법률적 범죄, 사회적 비행과 광기 사이에 모종의 혈연관계가 형성된 것이다. 19세기 정신의학은 이런 친족관계를 더욱 정교하게 다듬었다. 오늘날 정신질환자를 잠재적 범죄자 취급하는 정신과 의사들이 물려받은 건 바로 이 19세기 정신의학의 유산이다.

고전주의 의학의 광기 분석과 치료술

고전주의 시대에도 광기를 다루는 의학은 있었다. 치료술 또한 존재했다. 거리의 광인을 쓸어 담아 수용소에 가둔 '비이성'이라는 개념은 광기를 분류하는 의학의 인식틀로도 기능했다. 고전주의 시대에 광기는 크게 세 가지 유형, 즉 정신착란démence, 조광증manie과 우울증mélancolie, 히스테리hystérie와 심기증hypochondrie으로 분류되었다. 정신착란은 실증적이고 구체적인 관찰보다는 상식 차원에서 무질서, 사유의 붕괴, 오류, 환각, 비이성, 비진실로 정의되었다. 고전주의 생리학은 정신착란의 발병 원인을 뇌에서 찾았다. 대뇌물질이 과도하게 많아서 조직이 덜 단단하면 정신의 날카로움이 둔화되는 경우가 있고, 대뇌가 둥근 형태를 갖추지 못해 비정상적인 침하나 팽창이 일어나면 동물 정기esprit animal가 불규칙한 방향으로 돌아 사물의 진실한 이미지를 전달할 수 없게 되어 정신착란이 생긴다는 식이다.*

정신착란의 인접 유형으로는 광란frénésie이 있다. 정신착란은 무열성 질환인 데 반해 광란은 "몸의 지나친 열기, 머리의 고통스러운 발열, 몸짓과 발언의 격렬함, 전신의 일반성 흥분"**을 동반한다. 정신착란에서 파생된 두 번째 범주는 '어리석음stupidité'으로 '백치idiotie', '치우imbécillité', '우둔niaiserie'이 여기 속한다. 《뇌의 해부학》(1664)의 저자로 신경과학의 아버지라 불리는 토머스 윌리스Thomas Willis(1621~1675)는 광기의 모든 증후가 나타날 가능성으로 '스투피디타스stupiditas', 즉 '지능과 판

---

* 미셸 푸코, 《광기의 역사》, 419쪽.

** 《광기의 역사》, 425쪽.

단력의 결함'을 제시했다. 지적장애를 광기와 구분하지 않은 데다가 그것을 모든 광기의 잠재적 원인으로 본 것이다. 그는 대뇌가 너무 축축하거나 차가워서 혹은 대뇌의 과립이 너무 거칠고 땅의 무거운 영향에 침윤되어 있을 때 '스투피디타스'가 발생한다고 했다.***

우울증과 흑담즙 체질을 연관 짓는 것은 그야말로 고전적인 주제다. 흑담즙의 차가움이 정기의 양을 감소시키고, 건조함이 강하고 끈질긴 상상작용을 일으키며, 검은 색깔이 정기를 탁하게 하고 정기의 정묘함을 없애 우울증을 일으킨다는 논리다.**** 조광증과 우울증의 원인은 동물 정기의 움직임과 신경섬유의 운동 이미지로 설명된다. "조광증은 극도에 이른 신경섬유의 긴장으로, 조광증 환자는 줄이 과도하게 팽팽해진 결과로 멀리 떨어져 있고 약한 자극에도 진동하는 일종의 현악기이다"라는 표현은 '조현병'이라는 명칭이 어디서 유래했는지 말해준다.***** 조광증 환자의 대뇌는 메마르고 딱딱하며

*** 《광기의 역사》, 419쪽.

**** 《광기의 역사》, 434쪽.

***** 《광기의 역사》, 442쪽. 조현병調絃病이란 명칭도 정신을 현악기에 비유한 것이다. 조현이란 '현악기의 줄을 조율한다'는 뜻으로, 뇌의 신경망을 조절한다는 의미를 지니고 있다. 《2011 신경정신의학 용어집》에 공식적으로 이름을 올린 조현병은 '정신분열증'의 새로운 이름이다. 정신분열증schizophrenia은 스위스의 심리학자 오이겐 블로일러Eugen Bleuler가 만든 개념으로, '마음phrenia'과 '분열schizo'의 합성어이다. 이것이 실제 증상을 잘 표현하지도 못할뿐더러 환자에 대해서도 좋지 않은 인상을 심어준다고 해서 2007년 정신분열병 동호회 회원 3,000여 명이 정신분열병학회에 '정신분열병 병명 개정을 위한 서명서'를 보냈다. 이후 국제정신분열

쉽게 부서지는 상태였다는 해부 보고도 있고, 여름에 결혼한 남자가 아내와의 지나친 방사房事로 체액이 심하게 손실되어 맥관과 신경섬유가 말라버린 탓에 조광증이 일어났다는 임상 보고도 있다.

토머스 윌리스는 조광증과 우울증의 교대 현상을 밝힌 것으로 유명하다. 우울증 환자는 온통 깊은 생각에 빠져 있어서 상상력의 활동이 굼뜨고 정지되는 반면, 조광증 환자는 환상과 상상력이 맹렬한 흐름에 휩싸인다. "우울증 체질은 약화되면 광분으로 변하는 일이 일어나고, 거꾸로 광분은 힘을 잃고 가라앉아 소강 상태로 접어들 때 흑담즙성 체질로 바뀐다"*는 식으로 동물 정기의 역학에 입각하여 두 증상의 교대를 추론한 것이다. 이런 추론에서 경험적 관찰에 의거한 임상의학적 분류와 다른 고전주의적 사고의 연역적 특성을 엿볼 수 있다.

마지막으로 히스테리와 심기증 유형이 있다. 심기증은 동물 정기가 약해지고 활력을 상실하여 신경이 쇠약해진 상태나 그런 상태에 대한 불합리한 염려로 특징지어진다. 히스테리는 동물 정기가 과열되어 불규칙적이고 탈자연적인 움직임,

---

병학회 이사로 선임된 권준수 서울대 교수가 2011년 아시아정신분열병학회에서 이 병의 명칭을 조현병으로 변경한다는 내용을 해외 학자들에게 공식적으로 천명했다. 이 새로운 명칭의 장점은 설명을 듣기 전에는 누구도 '조현병'이란 단어에서 그 뜻을 유추할 수 없다는 점뿐이다. 확실히 낙인 효과는 없다. 하지만 그래서 어떤 증상이든 다 갖다 붙일 수 있다.

* 《광기의 역사》, 448쪽.

즉 경련이 일어나는 병이다. 이 둘을 동물 정기의 병적인 상태, 즉 육체의 병으로 보는 견해도 있고, 환각이나 상상력의 폭발을 강조하여 정신병에 포함시키는 견해도 있다. 이 유형은 신경섬유의 과도한 섬세함으로 인해 쉽게 감동하는 마음, 불안한 심정, 주변에서 일어나는 일에 대한 과도한 교감성 등과 같이 오늘날 신경증에 해당하는 증상으로 이뤄진다.

고전주의 광기 분석의 두드러진 특징은 영혼과 육체가 '표상'의 측면에서 동일하다고 상정하는 점이다. 다시 말해 영혼의 상태(혼란함, 날카로움, 둔중감, 과민함)와 뇌의 물질적 상태(성김, 과밀함, 물렁함, 가벼움) 혹은 동물 정기의 운동 상태(빠름, 느림), 신경섬유의 역학적 상태(팽팽함, 느슨함, 과민함) 사이에 동일성을 상정한다. 그러나 근대의 뇌과학과 신경생리학은 이런 고전주의 생리학과는 그다지 관련이 없다. 둘 사이에는 에피스테메상의 깊은 단절이 있다. 정신과 육체 사이의 표상적 동일성이라는 고전주의 에피스테메가 붕괴될 때만 정신과 독립된 뇌의 물리적, 화학적 운동 메커니즘이 규명될 수 있고, 그 메커니즘과 정신현상 간의 (동형성이 아니라) 인과관계도 탐색될 수 있다.

육체와 영혼 사이의 표상적 동일성은 고전주의 치료술을 관통하는 원리였다. 따라서 고전주의 시대에 신체 치료와 영혼 치료는 구별되지 않았다. 예컨대 의사가 고미제苦味劑를 처방할 때 이것은 육체만큼이나 영혼을 닦아내고자 하는 것이며, 우울증 환자에게 단순한 경작 활동을 처방하거나 환자의 정신착란을 연극으로 연출하는 요법을 쓸 때 노리는 것은 단순히 심리적 효과가 아니라 신경의 움직임과 체액의 농도를 바꾸는 것이다. 그런 심신동형론 혹은 심신상응론에 입각하여 의사들은 광인의 정신과 근육을 신선하게 만들기 위해 샤워나 목욕을 시켰고, 광기를 유발하는 오염된 혈액을 정화하기 위해 피를 뽑거나 깨끗한 피를 주사했으며, 상상력의 오류를 개선하기 위해 머리에 충격을 가하거나 환자를 빠르게 회전시켰다.

광인만 남은 구빈원에 새로운 통치자가 오다

절대군주의 통치 이념이 구현된 구빈원은 18세기 후반에 이르러 '부패'의 온상으로 지목되었고, 그 부패가 만들어내는 열병의 진원지로 간주되었다. 악덕에 물든 수용자들의 호송수레와 쇠사슬에서 전염병균이 흘러나와 도시를 더럽히고, 감금시설의 탁한 공기가 주거 지역을 오염시킨다는 공포가 확산된 것이다. 절대군주의 자의적 감금에 대한 정치적 고발도 쏟아졌다. 죄 없는 광인과 범죄자를 뒤섞는 것에 대한 비난과 함께 언제든 사회로 돌아올 수 있는 죄수들을 끔찍한 미치광이들과 함께 두는 것에 대한 비난이 구빈원을 포위했다. 모든 사람들이 수용소의 폐지를 원했다.

구빈원에 수용된 광인의 수는 프랑스대혁명과 함께 급격

히 감소했다. 광인들이 해방되어서가 아니라 18세기 중반부터 광인만을 위한 전용 시설이 증가했기 때문이다. 구빈원에서 해방된 이들은 광인을 제외한 나머지 사람들이었다. 빈민의 수용이 퇴락한 이유는 빈곤이 더 이상 비이성 혹은 게으름과 방탕의 기호로 인식되지 않았기 때문이다. 빈곤은 도덕적 타락이 아니라 불가피한 자연 현상으로, 국가권력이 통제할 사안이 아니라 시장에서 자연스럽게 조절되어야 하는 문제로 인식되었다. 가난과 함께 병자를 보살피는 일은 그렇게 가족의 권역에 속하는 사적 문제가 됐다. 반면 광기는 여전히 공적인 문제로 남았다. 미치광이로부터 사회를 보호해야 한다는 생각은 한 뼘도 움직이지 않았다. 비이성의 다른 모든 형태가 점차 풀려나면서 수용시설은 오직 광기의 행선지가 되었다. 광기와 수용소가 필연적인 관계로 묶이게 된 것이다.

프랑스에서는 필리프 피넬Philippe Pinel(1745~1826), 영국에서는 새뮤얼 튜크Samuel Tuke(1784~1857)가 수용소 개혁을 대표했다. 정신의학사에서 이들은 광인에게 채워진 족쇄를 풀어준 휴머니즘의 상징이자 실증의학의 눈으로 광기를 보기 시작한 정신의학의 아버지이다. 그러나 피넬과 튜크를 비롯해 당시 의사들은 강제수용이라는 구시대의 관행과 절연하지 않았다. 광인의 발에 채워진 사슬이 단지 구속복으로 대체됐을 뿐이다. 물리적 사슬 주변에는 새로운 정신적 사슬이 구성되었다. 그 정신적 사슬은 수용소를 항시적인 감시와 냉혹한 판단의 공간으로 변모시켰다. 수용된 이들은 24시간 행동을 감시당해야 했다. 이들의 주장은 항상 무시되었으며, 망상은 반박되어야 했다. 실수를 저지르면 야유를 받았고, 정상적이지 않은 행동에는 즉각적인 처벌이 내려졌다. 이때 의사의 역할은 광인을 치료하는 것이 아니라 윤리적으로 통제하는 데 있었다.

18세기 말부터 의사의 진단서는 광인을 수용할 때 거의 필수적인 것이 되었다. 감호시설이 의료 공간으로 정비되면서 의사는 시설에서 절대권력을 행사하게 되었다. 의사는 광기를 아는 존재가 아니라 그것을 제압하는 존재였다. 이것이 바로 프랑스혁명기 의사가 광기를 장악하는 방식이다. "의사는 처음부터 아버지 겸 재판관, 가족 겸 규범임에 따라서만 수용소 세계에 절대적 권한을 행사할 수 있었다."*

규율 치료:
현실 세계의 규칙 주입하기

광인만 남은 구빈원을 접수한 의사는 수용소의 통치 이성에 의학적 의미를 부여했다. 수용은 정신질환자를 치유하기 위해 필요한 조치로 여겨졌다. 이것은 18세기 중반부터 감옥, 학교, 병영, 공장을 중심으로 확립된 '규율discipline' 체계와 관련이 있다. 정신병원은 그 건축학적 배치부터 치료 효과가 발생

---

* 《광기의 역사》, 770쪽.

하도록 설계되어야 했다. 병동과 정원의 배치, 입원실과 복도의 배치, 개개인이 공간 안에 배분되는 방식, 사람들이 왕래하는 방식, 보거나 보이는 방식 등이 그 자체로 치료적 가치를 갖는다. "병원은 판옵티콘적 기계이기 때문에 판옵티콘적 기구로서 치유를 가져다주는 것이어야 했다."**

19세기의 대표적 정신의학자 장 에티엔 에스키롤Jean-Étienne Esquirol(1772~1840)에 따르면, 병동을 몇 개로 나누어 짓되 병동들의 세 면은 서로 마주보게, 네 번째 면은 정원 쪽으로 열려 있도록 배치해야 한다. 이렇게 배치한 병동을 가능한 단층으로 지어야 한다. 왜냐하면 의사가 환자나 수위, 간수 모르게 들어가 병동에서 일어나는 모든 일을 한눈에 파악할 수 있어야 하기 때문이다.*** 광인은 단순히 도망가지 못하도록 감시받는 게 아니라 자신이 의사에게 보이고 있다는 사실을 스스로 알게끔, 그래서 자신이 의사에게 '정신병자'로 보이고 있다는 사실을 자각하게끔 감시받아야 한다. 그래야 광인이 '주관성'의 덫에서 벗어나 정신병자로서 객관적 '병식'을 가질 수 있기 때문이다.

구빈원에서 정신병원으로 명칭이 바뀌면서 이전에 존재하던 각종 징벌 장치들에 치유적 의미가 부가되었다. 정신병

** 미셸 푸코, 《정신의학의 권력》, 오트르망(심세광·전혜리) 옮김, 난장, 2014, 153쪽.

*** 《정신의학의 권력》, 154쪽.

원의 통치자인 의사는 강제노동에 치료적 의미를 부여했다. 부도덕한 부랑에 대한 징벌이던 강제노동이 정신병원의 '작업 요법'이 된 것이다. 노동을 통해 시간을 엄수하는 법뿐 아니라 작업 규칙, 분업과 협력의 인간관계를 배운다는 근거가 만들어졌다. 또한 노동에 따른 대가를 적게나마 지급함으로써 돈에 대한 욕구를 일으켜 이들을 현실 세계로 유인했다.

'도덕 요법'이라는 이름으로 세부적인 규칙과 처벌에도 치료적 의미가 부가되었다. 자기만의 무질서한 충동에 빠져 있지 않고 현실 세계의 규칙을 알게 되는 것 자체가 치료라는 것이다. 가령 음식을 아주 적게 주거나 용변을 보지 못하도록 손을 결박함으로써 생리적 욕구를 불러일으키는 것도 치료의 일환으로 간주되었다. 음식을 얻기 위해, 돈을 얻기 위해, 심지어는 용변을 보기 위해 규칙에 복종해야 함을 깨닫는 것 자체가 치료로 여겨졌다. 그 연장선상에서 정신질환자를 수용시설에 격리하는 것을 정당화하는 논리가 만들어졌다. 그런 격리가 환자 내면에 자유에 대한 열망, 즉 이제껏 알지 못한 새로운 욕구를 불어넣는다는 기상천외한 이야기였다.

정신의학,
그 지식과 실천의 불일치

19세기 정신병원은 '규율'이라는 통치 이성과 '치료'라는 의료 이성이 행복하게(?) 통합된 공간이었다. 정신병원은 각종 정신질환자들을 '수집'하여 그들의 질환을 가까이서 관찰할 수 있게 했다. 그와 함께 정신의학은 임상의학적, 질병분류학적 담론을 근거 삼아 광기를 정신질환으로 정의·분류·묘사했다. 그러나 19세기 정신의학은 고전주의적 광기 분석과 차별화된 분류 기준을 제시하지 못했고, 새로운 질병을 발견하지도 못했다. 19세기 질병분류학에서 정신질환은 크게 정신병과 신경증으로 구분된다. 정신병은 다시 분열증과 편집증으로 나눠지거나 정신분열증으로 통합된다. 신경증은 강박 신경증, 히스테리, 공포증과 같은 기능성(정신) 신경증만을 가리키기도 하지만, 때에 따라서는 우울증, 신경쇠약 같은 기질성 신경증도 포함한다. 환각과 망상이 나타나는지 여부에 따라 심기증과 조증이 독자적인 정신병으로 분류되기도 하고, 신경쇠약과 우울증에 통합되기도 한다. 그리고 도덕적 광기나 성적 일탈이 도착증perversion이라는 개념으로 응축되어 오늘날의 충동조절장애, 품행장애로 이어진다.

이런 임상학적 질병 분류는 특정한 행동 양상이나 심리 현상을 정신질환으로 명명하고 묘사함으로써 의학적으로 담론화하는 효과를 낸다. 이로 인해 정신의학과 정신과 의사는 엄청난 권력을 쥘 수 있었다. 'X라고 불리는 정신질환은 이러저러한 증상으로 특징지어진다'는 식의 의학 담론은 정신의학과 정신과 의사가 질병의 실체를 알고 있고 지금 그 진실을 말하고 있다는 식의 믿음을 양산했다. 또한 병리해부학의 단편적인 지식은 광기의 기질적 상관물에 대한 물음, 광기와 신경학적 변형에 대한 문제를 제기하며 정신의학을 물질적으로 보증해주었다. '뇌의 전두엽에 이상이 있어서, 이러저러한 신경전달물질의 과소·과다 분비로 인해……'라는 식의 설명이 주는 담론 효과는 어마어마하다. 정신의학을 과학처럼 보이게 하기 때문이다. 그러나 정신의학의 그 지식과 실제 치료 행위 사이에는 심각한 불일치와 간극이 있다.

> 19세기에 통용되던 대로의 정신의학적 실천은 거대한 정신의학적 질병분류학 혹은 병리해부학적 연구에서 축적되던 지식 혹은 유사지식을 실제로는 결코 활용하지 않았다는 것입니다. 정신요양원에서 배분, 즉 환자들을 분류하고 그들을 정신요양원 안에서 분배하며 그들에게 하나의 체제를 부여하고 그들에게 임무를 부여하며 그들이 치유됐는지 아니면 병을 앓고 있는지, 치유 가능한지 불가능한지를 언표하는 그 방식은 결코 이 두 가지 담론을 고려에 넣고 있지 않았던 것입니다.*

정신병원 입원자들은 임상적 분류 기준에 따라 분류되지 않았다. 조광증과 만성 우울증 사이의 구분, 조광증과 편집증 사이의 구분, 조광증과 치매 계열 사이의 임상적 분류는 정신

* 《정신의학의 권력》, 196쪽.

병원의 실제 조직화에 활용되지 않았다. 정신병원 안에서 환자는 진단명이 아닌 규율체제에 따라 구분된다. 치유 가능한 자와 치유 불가능한 자, 얌전한 환자와 동요하는 환자, 순종적인 환자와 말을 듣지 않는 환자, 노동이 가능한 환자와 노동이 불가능한 환자, 벌을 받는 환자와 벌을 받지 않는 환자, 부단히 감시해야 하는 환자와 때때로 감시해야 하거나 감시할 필요가 없는 환자를 구분하는 원리가 실제로 정신병원을 지배한다.

고전주의 시대 심신동형론에 따라 이뤄지던 생리학적 치료도 규율의 의미를 띠게 되었다. 샤워는 더 이상 심신에 신선함을 주기 위한 요법이 아니라, 심리적 효과를 겨냥한 처벌로 활용되었다. 그래서 환자가 열에 들떠 있을 때가 아니라 잘못을 지질렀을 때 샤워 요법을 시행하도록 했다. 환자의 머리 위에 냉수를 쏟아부으면서 자신의 믿음이 한낱 망상일 뿐임을 고백하도록 강요한 것이다. 18세기에 발명된 회전기계의 용법도 바뀌었다. 고전주의 생리학에서 회전은 망상에 고정된 정신을 흔들어 자연적 순환을 회복하는 데 활용됐지만, 19세기의 회전기계는 처벌의 용도로 쓰였다. 망상이 나타날 때마다 회개를 강요하며 실신할 만큼 회전기계에 환자를 매달아 돌린 것이다.

아편팅크나 에트르 등 약물을 이용한 치료도 마찬가지다. 물론 정신과 의사는 불안 때문에 동요하는 상태를 진정시키기 위해서라거나 진단을 위해 필요한 의료적 처방이라고 말한다. 그러나 약물 치료는 실제로 정신병원의 규율, 이를테면 '정숙'

을 환자의 신체 내부에 직접 주입하는 것에 가깝다. 약물 주입은 정신병원의 규율체계가 명령하는 '정숙'을 보장한다. 오늘날 널리 투약되는 신경안정제도 마찬가지라고 푸코는 말한다.

> 현행의 신경안정제 사용 역시 이런 유형에 속합니다. 즉 정신요양원의 실천에서 의학적 이론이 가능한 의료적 조치로서 규정했던 것이 매우 신속하게 규율체계의 요소로 전환됐다는 것입니다.*

물론 이것은 광기와 매우 근접해 있던 푸코의 주관적 견해이다. 그럼 푸코의 반反정신의학을 비판하는 대표적인 책《정신의학의 역사》(1997)는 현대 정신의학을 어떻게 평가할까? 이 책의 저자인 에드워드 쇼터Edward Shorter는 광기에 대한 푸코의 급진적인 입장을 비판한다면서 정작《광기의 역사》는 제대로 읽지 않은 듯하다. 푸코의 견해를 심각하게 왜곡하고 있기 때문이다. 가령 "푸코는 정신의학이 국가권력에 의해 발명된 것이라고 주장한다"**라거나 "푸코는 정신질환이란 18세기에 사회적, 문화적으로 발명된 것이라고 주장했다"***는 구절은 푸코의《광기의 역사》를 읽은 사람이라면 할 수 없는 왜

---

* 《정신의학의 권력》, 262쪽.
** 에드워드 쇼터,《정신의학의 역사》, 최보문 옮김, 바다출판사, 2009, 25쪽.
*** 《정신의학의 역사》, 446쪽.

곡이다.

《정신의학의 역사》는 푸코가 정신질환을 자본주의 경제체제를 유지하기 위해 국가권력이 발명한 '허구적' 구성물로 보았다고 기술하는데, 이는 푸코의 정신의학 비판을 마르크스의 이데올로기 비판과 혼동한 것이다. 이런 오해는 푸코의 《광기의 역사》가 1965년 마르크스주의 전통이 강한 영국에서 《광기와 문명》이라는 제목으로 축약 번역되어 반정신의학 이론서로 활용된 역사적 상황 때문에 빚어진 듯하다. 푸코는 한평생 '경제체제가 권력 형태를 결정한다'거나 '지식은 지배계급의 이데올로기적 구성물이다'라는 마르크스주의 권력이론을 교정하기 위해 노력했다. 《정신의학의 역사》는 아이러니하게도 이런 오해에 기초해서 푸코가 미처 다루지 않은 제2차 세계대전 이후의 정신의학을 묘사하면서 푸코의 입장을 뒷받침할 풍부한 사례를 제시한다.

정신병원, 약물의 구원을 받다

쇼터의 《정신의학의 역사》에 따르면, 1903년부터 1933년 사이 미국에서 정신질환자 수용시설의 환자 수는 14만 3,000명에서 36만 6,000명으로 두 배 이상 증가했다. 환자 대부분은 수용 인원이 1,000명 이상인 대형 시설에 거주했다. 악명 높은

조지아 주의 밀리지빌 병원은 환자가 8,000명이 넘었다. 의사가 해줄 수 있는 건 별로 없었다. 도덕 요법으로 치유되어 집에 돌아간 사례는 손가락으로 꼽을 정도였다. 도덕 요법은 아무런 교정 효과도 없이 가학증적 쾌락만 양산했다. 수면제를 투여하여 계속 잠을 재우는 지속수면 요법, 인슐린을 혈관에 주사하여 혼수상태에 빠지게 하는 인슐린 쇼크 요법, 전기충격 요법, 전두엽 절제술 등은 실질적인 성과는 내지 못하고 정신병원의 악명만 드높였다.

이런 와중에 뜻밖에 성과를 낸 것이 약물 치료 분야였다. 오래전부터 해오던 약물 요법을 비약적으로 발전시킨 것은 정신병원이 아니라 제약회사였다. 바이엘Bayer 같은 대형 제약회사가 진정제를 대량으로 쏟아냈다. 제약회사가 상품화한 첫 번째 진정제는 클로랄 하이드레이트chloral hydrate였다. 클로랄은 약효와 용량이 비례했고, 주사할 필요가 없다는 점에서 이전의 약물보다 선호되었다. 하지만 냄새가 지독하고 먹고 난 후 구취가 끔찍하다는 부작용이 있었다. 여러 종류의 항히스타민제들이 정신질환자들에게 사용되었지만 효과는 거의 없었다. 그러다 1951년 제약회사 론 풀랑크Rhône-Poulenc가 만든 페노티아진phenothiazine 계열의 항히스타민제 4560RP(RP는 론 풀랑크의 약어)가 조증 환자를 무관심하게 만든다는 사실이 알려졌다. 이후 제약회사는 이 약에 '클로르프로마진Chlorpromazine'이라는 이름을 붙였다.

클로르프로마진은 지금까지도 널리 쓰이는 항정신성 약

물 중 하나로, 한국에는 1959년에 도입되었다. 약물이 빨간 색이라서 흔히 '빨간 약', 혹은 '씨피CP'로 불린다. 입이 마르고 어지럽고 움직임이 둔해지며 변비, 배뇨 곤란 등의 부작용을 유발하기도 한다. 1967년에 개발된 신경안정제 '할돌'(할로페리돌)은 클로르프로마진과 함께 가장 많이 사용되는 약물이다. 이 약물은 정신분열 증세뿐 아니라 조증에도 흔히 사용된다. 리튬lithium 역시 정신분열증과 조증 증세를 완화하는 효과가 있어 요즘도 많이 처방되는 약물이다.

약물 치료를 뒷받침한 건 신경생리학과 신경화학이다. 1921년 그라츠 대학의 약리학 교수 오토 뢰비Otto Loewi는 1926년 '아세틸콜린'이라는 화학물질이 신경세포 간 자극 전달을 중재한다는 사실을 알아냈다. 정신과 의사들은 정신분열증이 완화될지도 모른다는 막연한 기대감으로 환자에게 아세틸콜린 농도를 높이는 약물을 투여했다. 정신병적 증세를 완화시키는 항정신성 약물이 발견되면서 그 작용 기전을 밝히려는 연구가 이어졌다. 이런 신경화학 연구를 주도한 쪽도 역시 정신의학계가 아닌 제약회사였다. 도파민과 세로토닌은 정신약리학 무용담의 주인공들이다. 룬트 대학의 약리학자 아르비드 칼손Arvid Carlsson과 그의 동료들은 도파민이 신경전달물질임을 확인했고, 쥐 실험을 통해 클로르프로마진과 그 외 항정신성 약물이 도파민에 작용함을 알아냈다.

'사이코패스' 담론으로 유명해진 세로토닌5-hydroxytryptamine은 원래 우울증 관련해서 발견된 신경전달물질이다. 1950년대 중반 미국 국립정신건강연구소는 세로토닌의 불균형이 일부 정신질환과 관련이 있음을 발견했다. 1960년 영국 과학자들은 이미프라민imipramine을 복용한 우울증 환자의 혈액 내 세로토닌 수치가 급격히 감소했다고 보고했다. 신경세포 간 연접부로 분비된 세로토닌이 신경세포로 재흡수되는 과정을 이미프라민이 차단한 것이다. 재흡수되는 양이 적을수록 연접부 내의 세로토닌이 증가하고 우울증에 대항하는 기능도 증가한다. 1974년 제약회사 릴리Lilly는 부작용이 심한 이미프라민과는 다른 종류의 항우울제 성분인 플루옥세틴fluoxetine을 만들었다. '프로작'이라 불리는 약물 상품은 그렇게 탄생했다. 프로작은 복용 초기부터 작용하고 치료 용량과 치사 용량의 간극이 커서 안전성을 확보하기도 쉬웠다. 1987년 미국 식약청은 프로작의 사용을 승인했다. 이후 프로작은 우울증뿐 아니라 공황장애, 기면증 등 '정서장애' 일반에 작용하는 약으로 널리 알려졌다. 1994년에 프로작은 위장약 '잔탁Zantac' 다음으로 세계에서 가장 많이 팔린 약이 되었다.

약물 치료의 이율배반

대형 제약회사가 주도한 약물 개발과 신경화학은 정신의학의 무너진 명예를 회복시켰다. 신경전달물질의 작용 기전에 대한 설명력 덕분에 정신의학은 '과학'으로 인정받을 수 있었고, 약물의 효과 덕분에 정신과 의사는 '치료' 능력을 입증할 수 있었다. 그러나 약물의 치료력과 그에 대한 대중의 믿음이 커질수록 아이러니하게도 정신병원과 정신과 의사의 역할은 모호해졌다.

> 수많은 정신과 환자들을 지역사회로 복귀시키게 된, 소위 탈기관화라 불리는 이 사건의 계기가 된 것은 1954년 미국 식약청이 클로르프로마진을 항정신증 약물로 허가한 것이었다. 난폭한 환자를 약물로 안정시키고 정신병 증상을 치료할 수 있게 되자 이론적으로만 본다면, 환자는 정신병이 소진되기를 기나리며 정상적 사회에서 어렵지 않게 살아가리라고 생각했던 것이다. (……) 미국의 경우 주립병원과 시립병원의 환자 수가 역사상 가장 많았던 1955년의 55만 9,000명에서부터 감소하기 시작하여 1970년에는 33만 8,000명으로, 1988년에는 1만 7,000명으로 줄어들어, 30년 동안 전체의 80퍼센트가 퇴원했다.*

약물 치료의 효과가 커질수록, 그리고 정신의학에 대한 대중들의 신뢰가 커질수록 정신병원 입원 기간과 정신과 의사의 개입 비중은 줄어들었다. 정신과 의사의 역할은 단지 발병 초

---

* 《정신의학의 역사》, 454~455쪽.

기에 통제된 환경에서 약물 치료를 하고 환자가 약물을 통해 스스로 증상을 관리할 수 있도록 도와주는 것으로 충분하기 때문이다.

약물의 대중화는 정신질환에 대한 역치*를 낮췄다. 과거에는 대수롭지 않게 넘어가던 행동 양상이나 심리 상태가 약을 복용해야 하는 질환으로 인식될수록 정신과 의사는 이롭다. 정신과 의사들은 질병 역치를 낮춤으로써 경쟁관계에 있는 심리학자와 사회사업가들로부터 환자를 끌어오려고 했다. 그래서 마치 '톰소여' 같은 사내아이들의 한 특성이던 것이 '과잉 행동을 가진 주의력결핍장애Attention Deficit/Hyperactivity Disorder, ADHD'로 질병화되기에 이른다. 그렇게 되면 치료 권한은 오직 의사에게 주어지고, 치료를 위해 우리나라에서 일명 '공부 잘하게 하는 약'으로 불리는 '리탈린ritalin'(메틸페니데이트methylphenidate) 이라는 유사 암페타민amphetamine 성분의 약을 처방하게 된다. 1995년 미국에서는 리탈린의 처방 건수가 연간 600만 건에 달했으며, 250만 명의 미국 어린이들이 이 약을 복용했다.**

또한 널리 알려진 '외상성 스트레스 장애Post-Traumatic Stress Disorder'(이하 'PTSD')는 어떤가? 전쟁후유증과 관련해서 PTSD가 도입된 후로는 단순하고 일시적인 증상도 모두 이 PTSD의

---

* 생물체가 어떤 자극에 대한 반응을 일으키는 데 필요한 최소한도의 자극의 세기를 나타내는 수치.

** 에드워드 쇼터, 《정신의학의 역사》, 474쪽.

이름으로 병리화되었다. 이를테면 아이들이 공포물을 보고 무서워하는 것은 예전부터 흔히 있던 일이고, 지금도 마찬가지다. 그러나 PTSD라는 진단명이 도입되자 〈배트맨〉 같은 영화를 보고 무서워하는 아이들에게까지 PTSD 진단이 내려졌다. 게다가 정신과 의사들은 통상적으로 약물 반응이 좋은 질환으로 진단을 내리려는 경향이 있다. 프로작 같은 항우울제가 우울증 진단을 증폭시키게 된 것은 결코 우연이 아니다.***

'정신질환 카탈로그'가 말해주는 진실

무엇보다도 성격장애 진단은 정신의학의 제국이 세워지는 데 거푸집 역할을 했다. 정신의학은 '도착증', '충동장애', '행동장애', '인격장애'라는 개념으로 일상생활의 '비행'들을 질병화했다. 정신과에서 일단 성격장애 진단을 받게 되면, 이후 사태는 정해진 궤도를 따라 진행된다. 정신병원에 수감되거나 충동이든 뭐든 조용히 억제시키는 약이 처방된다. 여기에 '경계선borderline 성격장애'라든지 '자폐 스펙트럼' 같은 불분명하고 지나치게 많은 증상들을 포괄하는 진단명이 등장하면

*** 《정신의학의 역사》, 476쪽.

서 정신질환은 유행성 전염병처럼 확산되었다.*

우리나라의 정신과 의사들은 1952년 미국 정신의학협회가 처음 만든 〈정신질환을 위한 진단과 통계 요람Diagnostic and Statistical Manual of Mental Disorder〉(이하 'DSM')을 교본 삼아 정신질환을 진단한다. 이 진단 요람이 질병을 포착하는 방법은 이런 식이다. "환자가 우울한가? 그렇다면 환자는 ⓐ 우울한 기분. ⓑ (식욕 감퇴, 죄책감 등등을 포함하는) 다음 8개의 증상 중 적어도 5개 이상을 가지고 있을 것. ⓒ 병원에 오기 전 적어도 1개월 이상 증상이 있어야 우울증으로 진단이 가능하다." 즉 증상의 내적 구조나 진행 과정에 대한 엄밀한 규명 없이 단순 나열된 증상 다발, 즉 '증후군syndrome'으로 질병을 포착하는 것이다. 이런 방식은 질병의 가짓수를 대대적으로 늘렸다. DSM이 개정될 때마다 질병의 수는 대폭 증가했다. DSM-III는 265개의 각기 다른 병명을 열거했는데, 이는 DSM-II의 180개에서 3분의 1 이상 증가한 수치다. DSM-III-R은 292개, 1994년의 DSM-IV는 297개의 병명을 열거하고 있다. 이 297가지 정신과 질환이 과연 자연계에 실재하는 것일까?**

정신역동에 따라 증상의 구조를 밝히려는 19세기 임상의학의 정신은 사라졌다. 대신 DSM은 18세기 백과전서파의 인문정신으로 돌아가 정신질환의 카탈로그를 만들었다. 그래

---

* 《정신의학의 역사》, 479쪽.

** 《정신의학의 역사》, 494쪽.

서 다른 문화권에서는 이해할 수 없는 병명도 많고,*** 이전에는 질병이던 것이 돌연 질병이 아니게 된다거나(히스테리, 동성애), 베트남 참전 군인들의 노력으로 PTSD가 질병으로 등록되거나, 페미니스트들의 요구로 '자기패배성 인격장애self-defeating personality disorder'의 질병 등록이 취소되는 등 이해집단들의 주장에 영향을 받기도 한다.****

이런 사례들은 DSM의 질병분류학이 자연과학natural science이 아니라 인간학human science에 기초하고 있음을 드러낸다. 게다가 이렇게 분류된 질병에 각기 다른 약물을 처방하지도, 질병에 따라 약물 배합 방식을 달리하지도 않는다. 한때 도파민은 정신분열증에, 세로토닌은 우울증에(최근에는 사이코패스에) 일대일로 대응한다는 주장이 있었지만 그 주장 역시 깨진지 오래다. 인간의 뇌는 그렇게 단순하지 않다. 말하자면 '어떤 약을 얼마만큼 썼더니 어떤 증상이 억제되더라'는 것은 '장님 코끼리 만지기'와 다르지 않다. 이는 어리석다는 의미가 아니라

*** 《정신의학의 역사》, 495쪽. "신경성 식욕장애와 같은 질병은 세계 일부 지역에서는 알려져 있지도 않은 병이다. 만일에 DSM-III 초안이 인도에서 만들어졌다면 악마 빙의가 큰 부분을 차지했으리라고 쉽게 짐작할 수 있을 것이다. (……) 경계선적 성격이나 자기애적 성격은 아이오와 주나 이동주택에서는 찾아볼 수 없고, 또 분명히 말하건대, 모로코 북부 도시 탕헤르나 루마니아 수도 부쿠레슈티에서는 그것이 무엇인지도 모를 것이다."

**** '자기패배성 인격장애'란 학대받고 모욕당하는 부정적 상황을 스스로 찾아가며 긍정적 경험을 일부러 배척하는 행동을 병리화한 것이다. 이에 대해 페미니스트들은 매맞는 아내 혹은 강간 피해자를 '피해자'가 아닌 '자발적 행위자'로 보게 할 수 있다고 강하게 비판했다.

임상의학이 본래 스스로의 고유한 경험적, 통계적 지식만을 가지고 비가시적인 질병의 실체를 더듬는 성격을 갖고 있다는 점을 솔직하게 인정할 필요가 있다는 뜻이다.

정신의학의 과대망상과 솔직함이라는 치유책

'그로테스크한' 권력에서 벗어나려면 정신과 의사들이 좀 더 솔직해져야 한다. 자신들이 참조하는 양장본 DSM 책자가 정신질환 카탈로그이고, 그 안에 있는 300여 가지 정신질환에 대한 지식은 과학적 진리가 아닌 '인간학'(인문학)적 지식에 가깝다는 사실을 인정할 필요가 있다. 그리고 자신이 처방하는 약물이 어떤 질병에 어떤 양상으로 작용하는지를 말해주는 지식은 어디까지나 경험적, 통계적 지식이라는 점을 시인하면 좋겠다. 어떤 신경전달물질의 과소 분비가 정신질환의 원인이라는 식의 환원론적 담론으로 대중을 기만해선 안 된다. 술을 마시고 정신이 혼미할 때 그 혼미함의 원인을 음주 행위에서 찾지 뇌의 도파민에서 찾지 않는 것처럼, 뇌의 신경학적 상태는 근본 원인이라기보다는 어떤 원인의 '결과'이기도 하다. 정신질환 양성 증상을 약물로 억제시키는 것은 원인 '치료'라기보다 대증요법이나 '관리'라는 사실을 환자에게 말해줘야 한다.

춤을 춤으로써 마약할 때와 같은 신경생리학적 상태에 도달할 수 있듯, '할돌'이나 '프로작'이 아니라 춤추기 같은 새로운 활동이나 인간관계, 생활 환경을 바꾸는 방식으로도 우리의 뇌는 신경학적으로 개선될 수 있다. 물론 약물 복용이 그보다 훨씬 간단하고 효과도 빠른 건 사실이다. 하지만 그만큼 부작용도 많고 활동력이 저하되는 문제가 있다. 약은 거들 뿐 회복에 이르는 길에는 무수한 개인적 활동 요인, 사회적 환경 요인, 제도적 변화 요인들이 존재한다.

무엇보다, 할 수 있는 것이 약물 치료밖에 없다면 정신병원 입원은 최소화하는 게 맞다. '나가면 갈 데 없다'거나 '나가면 범죄자 된다'는 말은 이제 좀 삼갔으면 좋겠다. '의사'로서 DSM과 약리학 교과서에 근거해 할 말은 아니지 않은가? 자신의 치료 행위가 사회복지와 사회질서 유지에 이바지한다는 책임 의식은 그야말로 과대망상이다. 정신의학은 그 지적 역량과 인간학적 특성에 비해 터무니없이 큰 권력을 행사하고 있으며, 거기 매달리는 정신과 의사들의 모습은 여전히 그로테스크하다.

3

비정상인들을 위한 감시와 처벌

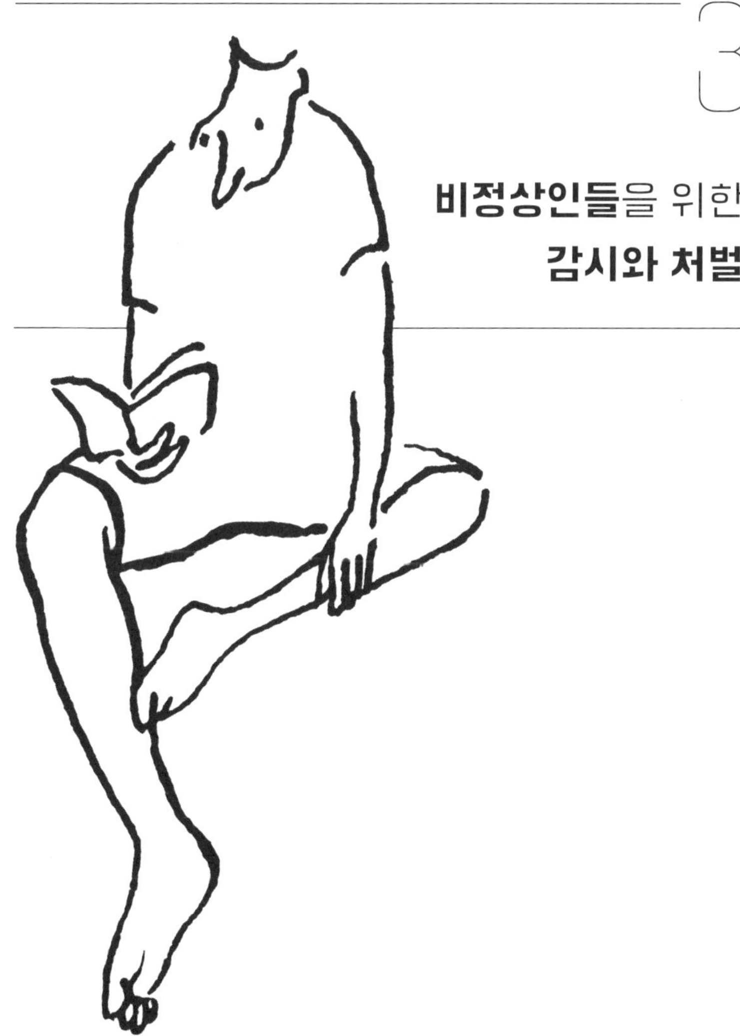

'68혁명 사절단'을 향한 푸코의 답례

푸코에게 '철학교수' 직함이 붙은 건 1966년 튀니지의 튀니스 대학 철학과 교수로 부임하면서다. 거기서 푸코는 1968년에 정점을 찍은 정치적 소용돌이에 내던져진다. 1967년 이스라엘이 예루살렘을 침공하여 팔레스타인 사람들을 몰아내자 튀니지에서는 친팔레스타인(반유대주의) 봉기가 일어난다. 처음에 이 시위는 팔레스타인 형제들을 위한 것이었다가 점차 마오주의적 색채를 띠면서 정권타도 투쟁으로 확대되었다. 정부의 강경진압에 수많은 대학생들이 투옥되고 고문을 당했다. 푸코는 피신한 학생들을 자신의 집에 숨겨주기도 하고, 학생들의 등사기를 정원에 숨겨두고 유인물을 찍도록 도와주었다. 그 때문에 푸코는 사복경찰의 위협을 받았고, 린치를 당하기도 했다. 하지만 과거의 식민모국으로 여전히 지배력을 행사하는 프랑스 출신의 대학교수라는 신분이 그를 지켜주었다. 동료 교수들이 체포되고 자신이 가르치던 학생들마저 고문당하는 것을 지켜보며 푸코는 지배자의 위치에 있는 안전한 자신에게 자책감을 느끼고, 봉기하는 자들의 열정을 가슴에 새긴다.

튀니지의 68혁명을 목격한 푸코는 프랑스의 68혁명이 끝나갈 무렵 프랑스로 귀국했다. 푸코는 낭테르 대학의 심리학 교수직을 제안받았지만 더 이상 심리학을 가르칠 생각이 없었다. 대신 푸코는 뱅센 실험대학(지금의 파리 8대학) 창설에 합류한다. 당시 뱅센 실험대학에서 교수를 모집하고 있었는데, 그에게 철학과 교수직을 제안한 것이다. 뱅센 실험대학 건립은 1968년 5월 혁명에 큰 충격을 받은 프랑스 정부가 계층 간 틈새를 메우기 위해 서둘러 착수한 '고등교육 개혁' 프로젝트의 일환으로 추진되었다. 신임 교육부장관 에드가 포르Edgar Faure는 학문 간 벽 허물기와 학생 참여 운영, 그리고 자유라는 원칙하에서 뱅센 숲 안에 '실험대학'을 건립했다. 이는 하나의 '대학 실험'이기도 했다.

68정신의 총화로 탄생한 뱅센 실험대학의 교수진은 좌파 지식인들로 채워졌다. 교수임용위원회에서 철학 분과를 맡은 푸코는 프랑스 철학의 현대적 흐름을 대표하는 사람들을 모으려 애썼다. 분파들의 난립, 이론적 수준의 차이, 정치적 성향 차이라는 복잡한 함수관계 속에서 자크 라캉Jacques Lacan의 딸인 주디트 밀러Judith Miller, 알랭 바디우Alain Badiou, 자크 랑시에르Jacques Rancière, 에티엔 발리바르Étienne Balibar 등 지금 우리에게도 익숙한 이들을 실험대학에 참여시켰다.

1968년 12월에 문을 연 후에도 뱅센 실험대학에는 소요가 끊이지 않았다. 1969년 1월 68혁명에 관한 다큐멘터리 상영을 막는 교육구청에 항의하여 학생들이 대학을 점거하고 학내 기물들로 바리케이드를 쳤다. 정부는 강경하게 진압했고, 수많은 학생들이 수배되었다. 에드가 포르의 후임으로 온 교육부장관은 급기야 학생들의 무질서와 마르크스주의 일색의 커리

큘럼을 문제 삼으며 뱅센 대학의 학위를 인정하지 않겠다고 선언했다. 이에 푸코는 뱅센 대학에 자유를 약속하고서 막상 그 자유를 실천에 옮기려니까 탄압하는 정부의 기만성을 비난하며 "도대체 철학이 무엇인지 내게 분명히 말해달라"고 반문했다.

푸코는 뱅센 실험대학에 2년간 있었다. 대학을 자본주의 체제의 일부로 여기며 비판하는 뱅센 대학의 급진적 분위기 속에서 푸코는 섹슈얼리티 담론, 니체의 권력 담론에 관해 강의했다. 그 사이(1968년) 푸코의 스승 장 이폴리트Jean Hyppolite가 사망하고, 조르주 뒤메질Georges Dumézil과 쥘 뷔유맹Jules Vuillemin이 (그리고 장 이폴리트 역시 죽기 전까지) 그 후임으로 푸코를 콜레주 드 프랑스 철학교수직에 앉히기 위해 노력한 끝에 푸코는 1970년 콜레주 드 프랑스의 철학교수가 된다. 1530년 프랑수아 1세가 설립한 콜레주 드 프랑스는 각 분야의 저명한 학자들이 자신의 연구 결과를 국민들에게 보고하는 식으로 강의하는 국립 성인교육기관이자 연구소이다. 학위나 자격증을 수여하지 않으며 입학시험이나 수업료도 따로 없다. 이 국립대학의 강단에 선다는 것은 프랑스를 대표하는 학자의 반열에 올랐음을 뜻한다.

1970년 12월 2일, 콜레주 드 프랑스 신임 철학교수 개강연설에 수백 명의 청중이 몰려들었다. 뱅센 실험대학에서 건너온 푸코, 실험대학을 만들고 지키기 위해 싸운 그 푸코를 보기 위해 몰려든 것이다. 소르본 인근 도로에 철모를 쓰고 곤봉을 든 데모 진압부대와 경찰차량의 차단선을 건너온 청중들은 마치 1968년 5월이 파견한 사절단을 연상케 했다. 이듬해《담론의 질서》(1971)라는 책으로 출간된 이 개강연설에서 푸코는 '지식의 고고학'에서 '권력의 계보학'으로 이동 중인 자기 작업의 성격을 천명한다.

> 오늘 저녁, 나의 작업장—또는 매우 일시적인 극장이라고도 할 수 있을 것이다—에서 내가 개진하고자 하는 가설은 이것이다. 어떤 사회든 담론의 생산을 통제하고, 선별하고, 조직화하고 나아가 재분배하는 일련의 과정들, 즉 담론의 힘들과 위험들을 추방하고, 담론에서 야기될 수 있는 우연한 사건을 지배하고, 담론의 무거운, 위험한 물질성을 회피하는 일련의 절차들이 존재한다.*

담론의 '무시무시한 물질성', 그 '부단하고 무질서한 웅성거림'을 제어하려는 담론 통제 장치에 대한 비판은 '68혁명이 파견한 사절단'을 향한 푸코의 답례이다. 강의 말미에서 푸코는 자신에게 콜레주 드 프랑스 철학교수의 자리를 넘기고 죽은 장 이폴리트에게 헌사를 바친다. 푸코는 철학이란 "경험의 극단적인 불규칙성 속에서 존재할 수 있는 것, 삶 속에서, 죽음 속에서, 기억 속에서 끊임없이 다시 취해지는 '물음'으로 주

---

* 미셸 푸코,《담론의 질서》, 이정우 옮김, 중원문화, 2012, 10쪽.

어지고 탈취되는 것"이며, '완성'이 아니라 '반복적인 물음'이기 위해 철학은 "언제나 뒤에 물러앉아 획득된 일반성들과 관계를 끊고 비철학과의 접촉을 시작해야 한다"는 것이 이폴리트의 헤겔 강의에서 배운 바라고 말한다. 프랑스 대학 제도의 성자 반열에 서서 대학 담론과 철학 담론을 비판한다는 게 역설적으로 보일지 모른다. 하지만 어쩌면 바로 그 자리에서야말로 그런 비판이 의미를 갖는 게 아닐까? 1978년 '철학하기란 무엇인가?'라는 제목의 인터뷰에서 푸코는 이렇게 말한다.

> 나는 나 자신을 철학자라고 생각하지 않습니다. 내가 하는 것은 철학을 하는 방식도 아니고, 다른 이들에게 철학을 하지 말라고 제안하는 방식도 아닙니다. 나로 하여금 기존의 대학 교육으로부터 벗어날 수 있게 해준 가장 중요한 저자들은 프리드리히 니체, 조르주 바따이유, 모리스 블랑쇼, 삐에르 클로소프스키 같은 이들이었습니다. 이들 모두는 엄격한 제도적 의미에서는 철학자가 아니지요. 내가 그들에게 끌렸던 가장 큰 이유는 그들이 체계를 구축하는 데 관심을 보인 사람들이 아니라, 직접적이고 개인적인 경험들을 손에 넣는 데 관심을 기울인 사람들이라는 점이었습니다.**

** 미셸 푸코·둣치오 뜨롬바도리,《푸코와 맑스》, 이승철 옮김, 갈무리, 2004, 33쪽.

감옥정보그룹 활동가 푸코

콜레주 드 프랑스 개강연설에서 시적으로 묘사된 담론 통제 대상, 즉 담론의 '무겁고도 무시무시한 물질성'과 그 '부단하고 무질서한 웅성거림'은 대학 강단에서 설명할 수 있는 것이 아니다. 담론의 위험한 물질성 그리고 그 속에서 웅성거리는 힘의 의지는 "직접적이고 개인적인 경험들을 손에 넣어야"만 포착할 수 있다. 푸코는 그 직접경험의 장소로 감옥을 택했다. 1971년 2월 푸코는 '감옥정보그룹'을 결성했다. 그 선언문에서 푸코는 이렇게 말한다.

> 우리는 감옥이란 무엇인지, 누가 거기에 가고, 어떻게 왜 거기에 가는지, 거기서 무슨 일이 일어나는지, 죄수들과 그 감시원들의 생활은 어떤 것인지, 감옥의 건물, 음식, 위생 상태는 어떠한지, 내부 규칙과 의학적 통제와 작업장은 어떠한지를 세상에 알리고 싶다. 그리고 거기에서 어떻게 빠져나오는지, 또 우리 사회에서 출소자들의 지위는 어떠한 것인지를 알리고 싶다.*

감옥정보그룹은 1968년 5월 이후 투옥된 좌파 투사들의

---

* 디디에 에리봉, 《미셸 푸코, 1926~1984》, 371~372쪽에서 재인용.

감옥 내 투쟁을 계기로 결성되었다. 1970년 9월 투옥된 29명의 좌파 수감자들이 정치범으로서의 특별대우를 요구하며 단식투쟁을 벌인 것이다. 이들은 '공안재판소'에서 재판받지 않고 '파괴방지법'상 기물파괴죄로 수감되어 일반 사범과 같은 방에서 똑같은 처우를 받는 것이 부당하다고 항의했다. 1971년 (감옥) 외부의 단식투쟁과 '붉은 구원대'의 시위로 좌파 수감자들의 투쟁은 거리로 확산되었고, 푸코도 그 시위에 참가했다. 시위 도중 마이크를 건네받은 푸코는 감옥정보그룹 선언문을 낭독했다.

푸코의 선언문은 시위의 성격을 바꿨다. 그의 선언문으로 인해 좌파 수감자의 특별대우가 아이러니한 요구라는 인식이 퍼지면서 모든 수감자에게 가해진 감옥 내 억압을 고발하는 것으로 운동의 성격이 바뀐 것이다. 푸코가 선언을 발표하고 얼마 후 감옥정보그룹은 예고한 조사 활동을 시작했다. 수감자 가족을 대상으로 설문지를 돌리고 선언문에 언급된 정보를 수집하기 위해 감옥에 관련된 모든 사람들, 즉 출소자, 간수, 의사, 변호사와 그 외 제보자들을 모아 팸플릿을 만들었다.

질 들뢰즈Gilles Deleuze를 비롯해 자크 동즐로Jacques Donzelot, 클로드 모리아크Claude Mauriac 같은 지식인들도 감옥정보그룹에 합류했다. 푸코는 직접 우편물을 발송하고 수천 통씩 전화를 돌리면서 이 운동을 실질적으로 이끌었다. 1971년 11월부터는 프랑스 전 지역의 감옥에서 저항운동이 일어났다. 툴Toul 감옥에서 폭동이 일어나 진압 과정에서 15명의 수감자들이 부상당한 사건이 대표적이다. 정부의 탄압에 맞서 푸코는 '진실-정의 위원회'를 결정하여 정보를 수합했다. 신문에는 감옥의 참혹한 실태를 고발한 감옥 담당 정신과 의사 에디트 로즈Edith Rose의 글이 푸코의 서문과 함께 대서특필되어 큰 파장을 일으켰다. 곳곳에서 수감자들의 폭동이 일어났고, 법무장관은 재소자 폭동을 부추긴다며 감옥정보그룹을 비난했다. 흥미롭게도 공산당 신문 역시 이 '불한당 노조'의 소요를 종식시킬 것을 공권력에 요구했다.

감옥정보그룹은 정보 수집과 팸플릿 배포에 그치지 않고 시위도 조직했다. 감옥과 세상의 소통을 위해 크리스마스 전날 감옥 앞에서 연극 공연을 하는 이벤트를 열기도 했다. 이런 노력 끝에 감옥정보그룹은 대단한 성공을 거뒀고, 프랑스 전역에 지부를 결성할 수 있었다. 운동을 주도한 사람들은 주로 마오주의 투사들이었지만, 꼭 좌파 서클에 회원이 국한된 것은 아니었다. 변호사, 의사, 성직자들도 다수 참여해 비공식적으로 2,000~3,000명의 회원을 조직했다. 하지만 성공은 오래가지 않았다. 푸코는 처음 약속한 대로 출소자들에게 주도권을 넘겼다. 그렇게 결성된 '죄수행동위원회'는 '정보 수집' 대신 '직접 행동'을 전면에 내세웠다. 정보 수집 네트워크에서 행동조직으로 성격이 바뀌자 운동의 활력이 떨어졌다. 1976년, 결국 감옥정보그룹은 해체되었다.

감옥정보그룹과 달리 죄수행동위원회가 실패한 이유는 무엇일까? 전자는 온건한데 후자는 과격해서일까? 아니면 전자는 명망가 중심의 조직인 데 비해 후자는 출소자 중심의 당사자 조직이라서 그런 걸까? 핵심은 문제를 새롭게 제기하는 조직과 당면한 문제에 답해야 하는 조직의 차이에 있다. 감옥정보그룹은 감옥에 관한 다양한 정보를 수집하여 문제를 새롭게 제기하는 조직으로, 정치범을 일반 사범과 달리 대접해달라는 좌파의 특수한 문제제기를 '감옥에는 어떤 사람들이 있으며 어떤 일이 일어나고 있는가?'라는 보편적 문제제기로 전환하며 활력을 얻었다. 감옥은 도시 안에 있고, 주변의 많은 사람들이 감옥에 드나들지만 정작 아무도 감옥에 대해 진지하게 묻지 않았던 것이다. 마치 물을 필요도 없다는 듯이. 감옥정보그룹은 그런 거짓 자명성이 은폐한 감옥의 본질과 감옥의 구체적 억압 장치들에 대해 근본적인radical 질문을 던졌다. 이런 문제제기는 감옥을 필요로 하는 사회의 뿌리까지 내려가는 사유를 촉발했다.

반면, 죄수행동위원회는 행동을 조직하고 요구사항을 제시하는 조직이다. 이런 조직은 우선 조직의 정체성identity에 관한 문제에 답해야 한다. 우리는 누구인가? 우리는 사법권력의 억울한 희생자인가, 아니면 사회 부적응자이거나 체제 전복자인가? 정체성에 대한 물음은 요구사항과 직결되는 문제다. 무엇을 어디까지 요구할 것인가? 재소자의 처우 개선만 요구할 것인가, 아니면 감옥 시스템을 폐지하는 데까지 나아갈 것인가? 재소자에게 합당한 인권은 어디까지인가? 이런 질문들에 대응하면서 조직은 점점 '우리는 모두 같지 않다'는 회의에 빠지게 되고, '누군가에게 감옥은 필요한 제도'라는 통념에 걸려 넘어지고 만다.

감옥에 대한 통념에서 벗어나기란 결코 쉽지 않다. 단지 자신의 고통과 억울함을 토로한다고 해서 되는 게 아니다. 푸코처럼 '다른 과거'를 보여주며 현재에 고정된 시야에서 해방시켜줄 고고학자도 필요하고, 감옥과 연결된 또 다른 권력 장치, 이를테면 장애인 시설이나 정신병원, 외국인 보호소 같은 시설에 예속된 사람들과 정보를 나누고 연대할 필요도 있다. 그렇게 할 때 감옥을 필요로 하는 사회 전체에 대한 비판과 함께 자기 자신에 대해서도 새로운 시야를 가질 수 있다.

죄수행동위원회가 봉착한 난관은 오늘날 장애인 운동이나 여성주의 운동이 직면하고 있는 문제이기도 하다. 처음에는 정상성과 성차性差에 대한 통념에 근본적인 문제를 제기하면서 새로운 사유의 에너지를 발산하다가, 점차 '장애인', '여성'이라는 정체성에 기반한 권리 주장에 치중하면서 소수자들 간의 연대가 끊어지고 운동의 에너지도 사그라드는 위기에 직면할 수 있다.

인민재판이 어쨌다고?

이 시기 푸코는 이주노동자 운동과 반인종주의 시위에도 적극 참여했다. 1971년 한 알제리 청년이 아파트 경비원의 친구가 쏜 총에 맞아 숨지는 사건이 발생했는데, 1971년의 분위기가 이를 가만두지 않았다. 수천 명의 사람들이 시위대로 모여 인종주의에 반대한다고 외쳤고, 푸코는 파리에 사는 아랍인들의 거주 환경을 조사하기 위한 위원회를 만들었다. 그리고 이듬해인 1972년 12월 또 한 명의 알제리 출신 이주노동자가 경찰서에서 사망하는 일이 발생한다. 이때 푸코는 인종주의에 항의하는 시위대 맨 앞에 섰다. 프랑스 전역에서 마오주의자들이 '진실-정의 위원회'를 설치했고, 푸코는 그 위원회가 조직한 집회에 적극 참여했다. 당시 푸코의 정치적 실천은 '감옥', '경찰' 등 사법 장치를 겨냥하고 있었기에, 그의 실천은 (마오주의자들이 주도하는) 민중적 사법 운동인 '진실-정의 위원회' 활동과 다소 겹쳤다.

마오주의자들은 1970년 프랑스의 북부 도시 랑스Lens에서 탄광 사고로 광부들이 사망한 직후 경찰이 취한 미온적 태도를 비판하고 탄광 회사를 고발하고자 인민재판소를 설치하려 했다. 푸코는 《현대Les temps modernes》 지에서 마오주의자인 피에르 빅토르Pierre Victor와 인민재판에 관한 대담을 가졌다. 이 대담에서 푸코는 일관되게 '재판'이라는 사법 장치의 부르주아적 성격을 비판했고, 빅토르는 프롤레타리아의 혁명적 이념이 구현된다면 재판 제도는 문제가 없을 뿐 아니라 반드시 필요하다고 주장했다. 이에 푸코는 사법 제도의 역사를 끌어와 논박했다. 중세까지 형벌 제도는 주로 '징세'를 위해 존재했으며, 민중 봉기를 탄압하는 일은 주로 '군대'가 맡았다. 그러나 근대에 들어오면서 사법-경찰-감옥 장치가 민중 봉기를 억압하는 국가 장치로 자리 잡게 되었다. 프랑스혁명 직후 1792년 파리 코뮌에 도입된 인민재판도 사법 제도가 억압적 국가 장치로 자리 잡는 데 기여했다.

푸코가 인민재판에 반대한 이유는 그것이 적대적인 두 편 사이에 진실을 판정하는 제3의 심급을 두기 때문이다. 중립적이고 객관적인 진실에 복종한다는 재판의 형식과 배치 자체가 부르주아 계급의 발명품이라는 것이다. 푸코가 보기에 그것은 민중적 정의의 형식이 아니다. "진정한 인민적 정의는 세 요소가 아니라 민중과 적이라는 두 요소가 있을 뿐입니다."* 재판의 공간적 배치와 함께 소송 당사자들 사이에 공통의 카테고리, 즉 절도·사기·기물파손 같은 '형사 카테고리'와 성실·불성실 같은 '도덕 카테고리'를 설정하고 모두가 승복할 것을 전제하는 것 역시 부르주아적 정의이지 인민적 정의라 할 수 없다. 적대관계에 있는 당사자들 뒤에서 중립적이고 객관적인 진실을 판정하는 제3자란 결국 지배적 이데올로기를 대변하는 쁘띠 부르주아, 즉 지식인들이다. 객관성·중립성의 원칙을 고수하는 인민재판은 결국 인민을 배반할 수밖에 없다는 것이 푸코의 주장이다.

이에 대해 빅토르는 혁명의 초기 단계에는 자생적 인민재

---

* 콜린 고든 엮음, 《권력과 지식: 미셸 푸코와의 대담》, 홍성민 옮김, 나남, 1991, 26쪽.

판을 통한 민중적 복수가 불가피하지만 혁명의 성숙기와 프롤레타리아 독재 시기에는 그렇지 않다고 주장한다. 그때는 자생적 복수를 금지하고, 대신 이성적, 보편적, 과학적 사법정의를 구현해야 하는데, 대중운동 자체의 한계가 곧 프롤레타리아 당파성의 지도를 요청하기 때문이다. 말하자면, 당의 목적의식적이고 과학적인 지도가 부재할 때 대중운동 내부에서 충돌이 발생하게 되는데, 그 충돌을 중재하는 형식이 재판이라는 것이다. 이런 주장에 대해 푸코는 인민들 간의 분열과 충돌이야말로 근대 사법 장치의 산물이라고 받아친다. 부르주아계급에게 중요한 관심 사항은 노동자계급이 폭도가 되어 거리로 뛰쳐나오는 걸 막는 일이며, 이를 막기 위해 노동자계급과 거리의 폭민mob을 분리시켰다. 루이 보나파르트가 한 것처럼, 룸펜 프롤레타리아들을 반혁명부대로 조직하거나 군대에 편입시키거나 식민지로 유배를 보내는 것이 노동자와 폭민을 분리하기 위해 전통적으로 동원한 방법이다.

이보다 좀 더 근대적인 방식은 확장된 경찰-감옥 제도를 통해 노동자계급과 그 외의 반사회적 인민들을 분리하는 것이다. 감옥 제도는 범죄 행위와 프롤레타리아 투쟁 간의 거리를 벌려놓는 데 일조했다. 비행자, 좀도둑, 강도, 깡패, 부랑인, 방탕아, 기물파손자, 마약중독자들의 반사회성(범죄성)과 프롤레타리아 계급의 반사회성(혁명성) 사이에 소통 불가능한 장벽이 쳐질 때, 그 장벽의 효과로 노동자들은 범죄자에 대해 공포를 갖게 된다. 나아가 학교, 공장, 군대, 가정에 자리 잡은 규율과 도덕은 노동자들이 부르주아와 동일한 가치체계를 내면화한 채 범법자를 바라보게 만들었다.

푸코와 빅토르의 논쟁은 사법을 포함한 억압적 국가 장치를 어떻게 볼 것인지의 문제로 확대되었다. 빅토르가 마르크스주의자의 전통적 신조대로 혁명을 통해 억압적 국가 장치를 장악하고 그 장치를 프롤레타리아 독재의 수단으로 사용해야 한다고 주장한 반면, 푸코는 그 국가 장치를 해체하지 않는 이상 혁명은 반혁명으로 귀결된다고 비판했다. 빅토르는 억압적 국가 장치라는 "몽둥이를 반대 방향으로 비틀어야 한다"고 했고, 푸코는 "몽둥이를 꺾어버리면 된다"고 했다. 이것이 푸코가 1975년 《감시와 처벌: 감옥의 탄생》을 쓰면서 개진한 권력 이론의 탄생 배경이다.

1973년 사르트르는 벨기에의 한 잡지사와 가진 인터뷰에서 푸코의 주장이 '민중적 사법을 단순한 폭력 행위로 인식하게 만든다'며 비난했다. 인민의 정의는 무분별한 복수가 아니라 이성적인 재판의 형태로 이뤄져야 한다는 것이다. 이와 관련해서 중요한 사건이 있다. 1972년 프랑스 북부의 탄광 도시에서 16세의 한 소녀가 피살되었다. 예심판사 앙리 파스칼Henri Pascal은 탄광회사의 부동산 관리인 피에르 르루아Pierre Leroy의 혐의를 인정하여 그를 구속시켰다. 검찰청 측에서 피고인의 보석을 요구했지만 파스칼은 단호히 거절했다. 도시의 노동자들이 부르주아의 사법에 대항하는 이 예심판사를 응원했다. 마오주의자들은 '진실-정의 위원회'를 설치하는 한편, 《해적

Le Pirate》이라는 신문을 통해 부르주아지가 은폐한 '계급적' 정보를 쏟아냈다. 그 주된 내용은 평화롭게 할머니를 만나러 가던 한 노동자의 딸이 식인과도 같은 잔학 행위에 의해 온몸이 갈기갈기 찢기는 고통을 당했으며, 부르주아 사법부의 판결이 어떠하든 간에 르루아는 인민재판을 받아야 한다는 것이었다. "그런 짓을 할 사람은 부르주아밖에 없다"는 민중의 감각이 사태의 흐름을 결정했다.

그러나 사르트르는 증거도 없이 한 사람을 죄인으로 몰고 가는 것은 인민의 정의가 아니라 '린치'일 뿐이라며 마오주의자들을 비판했다. 이때 푸코는 어떤 입장을 취했을까? 푸코의 마오주의자 친구 클로드 모리아크의 일기에 따르면, 푸코의 입장은 마오주의자들의 입장에 가까웠다. '증거도 없이 유죄 선고를 하는 게 문제가 아니냐는' 모리아크의 질문에 푸코는 이렇게 답했다고 한다. "그 개입이 없었다면 르루아는 석방되었겠지요. 파스칼 판사는 상부의 압력에 굴복했을 겁니다. 항상 보호만 받고 있던 북부의 부르주아가 이처럼 보호벽 밖에 내던져진 것은 난생처음일 겁니다."*

---

* 디디에 에리봉, 《미셸 푸코, 1926~1984》, 415쪽.

사법입원,
그 기묘한 논리

2017년 '정신보건법'이 '정신건강복지법'(정신건강 및 정신질환자 복지서비스 지원에 관한 법률)으로 전부개정될 때 흥미로운 제안이 하나 나왔다. 강제입원 결정을 사법적 심판에 맡기자는 제안이다. 정신과 의사로서는 그리 반길 만한 의견이 아니었음에도 오히려 의사들이 앞장서 '사법입원'을 주장하는 희한한 풍경이 전개되었다. 의사들이 사법입원을 주장한 이유는 무엇일까? 당시 대한신경정신의학회 이사장이었던 권준수 서울대 정신건강의학과 교수가 쓴 논문*을 보면, 정신과 의사들이 사법입원에 기대하는 바가 무엇인지 짐작할 수 있다. 권 교수는 "강제입원에 대한 외국의 전반적인 추세는 초기 강제입원에 대해서는 전문의의 입원 결정을 존중하고, 필요하다면 72시간 내로 법적 권한을 가진 기구에서 이를 평가하는 경우가 일반적"이라면서 "강제입원에 대한 현재의 논란을 잠재우기 위해서는 사법입원(혹은 준사법입원)으로의 개정이 바람직하다"고 주장했다. 이유인즉 "정신질환의 치료는 조기 발견·조기 치료"가 중요한데, 개정된 '정신건강복지법'대로 "입원 3일 내로 입원환자의 정보를 국립정신건강증진센터에 보

---

* 권준수, 〈정신건강복지법 전면 재개정의 필요성〉, 《대한의사협회지》, 통권 692호, 2017.

고하고, 2주 내로 타 병원(국공립병원 혹은 지정병원)에 근무하는 정신건강의학과 전문의(2차 진단 전문의)가 입원의 타당성을 평가하고 평가가 일치하지 않을 경우 환자를 즉시 퇴원시켜야" 한다면 "1년에 약 25만 건 정도의 강제입원에 대한 평가"를 어떻게 '신속하게' 처리할 수 있겠냐는 것이다.

그렇다면 권 교수가 제안한 사법 '심판원' 제도는 어떻게 이 번거로움을 해결할 수 있다는 것일까? 사법적 심판의 원리대로라면, 정신병원에 입원하기 전에 입원 당사자를 법정에 출석시키고 그의 반론권 또한 보장하면서 강제입원 여부를 결정할 수밖에 없다(게다가 의사의 소견뿐 아니라 여러 분야의 전문가들과 인권단체들의 소견까지 고려해야 한다). 만약 결정에 불복한 쪽에서 2심·3심까지 요구한다면 조기 치료를 위해 '신속히' 강제입원을 결정하기란 더더욱 어려워진다. 따라서 "1년에 약 25만 건 정도의 강제입원 평가"를 처리하려면 저런 방식은 불가능할 게 뻔하다. 다만 법정에서 '입원 전 재판'을 진행하는 대신, '한국 실정에 맞게' 입원 후 병원 안에서 '출장 심판원' 형태로 재판을 진행한다면 가능한 일일 수 있다. 그러면 의사 입장에서는 책임도 덜 수 있고, 어차피 의사 소견에 따라 이뤄질 결정에 사법적 권위까지 실을 수 있을 것이다. 의사들이 노린 건 바로 이게 아니었을까?

개정된 '정신건강복지법'에 대한 권 교수의 불만은 정작 다른 데 있다. 그는 "정신건강복지법에 규정된 비자의입원이 성립하려면 '치료를 필요로 할 정도의 정신질환이 있으며', '자해나 타해의 위험성이 있는 심각한 경우'라는 두 가지 기준을 모두 충족해야 한다"고 불만을 제기하면서 예외 사례가 있을 수 있다고 역설한다. 즉 "자해·타해 위험성은 없지만 병적 증상이나 중독 등으로 인한 심각한 경제적 손실이나 반복적으로 병적 행동에 집착하는 경우 등을 임상에서 흔히 볼 수 있다"는 것이다. 가령 "조증 증상이 심해 과대망상으로 인해 며칠 만에 수천만 원을 낭비하거나 수억대의 잘못된 투자를 하여 가정파탄이 될 경우인데 이런 경우는 현재 정신건강복지법의 규정으로는 비자의입원이 불가능하다"며 이런 경우도 비자의 입원이 가능하도록 법 개정이 이뤄져야 한다고 주장했다.

정신질환으로 인해 재산을 탕진하는 것을 막기 위해 강제입원이 필요하다는 이 주장은 금치산자 선고를 떠올리게 한다. 금치산자禁治産者란 가정법원에 의해 재산관리治産를 금지당한 사람을 뜻한다. 구舊 민법 제9조에 의거해 심신이 박약하거나 재산의 낭비로 자기나 가족의 생활을 궁박하게 할 염려가 있어 금치산자로 선고되면, 배우자, 부모, 자녀 등 친족 중 가까운 한 명이 후견인이 되어 재산권을 대리하게 된다. 후견인은 재산권만 대리하는 게 아니라 금치산자를 요양·감호할 의무가 있고, 그 의무 이행의 일환으로 금치산자를 사택에 감금하거나 정신병원에 입원시켜 감금 치료를 받게 할 수 있는 권한을 부여받는다. 마음대로 감금하는 것은 아니고, 다시 법원의 판결을 받아야 한다. 구舊 민법 제947조 2항에 따르면, "후견인이 금치산자를 사택에 감금하거나 정신병원 기타 다른 장소에 감금 치료함에는 법원의 허가를 얻어야 한다. 그러나 긴급을 요할 상태인 때에는 사후에 허가를 청구할 수 있다". 하지만 1995년 '정신보건법'이 제정된 이후로는 법원의 판결이 필요 없는 '보호의무자 동의입원' 절차를 통해 강제입원이 이뤄졌기 때문에 금치산자 제도를 통한 사법입원은 유명무실해졌다.

금치산자 선고를 통한 사법입원은 일찍이 18세기 후반에 제기되었다. 그전까지는 왕의 봉인장을 근거로 해서만 광인을 '구빈원'에 강제수용할 수 있었다. 가족이나 주변인이 국왕에게 수용을 청원하고 국왕의 윤허가 떨어지면 장관이 서명한 봉인장이 발부된다. 청원서에 의료 증명서가 첨부된 경우는 거의 없었다. 일반적으로 가족, 주변인, 교구 신부가 참고인으로 소환되었다. 관계당국에서는 가능한 한 가족 전체의 동의를 얻으려 노력하고 가족 간 의견이 갈릴 시 갈등 요인에 대해 세심히 판단하도록 했다.*

18세기 후반 들어 사법적 판결이 수용의 선결조건이 되어야 한다는 주장이 대두했다. 이것은 가족이나 왕의 자의적 권력으로부터 피수용자의 시민권을 지키기 위함으로, 계몽주의 법 이성의 산물이다. 이때 구체적인 사법 절차는 금치산자 선고 재판의 형태를 띤다. 1784년 브르퇴이유라는 관리는 봉인장 제도를 비판하면서, 금치산자 선고 절차를 밟기 전에는 수

---

* 미셸 푸코, 《광기의 역사》, 238쪽.

용을 실행해선 안 된다고 집요하게 요구했다.* 그때도 금치산자 선고에 의학적 감정은 원용되지 않았다. 의사가 수용시설을 대표하는 핵심 인물로 떠오른 것은 1789년 프랑스혁명 이후 자코뱅 정부가 38세의 젊은 의사 필립 피넬에게 비세트르 병원 운영을 맡기면서부터다. 그때부터 의사의 진단서는 수용을 결정하는 필수 요소가 되었다.

이뿐만 아니라 금치산자 선고에도 의사의 감정서가 원용되었다. 여기에는 환자가 가족과 이웃에 가할 '위협'을 판정하는 것 이외의 다른 이유가 있다. 금치산자 선고는 개인의 소유권 행사를 법적으로 제한하는 사법적 결정이다. 다시 말해 이성이 상실되어 자기 행위의 결과를 합리적으로 판단할 수 없는 사람이 재산을 탕진하여 자신과 가족에게 손해를 끼치는 것을 방지하기 위한 제도이다. 재산권 행사와 관련된 것이라 민법으로 규정하고, 기본적으로 가족 문제이기에 가정법원에서 심판한다. 근대 자본주의 사회에서 소유권은 결코 재산권 행사에만 국한되지 않는다. 소유권은 상품 거래를 비롯해 직업 활동을 하며 이런저런 계약을 체결할 권리, 공적 영역에 참여할 권리(선거권, 피선거권) 등 공민권(시민권)의 근간을 이룬다. 그렇기에 금치산자는 재산권뿐 아니라 시민권 자체를 심각하게 박탈당한다. 금치산자가 행한 모든 계약·법률 행위는 법적으로 아무런 효력을 갖지 못하기 때문이다.

---

* 《광기의 역사》, 238쪽.

금치산자 선고 후 수용은 강제수용의 의미를 선명하게 보여준다. 그건 결국 시민권이 박탈된 사람만 강제수용할 수 있다는 뜻과 다름없으며, 이때 수용소는 곧 법적 보호 권역에서 추방된 자의 법외 공간을 의미한다. 공적 영역에서의 주체성(시민권)을 박탈당한 그 사람은 자연인 혹은 순전한 사적 돌봄의 대상으로 돌아간 인간일 따름이다. 따라서 누군가 그에게 어떤 폭력을 행사해도 원칙상 법적 책임은 발생하지 않는다. '그런 폭력'이 발생하는 지대는 법과 권리의 영역이 아니라 자연의 법칙이 지배하는 곳이기 때문이다. 나치가 정신병자, 유대인, 그 외 치유 불가능한 불구의 인간을 강제수용소로 보내기 전에 먼저 시민권을 제한하고 국적을 박탈한 사실을 떠올려보라.**

심신상실 무죄: 법 바깥으로의 추방

근대 사법체계 안에서 정신과 의사가 행사하는 '그로테스크한' 권력은 이 지점과 관련된다. 근대 형사법에서는 한 개인이 이성적 주체인지 아닌지, 법적 주체로서 자기 행위에 대해 책임질 능력이 있는 사람인지 아닌지를 판별하는 것이 중요해

** 한나 아렌트, 《전체주의의 기원 1》, 이진우·박미애 옮김, 한길사, 2006, 532쪽.

지는데, 그 판정 권한이 정신과 의사에게 부여된 것이다. 나폴레옹 법전의 결정판인 1810년의 형법 제64조에 따르면, 피의자가 범죄를 저지른 순간 착란 상태에 있었거나 혹은 스스로 어쩔 수 없는 힘에 이끌려 그렇게 했을 경우 범죄나 위법이 성립되지 않는다. 칸트의 철학대로 오직 이성의 주체만이 법정에 설 수 있기 때문이다. 대한민국 형법 역시 이 원칙을 고수하고 있다. 형법 제10조에 따르면, "심신장애로 인하여 사물을 변별할 능력이 없거나 의사를 결정할 능력이 없는 자의 행위는 벌하지 아니한다". 그럼 심신상실 상태로 판명된 사람은 무죄판결을 받고 자유의 몸이 될 수 있을까? 무죄판결을 받을 수는 있지만 그렇다고 자유의 몸이 되지는 않는다. 그는 교도소에서 징역을 사는 대신 감호소에서 정신치료를 받게 된다. 국내에는 충남 공주에 있는 국립법무병원 치료감호소가 유일하다.

한 예로 2016년 친딸을 살해한 어머니가 무죄판결을 받은 적이 있다. 피해자의 오빠도 공범으로 피소되었는데, 그는 징역 10년을 선고받았다. 이 모자母子에게 대체 무슨 일이 있었던 걸까? 2016년 8월 사건 현장에 20대 여성과 강아지 한 마리가 목이 잘린 채 숨져 있었다. 가해자는 피해자의 어머니 김 씨(54)와 오빠 김 씨(26)였다. 모자는 경찰조사에서 '(딸/동생이) 악귀에 씌어' 죽였다고 진술했다. 사건이 발생하기 나흘 전부터 이들 가족은 무슨 이유인지 아무것도 먹지 않았다고 한다. 사건 당일, 세 사람은 밤새 이야기를 하고 있었다. 그 도중에 반려견 푸들이 심하게 짖었고, 세 사람은 '악귀에 씌었다'면서 반려견을 화장실로 데려가 야구방망이와 흉기로 살해했다. 이후 세 사람은 피 묻은 손을 씻기 위해 화장실에 들어갔다. 그런데 딸 김 씨가 손을 떨면서 어머니의 목을 조르는 등 이상 행동을 보였다. 모자는 '악귀가 (그녀에게) 옮겨 붙었다'며 그녀를 화장실 바닥에 눕혔다. 어머니가 흉기로 딸의 목을 수차례 찌르고, 아들은 장도리로 동생의 옆구리를 가격했다. 이후 두 사람은 피해자의 목을 잘라 몸통과 머리를 분리했다.*

피해자 아버지는 경찰에 "아내의 할머니가 무속인이었는데, 그분이 돌아가신 뒤 아내가 환청과 환각에 시달렸다"고 진술했다. 동네 사람들은 김 씨가 무병巫病에 걸렸다고 했다. 김 씨 가족은 2013년에 현재 아파트로 이사를 왔고, 가끔씩 반려견과 함께 산책하는 모습이 주민들에게 목격되었다고 한다. 어머니 김 씨는 사건 전날 집 안에 있는 화분을 밖에 내놓고는 '필요한 분은 가져가시라'는 메모를 붙여놓기도 했다. 법원의 명령에 따라 어머니 김 씨는 국립정신건강센터에, 오빠는 공주 치료감호소에 한 달간 수용된 상태로 정신감정을 받았다. 그 결과 어머니는 '과대망상' 판정을 받았고, 오빠는 '정상' 판정을 받았다. 검찰은 재판에서 어머니 김 씨에게 '징역 20년 형'을, 오빠에게는 '징역 19년 형'을 구형했다. 2016년 12월 재판에서 정신과 의사는 오빠 김 씨가 "사회 변별력과 의사결

* 〈'악귀 씌었다' 친딸 살해 엄마…… '심신장애'로 무죄〉, 연합뉴스TV, 2017. 4. 7.

정 능력에 특별한 문제가 없었다고 본다"고 증언했다. 이듬해 4월 법원은 어머니 김 씨에게 무죄를 선고하고 치료감호를 명령했다. 반면, 어머니의 지시를 받고 범행에 관여한 오빠 김 씨에게는 징역 10년 형을 선고했다.

사람들은 어머니 김 씨가 '무죄'판결을 받았다는 사실에 격분했다. 하지만 무죄판결을 받은 김 씨가 갈 수 있는 곳은 집이 아니라 치료감호소이다. 흔히들 교도소에 갇혀 징역을 사는 것보다 병원에서 치료받는 것이 훨씬 더 편할 거라고 생각하지만 절대 그렇지 않다. 일단 치료감호소는 교도소처럼 강제 구금시설이다. 정신질환자에 특화된 교화시설이기에 생활 여건이 오히려 더 나쁘다. 정신질환 치료를 이유로 외부와의 소통을 (교도소보다) 더 통제하고, 규율도 훨씬 엄격하다. 면회는 가족에게만 허용되고 친구나 지인은 접견조차 할 수 없다. 면회실은 1인실이 아니어서 프라이버시가 보장되지 않는다. 교도소에서는 수감자들이 규칙적으로 운동을 하고 이런저런 작업도 할 수 있지만, 치료감호소에는 운동도, 작업도, 직업교육도 없다. 신문과 전화는 물론 종교 활동도 금지된다. 폐쇄 병동에 갇혀 약을 복용하고 어슬렁거리는 게 일과의 전부다.

치료감호소가 전국을 통틀어 딱 하나(공주)뿐이다보니 과밀 문제도 심각하다. 2017년 박주민 더불어민주당 의원이 입수한 법무부 자료에 따르면, 93퍼센트의 병실이 7~8인실이며 그보다 더 넓은 9개의 대형병실에서는 50여 명이 한 방에서 지낸다. 다소 오래된 자료이긴 하지만, 2006년도 국가인권위원회 결정문을 보면 치료감호소 내부 환경을 자세히 알 수 있다. 취침 시 조명의 조도가 너무 높아 잠을 자기 힘들고, 자살 방지용이라며 목욕실을 제외한 모든 곳, 심지어 화장실에도 CCTV가 설치되어 있다. CCTV 모니터가 있는 중앙관리실에는 남자 관리자들이 수시로 드나들며 여자 병동 곳곳을 감시(?)한다. 야간에는 아예 화장실을 폐쇄하고 소변통을 지급하기 때문에 소변 찌든 냄새가 병실에 진동한다. 상해 위험 때문에 젓가락이나 포크형 숟가락도 지급되지 않는다. 의사 회진은 1주일에 단 한 번뿐이다.

더 끔찍한 건 감호 기간이 언제 끝날지 정확히 알 수 없다는 점이다. 치료감호소는 치료를 위한 감호시설이므로 치료될 때까지 얼마든 수감해둘 수 있다. 무기한은 아니다. 알콜중독자는 최장 2년, 심신장애인과 정신성적 장애인은 최장 15년까지 수감할 수 있다. 딸이 '악귀에 씌어' 살해했다는 김 씨는 언제쯤 치료되어 나올 수 있을까? 1주일에 한 번 회진하는 정신과 의사는 김 씨의 '무병巫病'을 과연 어떻게 치료할까? 여기서 중요한 건 치료 여부가 아니다. 죄질과 재범 우려라는 형벌 논리가 치료 기간을 결정한다. 아마도 김 씨는 15년을 꽉 채우게 될 것이다. 그럼 15년 후에는 나올 수 있을까? 확신하기 어렵다. 2013년 살인으로 치료감호를 선고받은 자에 대해서는 감호를 매회 2년 총 3회까지 연장할 수 있다는 조항이 신설되었기 때문이다. 최장 6년의 추가 구금이 가능한 상황이다. 실제로 그런 사례가 있다. 정신분열증 상태에서 어머니를 살해한 혐의로 재판에서 무죄판결을 받은 A 씨의 경우, 2001년부터 받던 치료감호의 15년 만기를 앞둔 상황에서 검사가 제출한 치료감호 연장신청을 법원이 받아들여 또다시 구금되었다.

법외 지대의 또 다른 존재, 이주민

심신상실 상태의 범죄자를 치료감호소에 보내는 이 절차는 사실상 금치산자 선고와 동일한 법리에 기초하고 있다. 즉 심신상실자의 범법 행위(살인)에 대해 무죄판결을 내리는 것과 금치산자의 법률 행위(계약)를 무효화하는 것은 모두 당사자의 시민권을 인정하지 않겠다는 뜻이다. 그런 점에서 시민권이 박탈된 심신상실자를 가두는 치료감호소는 시민권이 없는 외국인들을 구금하는 외국인 보호소와 묘하게 닮아 있다.

물론 애초에 시민권이 없는 외국인과 심신상실 상태의 범죄자는 사정이 같지 않다. 흔히 '불법체류자'라고 불리는 미등록 이주자는 어떠한 범법 '행위'도 저지르지 않았음에도 '존재'(체류) 자체가 불법으로 간주된 이들이다. 시민권자는 범법 행위를 저질렀을 때 법원에서 재판을 받은 뒤 감옥에 가지만, 이들은 출입국관리소 직원에게 붙잡혀 재판 없이 강제로 출국된다. 이때 본국으로 돌아갈 형편이 못 되거나, 체불 임금을 받지 못했거나, 그 외 불가피한 사정으로 출국하지 못하는 사람들을 본국으로 송환하기 전까지 구금하는 시설이 외국인 보호소다.

아이러니한 것은 교도소와 외국인 보호소는 성격과 기능이 전혀 다름에도 두 공간의 양상이 유사하다는 점이다. 이를테면 충주 외국인 보호소는 충주 교도소 바로 옆에 똑같은 모양으로 위치하고 있으며, 네비게이션도 교도소 안에 외국인보호소가 있다고 안내한다. 2006년 춘천 출입국관리소가 도내 미등록 이주노동자 326명을 연행해 춘천 교도소와 강릉 교도소에 유치했다가 문제가 된 적도 있다. 2007년 여수 외국인 보호소에 화재가 발생했을 때 탈옥을 염려하여 보호소 잠금 장치를 해제하는 것을 주저하다 10명의 이주노동자가 목숨을 잃고 17명이 부상을 당하는 참사도 있었다.

그러나 막상 이들의 사회적 지위는 전혀 다르다. 교도소에 수감된 시민이 여전히 법 안에 있다면, 미등록 이주민이나 치료감호소의 정신질환자는 법 바깥으로 추방된 이들이다. 법 안에 있는 시민은 '처벌'에 대한 공포가 큰 나머지 법 바깥으로의 추방이 갖는 의미와 고통에는 둔감할 수 있다. 하지만 어쩌면 그건 교도소에 수감되는 것보다 더 끔찍할 수 일일 수 있다. 같은 맥락에서 한나 아렌트Hannah Arendt는 법외 지대의 미등록 이주자들이 오히려 교도소를 동경하는 상황에 대해 이렇게 말한다.

어떤 종류의 권리도 없고 추방의 위협에 시달리며 사는 사람, 또는 일하려 했고 생계를 꾸려가려 했다는 이유로 판결도 재판도 없이 강제수용소로 이송될 수 있는 사람이 사소한 도둑질로 거의 완벽한 시민이 될 수 있는 것이다. 무일푼이라도 그는 이제 변호사를 얻을 수 있고 교도관에 대해 불평할 수 있으며, 그리고 사람들은 그의 말에 정중하게 귀 기울인다. 그는 이제 더 이상 지구의 쓰레기가 아니다. 그는 자신의 재판에 적용될 법의 모든 세부사항에 관해 통지를 받을 만큼 중요한 사람이다. 그는 존중할 만한 사람이 되는 것이다.*

심신상실자의 유일한 국가,
정신병원?

역사적으로 심신상실 상태의 범죄자가 무죄판결을 받는 경우는 드물었으며, 대부분은 감형을 받았다. 1810년 프랑스 형법 제64조는 분명 범죄와 광기의 엄격한 분리를 원칙으로 제시했지만, 1815년부터 중죄 재판소의 배심원들은 피고인에게 유죄를 선고하는 동시에 정신병원에 입원시켜야 한다고 주장했다. 이런 주장을 반영해 1832년에 개정된 형법은 정상참작에 따른 감형을 명문화했다. 정상참작 조항은 사람들이 흔

* 한나 아렌트,《전체주의의 기원 1》, 518쪽.

히 생각하듯 피고의 가련한 상황을 고려하기 위해 마련된 것이 아니라, 법 조항을 엄격하게 적용하려 하지 않는 배심원의 무죄 선고를 방지하기 위해 제정되었다. 가령, 유아 살해 사건에서 지방의 배심원들은 사형을 적용해야 하는 유죄 판결을 꺼리는 경향이 있었다. 원칙적으로는 유죄 아니면 무죄를 선고해야 하지만, 정상참작 조항을 통해 무죄 대신 '적당한 양'의 처벌을 선고하도록 한 것이다.**

대한민국 형법 제10조(심신장애인)도 심신상실자는 무죄로 판결한다는 1항에 이어 곧바로 "심신장애로 인하여 전항의 능력이 미약한 자의 행위는 형을 감경한다"는 2항을 두어 감형 규정이 핵심임을 밝히고 있다. 그래서 심신미약 판정을 받은 범죄자는 대부분 '징역 ○○ 년에 치료감호' 같은 판결을 받는다. 치료감호를 먼저 받고, 치료가 끝나면 교도소로 이동해 남은 형기를 사는 것이다. 그러나 치료감호 기간을 결정하는 요소는 불명확한 치료 기간보다는 죄질과 재범 가능성이다. 치료감호소에 수용되면 징역 기한을 넘기기 일쑤이고, 결국 치료감호소의 최장 수용 기간이 형량이 되곤 한다.

2018년 2월 정신병원에서 보호관찰을 받던 도중 달아났던 40대 탈북자 유 씨가 검거되는 일이 있었다. 검거 후, 그는 징역 8개월의 실형을 선고받았다. 유 씨는 2017년 8월 전남 나주의 한 정신병원 야산에서 전자발찌를 훼손하고 도망쳤다. 경

** 미셸 푸코, 《비정상인들》, 26쪽.

찰은 유 씨를 공개수배하여 78일 만에 붙잡았다. 경찰조사에서 유 씨는 "북한에 있는 아내가 보고 싶어 우발적으로 도망쳤다"며 "국정원과 남한 경찰이 (나를) 불법 감금해왔다"고 주장했다. 또 그는 "정신병원에 갇혀 사는 삶이 답답했다. 공사장에서 일하며 돈을 벌 때가 행복했다"고도 말했다.

유 씨는 지난 2004년 이복동생을 살해하려 한 혐의로 징역 3년에 치료감호 처분을 받았다. 3년을 훌쩍 넘어 장장 12년 동안 치료감호소에 구금되어 있다가 2016년 3월 치료감호가 종료되었다. 하지만 망상 때문에 재범이 우려된다는 법원 판결로 또다시 보호관찰 3년을 처분받고 나주의 한 정신병원에서 전자발찌를 찬 채 수용생활을 이어가던 중 도망친 것이다.

1998년 탈북한 그는 2001년 북에 있는 아내를 데려온다며 재입북했다. 이듬해 2002년에는 남한에 두고 온 아들을 데려가겠다며 다시 탈북했다가 끝내 북으로 돌아가지 못했다. 그러자 2004년 7월 광화문 교보문고 앞에서 "김정일 장군님 품으로 돌려보내달라"며 1인 시위를 벌였다. 그에게 내려진 정신감정 소견은 '망상장애'였다. 북한과 남한 어느 곳에도 정착하지 못하고 불안하게 떠돌던 그에게 치료감호 명령은 단지 정신의학적 판단만은 아니었을 것이다. 그에게 치료감호란 자신의 '시민권 없음', '무국적성'을 상기시키는 정치적 판단이 아니었을까? 정신병원만이 그 무국적자에게 제공될 수 있는 유일한 국가였던 걸까?

충동, 정신의학의 기발한 만능키

정신감정은 광기와 범죄를 나누는 것 못지않게 광기를 사법체제 안으로 끌어들이는 기능을 한다. 법원이 정신의학자의 소견을 참조하는 이유는 무엇이 피고를 범죄로 이끌었는지 알기 위함이다. 근대의 법정이 '이성의 법정'이라고 불리는 이유는 단지 이성을 가진 자만 법정에 설 수 있기 때문만은 아니다. 여기에는 이성으로 설명할 수 있는 행위만 판결할 수 있다는 의미도 담겨 있다.

18세기 중반까지 범죄에 대한 이성적 설명은 '이해interest'의 원리를 중심으로 이뤄졌다. 경제적 이익이든 심리적 이익이든 범죄는 이익에 대한 기대 때문에 일어난다는 것이다. 따라서 처벌은 범죄의 이익(쾌락)을 짓누를 수 있는 만큼의 손해(고통)를 가하는 것이 된다. 18세기 중반부터 법원은 정신의학을 필요로 하게 되는데, 이는 이해의 원리로 설명할 수 없는 범죄의 원인을 찾기 위해서였다. 예를 들어 18세기 말의 '앙리에트 코르니에' 사건이 그렇다.

> 아직 젊은 여자는—첫 남편에게 버림받은 후 자기 아이들을 버린 여자—파리의 여러 가정에서 하녀로 들어갔다. 몇 번에 걸쳐서 우울을 표현하고, 자살하겠다고 위협한 후 어느 날 그녀는 이웃 여자에게 19개월 된 그녀의 어린 딸을

> 봐주겠다고 자청했다. 이웃 여자는 잠시 망설인 후 허락했다. 앙리에트 코르니에는 여자아이를 자기 방으로 데리고 와 준비해둔 큰 칼로 아이의 목을 잘라 한 손에는 몸통을, 다른 한 손에는 머리를 든 채로 15분간 서 있었다. 어머니가 아이를 찾으러 왔을 때 앙리에트 코르니에는 "댁의 아이는 죽었다"고 말했다. 불안해하며 그 말을 믿을 수 없었던 아이 엄마가 방으로 들어가려 하자, 앙리에트 코르니에는 앞치마에 아이 머리를 싸서 창문 밖으로 던졌다. 곧 잡힌 그녀는 사람들이 "왜 그랬느냐"고 묻자 "그냥, 그러고 싶어서"라고 대답했다.*

사람들은 코르니에의 행동에서 그 어떤 이해관계도 발견할 수 없었다. 마찬가지로 '망상'이나 '환각'의 흔적도 전혀 찾을 수 없었다. 그녀는 특별히 이성적이지도 않았지만, 그렇다고 광기를 보이지도 않았다. 그 어디에서도 범죄 원인을 발견하지 못하자 법정은 그녀의 과거, 습관, 생활 방식에서 이유를 찾으려 했다. 그렇게 해서 그녀가 남편과 헤어졌다는 것, 방종에 몸을 내맡겼다는 것, 사생아를 둘 낳았고 그 아이들을 보호시설에 맡겼다는 것 등등이 기소장에 등장한다. 범죄의 원인이 개인의 '비정상적인' 개인사 안에 내재돼 있다는 논리가 사법 담론으로 들어온 것이다. 한편, 그녀를 진찰한 의사 마르크

* 《비정상인들》, 138쪽.

는 소견서에 범행 당시 코르니에가 생리 중이었음을 언급한 뒤 코르니에로부터 "억제할 길 없는 경향", "억제할 길 없는 감정", "거의 억제할 수 없는 욕망", "그 근원을 책임질 수 없는 잔혹한 성향"을 발견했다고 썼다.

개인의 신체 안에 있으면서 그의 신체 발달과 정신 발달을 지배하며, 정상적인 발달 경로를 이탈하거나 퇴행할 때 변태적인 성향을 일으키는 힘, 엄격한 규범과 세밀한 훈육이 아니면 좀처럼 통제하기 힘든 인간 안의 이 자연성을 19세기 정신의학은 '본능instinct', '충동drive', 혹은 '본능충동'으로 개념화했다. 충동의 메커니즘에 몸을 맡기는 것은 병인가, 아닌가? 그 자체로 병리적이거나 비정상적인 충동의 역학이 존재하는가? 우리는 충동을 통제하거나 교정할 수 있는가? 이런 질문과 함께 충동은 정신의학의 핵심 주제가 되었다. 충동의 문제는 19세기 초까지도 광기의 주된 증상이던 정신착란과 환각의 문제를 밀어내고 정신의학의 중심부를 차지했다.

치료감호소에 수감되는 두 번째 부류는 '충동장애' 때문에 범죄를 저지른 사람들이다. 치료감호법은 "소아성기호증小兒性嗜好症, 성적가학증性的加虐症 등 성적 성벽性癖이 있는 정신성적 장애인으로서 금고 이상의 형에 해당하는 성폭력 범죄를 지은 자"를 치료 대상자로 규정한다. 예를 들어, 2017년 9월 대전고등법원은 성폭력 범죄 처벌 등에 관한 특례법 위반 혐의로 기소된 남성 A 씨(56세)의 항소심에서 원심을 깨고 징역 4년, 성폭력 치료 프로그램 120시간 이수, 정보 공개·고지 10년, 그리고 치료감호를 선고했다.

A 씨는 1996년에도 초등학생 7명을 성추행하여 해임됐으나 2002년에 다시 초등교사로 신규 채용됐다. 2014년 초등학교 2학년 담임교사로 근무하던 A 씨는 제자인 B 양의 학업성취도 평가 시험 답안을 고쳐준 뒤 추행하는 등 8개월 동안 교실에서 총 일곱 차례 B 양을 추행한 혐의로 재판에 넘겨졌다. A 씨는 1심에서 징역 6년을 선고받았으나 '심신미약 상태에서 범행을 저질렀고, 형이 너무 무거워 부당하다'며 항소했다. 항소심 재판부는 징역 6년에서 4년으로 형량을 줄였으나, 피고가 주장한 심신미약을 인정하여 원심에 없던 '치료감호' 처분을 내렸다. 혹 떼러 갔다가 혹 하나 붙여 온 격이다.

소아성애자 등 '정신성적 장애'가 있는 성범죄자는 최대 15년 동안 치료감호소에 수용할 수 있다. 정신과 의사는 과연 어떤 방법으로 그의 소아성기호증을 감정했을까? 치료감호소에서는 어떤 방법으로 그의 병을 치료할까? 또 그는 언제쯤 치료를 마치고 교도소나 사회로 돌아올 수 있을까? 그가 치료감호소에 수감될 수 있는 최장 기간은 총 21년(15년에 2년 씩 3회 추가)이다.

발달장애, 정신의학의 신대륙

정신의학이 본능충동의 비정상적 발달로 광기를 포착하면서 핵심 대상으로 떠오른 것은 '백치', '치우', '우둔'으로 불린 발달장애다. 18세기 말까지 백치는 광기와 구별되지 않았다. 18세기 질병분류학에서 백치란 혼미한 상태가 된 착오이며 '자기 고유의 밤'에 빠진 망상이었다. 1824년 경 1세대 정신의학자 에스키롤은 백치에 대한 새로운 관점을 제시한다. 그에 따르면, "백치는 병이 아니다. 그것은 지적 능력들이 나타나지 않았거나 충분히 발달하지 않은 상태이다"*.

이 정의는 '발달'이라는 개념을 끌고 온다는 점에서 중요하다. 백치는 진실이나 착오와 관련해서가 아니라, '발달'과 관련해서 정의된다. 정신과 의사이자 교육자였던 에두아르 세갱Édouard Séguin(1812~1880)은 백치를 발달이 멈춘 상태로, 정신박약은 발달이 느린 상태로 세분했다.** '발달' 개념은 '정상성'을 함축한다. 따라서 발달장애는 태어나서 유아기를 거쳐 어른으로 성장해가는 '정상적인 발달'이 정지되거나 지체됨으로써 발생하는 '비정상'으로 정의된다. 그러면서 백치, 정신박약, 혹은 발달장애의 특성이 유년기라는 틀로 설명된다. 일찍이

---

* 미셸 푸코, 《정신의학의 권력》, 294쪽.

** 《정신의학의 권력》, 299쪽.

병에 귀속되어 있던 백치는 이제 유년기에 귀속된다.

백치와 정신박약을 '정상적 발달'에 입각해 포착하는 방식의 결정판이 바로 IQ(Intelligence Quotient, 지능지수) 검사다. 이 검사를 처음 만든 사람은 발달심리학자 알프레드 비네Alfred Binet(1857~1911)로, 그는 동료 학자 테오도르 시몽Théodore Simon(1872~1961)과 함께 여러 연령대의 소위 '정상적인' 아이들과 '비정상적인' 아이들을 선발하여 그들에게 다양한 문제를 풀어보게 했다. 이를 통해 그 나이 또래의 '정상적인' 아이들이 무엇을 할 수 있는지, 그리고 그 기준에 미달하는 '비정상적인' 아이들이 무엇을 할 수 없는지 조사했다. 검사 항목 중에는 검사자와 악수를 할 수 있는지, 불 켜진 성냥의 움직임을 쫓아가며 시선을 옮길 수 있는지 등 단순한 것도 있고, 복잡한 상황에 대한 이해력을 알아보는 것도 있다.

그러던 중 1904년 프랑스 정부가 아동심리 전문가를 모아 위원회를 구성했다. 이 위원회는 정규교육을 받지 못하는 아동을 어떤 방식으로 찾아낼 것인지, 또한 그 아동에게 어떤 특수교육을 제공하면 좋을지 파악하고자 했다. 이 위원회의 일원이었던 비네는 자신의 연구 결과를 토대로 공립학교에서 표준적인 교육을 받을 수 있는 아이와 그렇지 못한 아이를 구분하는 검사 도구를 만들었다. 바로 이것이 최초의 지능 검사이다. 이 검사는 이후 6년간 수정·보완된 끝에 1911년 최종판이 완성되어 '비네-시몽 지능 검사'로 불렸다.

이 검사의 핵심은 연령별로 아이들의 '정신 수준mental level'

을 측정하는 것이다. 만약 어떤 3세 아동이 통상적인 3세 아이들이 풀 수 있는 문제 10개를 모두 푼다면, 그 아이의 정신 수준은 3이다. 그러나 문제 중 절반을 풀지 못한다면 그 아이의 정신 수준은 (3에 미치지 못하는) 2.5가 된다. 만약 해당 문제를 모두 풀고 통상적인 4세 아동이 풀 수 있는 문제 중 절반을 푼다면 아이의 정신 수준은 (3을 초과하는) 3.5가 된다. 오늘날의 IQ 검사도 이 원리를 따른다. IQ는 생물학적 연령 대비 정신연령 비율에 100을 곱한 값이다. 10세 아동의 정신 연령이 12세라면, 즉 검사에서 수행한 수준이 12세 아동의 평균 수준이라면 이 아동의 IQ는 '120'(12/10×100)이 된다.

비네-시몽 지능 검사는 헨리 고더드Henry Goddard(1866~1957)에 의해 미국에 도입된다. 그는 심리학자로서 우생학에 기초한 연구들을 수행했다. 고더드는 비네가 '정신 수준mental level'이라고 불렀던 지능을 '정신 연령mental age'으로 교묘하게 바꿨다. 이때부터 지적장애나 자폐성 장애를 가진 사람을 '정신 연령이 열 살'이라는 식으로 유아화하기 시작한 것이다. '정신 연령' 개념은 지적장애인이나 자폐성 장애인이 지닌 다양한 특성들을 유아기적 특성으로 환원하는 데 결정적인 역할을 했다.

고더드는 비네의 지능검사를 이용하여 새로운 종류의 정신박약을 출현시켰다. 바로 '우둔moron'이다.* 고더드는 정의하기도 쉽고 제도적 위상도 분명한 '백치idiot'나 '치우imbecile'와 달리 '보통 사람'의 지능에 약간 못 미치는 '우둔'이야말로 사실상 가장 위험하다고 주장했다. 시설에 수용되지 않고 부랑인, 이민자, 범죄자 무리에 섞여 살면서 대를 이어 열등한 유전자를 물려준다는 게 그 이유였다. 이런 논리에 따라 IQ 검사는 시설 수용을 통해 가시화되지 않은 정신박약을 색출하는 검사지로 사용되었다.

유아적 수준의 지능과 함께 발달장애가 드러내 보이는 것은 '본능'이다. 발달장애는 어떤 '증상'을 수반하기보다는 본능충동에 이끌리는 것으로 묘사된다. 본능은 소위 '비정상'의 본래적 요소이자 실질적 내용으로 간주되었다. 발달장애를 지능의 둔화뿐 아니라 본능충동의 유아적, 동물적 발현으로 보는 것도 이 때문이다. 이를테면 1867년 프랑스 낭시Nancy에서 지적장애가 있는 품삯 농사꾼이 동네 소녀를 강간했다고 소녀의 부모에 의해 고발된 일이 있었다. 그는 기소되었고 지방 의사에게 정신감정을 받은 뒤 마레빌 정신병원에 죽을 때까지 수용되었다.

마레빌 병원 정신과 의사의 진단서에 따르면, 당시 40세였던 그는 '지진아'이자 '사생아'로 태어났으며 어릴 때 어머니를 잃고 마을 주변에서 값싼 노동력을 제공하며 살아왔다. 피해자 소녀가 진술하기를, 그는 들판에서 이 소녀의 도움으로 자

---

* Lucia Carlson, "Docile Bodies, Docile Minds: Foucauldian Reflections on Mental Retardation", Shelley Tremain, ed. *Foucault and the Government of Disability*, University of Michigan Press, 2015, p.145.

위행위를 한 듯하다. 주변에는 소녀의 친구들이 순서를 기다리고 있었다. 소녀들은 밭일을 나온 농부에게 그 '바보'와 '엉긴 우유' 놀이를 했다고 자랑했고, 농부는 "망할 것들!" 하고는 지나갔다. 며칠 후 마을 축제 날 '바보'는 소녀를 숲으로 데리고 가서 약간의 돈을 주고 성관계를 했다. 소녀는 매를 맞는 것이 두려워 이 일을 부모에게 말하지 않았지만, 부모는 소녀의 속옷을 빨며 사태를 짐작했다. 소녀의 부모는 이 사실을 마을 이장에게 알렸다.

여기까지는 전통적인 대처였다. 그러나 이장이 이 동네 '바보'를 헌병대에 고발하면서 사건의 성격은 달라진다. 헌병은 '바보'를 판사에게 넘겼고, 판사는 그를 정신병원에 넘겼다. 정신과 의사는 그의 두개골 크기를 재고, 얼굴 골격을 조사하고, 그의 생각, 성벽, 습관, 감정, 판단력을 심문하며 해당 사건을 '의학화'했다. 의사는 피의자가 자신의 '동물적 충동'을 이겨내기에 충분한 '도덕적 감각'을 갖추지 못했다고 진단했다. 그 이유는 다음과 같다.

> 얼굴과 두개골은 정상인의 얼굴에 합당한 대칭을 보여주고 있지 않다. 몸통과 사지는 비율이 맞지 않는다. 두개골은 불완전하게 발달했고, 이마는 뒤로 젖혀졌다. (……) 입은 너무 크고 입천장은 백치의 특징인 아치형 곡선을 이루고 있다. 왜소한 체구와 육체적 발달 부진에도 불구하고 그의 성기관은 정상적으로 발달해 있었다. 백치들에게서

자주 관찰되는 특징이다.*

이는 분명 충동의 격렬함에서 병리적 요인을 찾는 것과는 다른 방식이다. 발달장애인의 '나쁜' 충동은 원초적 발육 부진에서 기인한다는 것이 이 논리의 핵심이다. 도발적 생각과 육욕으로의 이끌림을 완화시키고 동물성을 통제하며 사물의 가치를 건전하게 평가하도록 하는 '자아'의 도움을 그는 받을 수 없었다. 그의 병리성은 과도함이나 욕구 충족의 비상식성에서 기인하는 게 아니라, 억제의 결함과 도덕심의 유아적 상태로부터 발생한다. 그는 사람들이 직접적으로 말해주어야만 자신이 잘못했다는 것을 알았다. 이처럼 자기 행위의 '도덕적 가치'를 제대로 평가할 능력이 없다는 것, 바로 이것이 발달장애인의 범죄를 이해하는 19세기 정신의학의 방식이다.

치료감호,
정신의학이 보여주는 무능력의 끝

'상윤이 사건'의 피의자 이 씨도 그랬다. 2014년 12월, '상윤이'(정상윤, 1세)의 어머니는 둘째 아들 '상윤이'를 데리고 종합사회복지관에서 언어치료를 받는 첫째 아들(6세)을 기다리

---

* 미셸 푸코, 《비정상인들》, 356쪽.

고 있었다. 그때 이 씨(18세)가 나타나 아이의 손을 이끌고 어디론가 데려가려 했다. 이 씨는 발달장애 1급으로, 인근 특수학교 2학년에 재학 중이었다. '상윤이' 어머니는 복지관에서 몇 번 본 이 씨의 얼굴을 기억했고, 별 걱정 없이 천천히 따라갔다. 그런데 이 씨가 갑자기 옥외로 통하는 3층 철문을 열었다. 그는 뭔가 일이 잘못되었음을 직감했다. 이 씨는 순식간에 아이를 데리고 나가 옥외 난간 너머로 들어올린 뒤 아이의 손을 놓아버렸다. 9.2미터의 높이에서 떨어진 '상윤이'는 얼마 후 뇌출혈로 사망했다.

검찰은 이 씨를 살인 혐의로 구속하고 국립 치료감호소에 정신감정을 의뢰했다. 치료감호소는 그를 심신상실로 감정했다. 2015년 5월 18일 부산지법은 이 씨에게 무죄를 선고하고 치료감호 청구도 기각했다. 재판부는 "살해 행위가 충분히 인정되지만 발달장애 1급인 이 씨는 심한 자폐 증세로 사물을 변별하거나 의사를 결정할 능력이 없는 심신상실 상태에서 범행했기 때문에 처벌할 수 없는 경우에 해당한다"고 선고 이유를 밝혔다.

검찰은 항소했고, 2016년 6월 15일 부산고법은 1심과 같이 무죄를 선고했다. 다만 1심 재판부가 치료감호 청구를 기각한 것과 달리 항소심 재판부는 "재범할 우려가 있고 사회 방위에 필요하다"며 치료감호를 명령했다. 2016년 11월 24일 대법원은 항소심과 동일하게 무죄를 선고하고 "이 씨의 충동 조절 능력이 저하되어 있으며, 행동 성향을 고려하면 이 사건과 비슷한 상황에서 같은 행위를 반복할 위험이 있다고 판단"한다며 치료감호를 명령했다.

이 씨에게 무죄 선고가 내려지자 여론과 언론은 "발달장애가 살인면허냐!"며 분개했고, 이 씨가 다니던 특수학교는 '살인학교'라는 오명을 뒤집어쓴 채 항의 전화로 업무가 마비되었다. 발달장애인 부모회는 그 지옥 같은 상황을 숨죽이며 지켜볼 수밖에 없었고, 장애인 언론 '비마이너' 역시 한참이 지난 후에야 '발달장애인에 대한 혐오'의 맥락에서 이 사건을 다뤘다. 발달장애인 이 씨의 법률적 행위 능력을 인정하지 않는다면 그의 살인에 대해서는 어떤 처벌을 내려야 합당한가? 혹은 그를 추방해야 한다면 그 이유는 무엇이며, 어디로 추방해야 하는가? 이런 문제들을 장애인 운동 진영은 법원에 맡긴 채 방관했다.

1심 재판부는 철저하게 법리적인 판단하에 치료감호소 청구도 기각했다. 이 씨에게는 치료감호가 무의미하기 때문이다. 발달장애를 치료하는 일이 과연 가능할까? 그게 가능하다면 이 씨의 어머니가 먼저 치료감호를 요청했을 것이다. 바로 여기에 정신의학의 자가당착이 있다. 정신과 의사는 분명 이 씨가 심신상실 상태라는 의학적 소견을 냈다. 정신의학의 역할은 딱 거기까지다. 이성적인 상태가 아니라는 것은 알아낼 수 있지만 치료 방법은 모른다. 정신과 의사는 DSM-V에 따라 지적장애, 자폐 스펙트럼을 정신질환의 한 유형으로 분류하고 이 씨를 진단했지만 이 씨를 위한 그 어떤 치료법도 제시하지 못했다. 또한 이 씨의 발달장애와 그의 살인 행위 사이에 어떤 인과관계가 있는지도 밝혀내지 못했다. 왜냐하면 그런 건 애초에 없기 때문이다.

'상윤이 사건' 재판의 가장 큰 문제점은 발달장애에 대한 무지에 있다. 1심 공판을 참관한 어느 시각장애인 칼럼니스트의 참관기*에 따르면, 재판부는 발달장애에 대한 이해가 전혀 없었다. 모르면 배우기라도 해야 하는데 검사 측도, 변호인 측도 이 씨의 발달장애와 관련한 상세한 자료 제출을 요구하지 않았다. 심지어 피고 측 보호자들이 진술 조력인을 제공해달라고 요청했을 때 재판장은 그런 전문가는 알지 못하며 담임과 엄마가 그 역할을 해주면 되지 않느냐고 반문했다. 그중에서도 압권은 이 씨의 진단서를 본 재판장이 '장애가 이렇게 심한데 병원 진료 기록이 왜 이것뿐이냐'고 이 씨 어머니를 다그친 장면이다. 어머니가 이 씨의 장애 등록을 위해 받았던 진단서라고 답하자, 재판장은 다른 진료 기록은 없느냐고 물었다. 이 말인즉슨 '상태가 저런데 지속적으로 치료를 받은 기록이 왜 없느냐'는 것이다. 이는 발달장애를 정신장애, 즉 정신질환과 혼동하지 않는다면 결코 할 수 없는 질문이다.

그렇다면 고등법원과 대법원은 대체 어떤 근거로 이 씨에게 치료감호를 명령한 걸까? 고등법원은 "재범할 우려가 있고

---

* 서인환, 〈'살인'인가? '심신상실'인가?: 부산 상윤이 사건 공판 시작〉, 에이블뉴스, 2015. 2. 2.

사회 방위에 필요하다"며 의학적 근거가 아닌 형벌의 논리를 들이댔다. 대법원은 조금 달랐다. "이 씨의 충동 조절 능력이 저하되어 있으며, 행동 성향을 고려하면 이 사건과 비슷한 상황에서 같은 행위를 반복할 위험이 있다"며 치료감호를 명령했다. 충동 조절 능력이 저하되어 있다는 건 이 씨가 충동조절장애라는 말일까? DSM-V에 따르면, 충동조절장애란 병적 도박, 절도광, 방화광, 간헐적 폭발성 장애, 발모광 등 어떤 행위에 대해 강박적인 충동에 사로잡히는 것을 말한다. 그 행위를 하지 못하면 심한 불안을 느끼고, 실행할 때는 환희를 느끼지만, 실행 후에는 죄의식에 시달리는 증상이다. 즉 충동에 대한 자의식이 강하다는 것이 이 증상의 핵심이다. 충동조절장애 환자의 강한 자아와 도덕의식은 발달장애와 크게 대비되는 지점이기도 하다.

발달장애인도 일상생활에서 하나의 대상에 집착하거나 같은 행동을 반복하는 특성이 있긴 하지만 그것과 충동조절장애는 전혀 다르다. 물론, 한때 유년기의 습관 혹은 평상시에 보인 '비정상적인' 행동이나 습관 같은 것에서 범죄의 원인을 찾던 시절도 분명 있었다. 그리고 그런 담론 속에서 범죄의 원인을 범인의 '비정상성'에서 찾을 수 있으며, 그 비정상을 '정상'으로 교정하거나 되돌릴 수 있다는 형벌학의 논리가 만들어지기도 했다. 그러나 그런 시절은 발달장애인을 우생학적 관점에서 열등 인자로 보고 절멸수용소로 보낸 나치가 패망하면서 끝났다. 오늘날의 정신의학은 더 이상 발달장애와 동물적 충동, 그리고 도덕적 광기를 연결시키는 담론을 과학이라고 가르치지 않는다. 그럼에도 대법원은 '충동 조절 능력'을 거론하며 기어이 이 씨를 치료감호소로 보냈다.

'상윤이 사건'에서 가장 아쉬운 점은 발달장애인 당사자들과 부모들의 지속적인 관심이 부족했다는 점이다. 다른 누구보다도 이들이 나서서 발달장애인의 특성, 그들의 언어와 사고방식, 충동과 정서, 도덕감과 윤리 의식에 대한 정보를 재판부에 제공하고, 대중들에게도 알렸다면 좋지 않았을까? 나아가 발달장애 1급인 이 씨가 '상윤이'의 죽음에 대해 어떤 방식으로 책임질 수 있을지를 함께 고민해서 재판부에 의견서를 제출했다면 상황이 좀 더 나아지지 않았을까? 또한 '비마이너' 같은 장애인 언론이 '장애인권의 선진국' 사례를 참조하여 이 사건의 재판부가 발달장애인에 대해 얼마나 무지했는지 보도하고, 발달장애인 자녀를 둔 부모들의 진솔한 기고문을 실었다면 훨씬 더 풍부한 담론이 나오지 않았을까? 쏟아지는 혐오 발언들이 그런 시도들을 쉽게 허락하지는 않았겠지만, 그래도 우리에게는 더 큰 용기가 필요했다.

결국 이 씨는 치료감호소로 보내졌다. 이 씨에게 치료감호소는 어떤 의미가 있을까? 이 씨에게 그곳은 처벌을 위한 감옥도 아니고, 그렇다고 치료를 위한 정신병원도 아니다. 오직 격리와 보호의 기능만 남은 그곳은 '장애인 거주시설' 그 이상도 이하도 아니다. 법원은 이 씨의 부모를 대신해서 이 씨를 장애인 거주시설에 보낸 것이다. 아마 지금 이 순간에도 수많은 발달장애인 부모들이 '충동'을 조절하지 못해 '도전 행동'을 일삼는 자녀를 감당하기 어려워 사회와 격리된 시설에 보내고 싶어 할 것이다. 되도록 '안락한 감옥' 같은 시설 말이다.

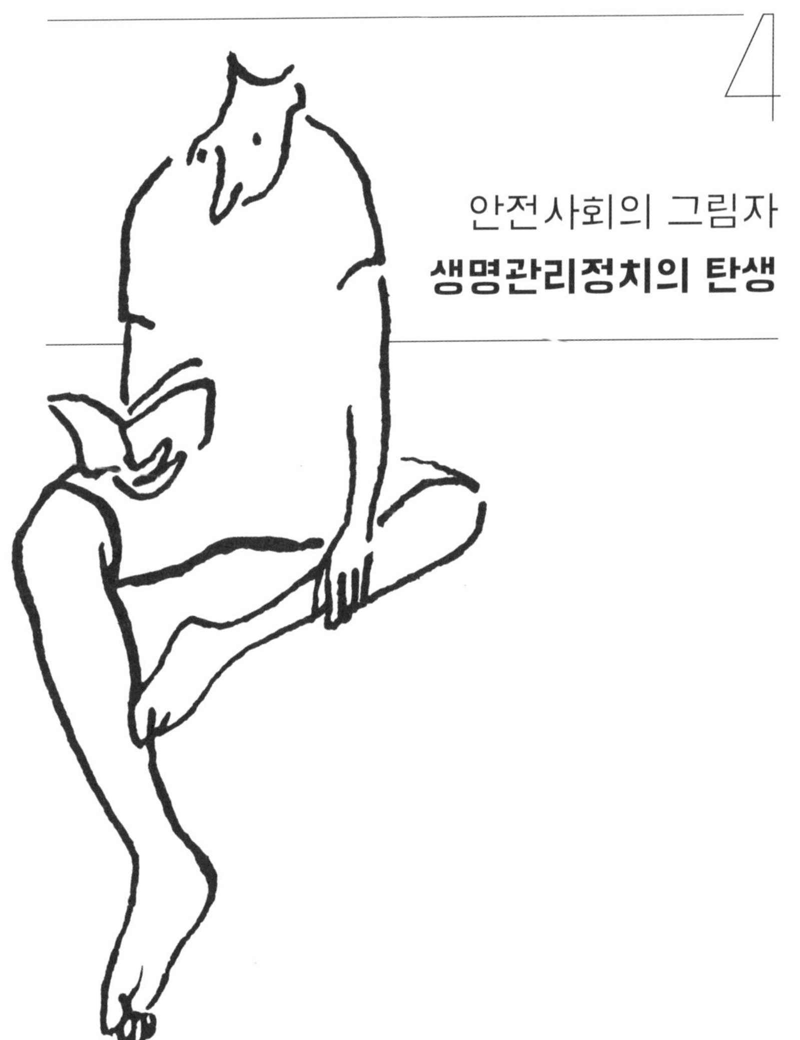

4

안전사회의 그림자

생명관리정치의 탄생

시설,
'어쩌면' 안락한 감옥

앞서 이야기했듯, 나는 2017년 7월 국가인권위원회 연구사업으로 중증장애인 시설 실태조사에 참여한 적 있다. 그중 경기도 남양주시에 위치한 한 시설은 특이하게도 장애인 자녀를 둔 부모들이 사회복지법인을 설립해 운영하고 있었다. 시설 원장도 공채로 뽑고 운영 전반에 부모의 욕구와 의사가 반영된 탓에, 마치 부모가 원하는 장애인 거주시설의 이상理想을 보는 듯했다.

이 시설에는 3층짜리 아파트형 건물에 12개 유닛unit의 생활실이 있다. 한 유닛은 방 2개, 거실 겸 간이주방 1개, 욕실 겸 화장실 2개, 세탁실 1개로 구성되어 있고, 평균 6명이 거주한다. 그런 생활실이 총 12개 있는데, 2개씩 짝을 이뤄 공간 일부가 통하도록 설계되었다. 생활재활교사가 두 생활실을 오가며 관리할 수 있게 하려는 것이다. 생활실 곳곳에는 CCTV가 설치되어 있다. 아마도 거주인과 생활재활교사 모두를 지켜보기 위함일 것이다. 그래서인지 흡사 어린이집을 연상시킨다. 식당 역시 넓고 깨끗했으며, 급식 시설도 좋아 보였다. 밖에는 아름다운 경관이 펼쳐져 있고, 공기도 좋다. 설립 취지대로 발달장애인들이 "가정처럼 편안하게, 안락하게, 행복하게" 지낼 수 있을 것 같은 곳이다.

게다가 다른 시설에 비해 거주인들의 옷차림도 깨끗하고

개인 물품도 많다. 그런데, 한 가지 이상한 점이 있었다. 노트북을 소지하고 있는 사람은 있는데 휴대폰을 가지고 있는 거주인은 한 명도 없었다. 휴대폰이 필수품인 요즘 같은 시대에 부모에게 사달라고 조를 법도 한데, 아무도 없다. 아마 부모가 사주지 않았을 것이다. 왜일까? 혹시 시설에 있는 자녀가 집으로 시도 때도 없이 전화를 걸어 가족의 일상을 깨뜨리는 게 싫었던 걸까? 그러고 보니 이 시설은 남양주 시내에서 자동차로 50분 정도 걸리는 그야말로 구중 산속에 있다. 지역사회와 연계된 일상 프로그램이 운영되기는 어려운 조건이다. '마음먹고' 찾아오는 사람은 있어도 거주인들이 '마음대로' 찾아갈 마실은 없다. 군부대와 별반 다르지 않은 환경이다.

'생각 많은 둘째 언니'라는 닉네임의 유튜버이자 21대 국회의원이 된 장혜영 씨도 이 시설 조사에 함께했다. 장혜영 씨는 18년 동안 중증장애인 시설에 살던 동생 장혜정 씨를 데리고 나와 함께 살고 있었다. 혜정 씨의 시설 밖 생활을 다큐멘터리 영화*로 제작 중이던 혜영 씨가 시설 조사를 하는 동안 혜정 씨는 카메라 감독과 함께 근처 민박집에 있었다. 시설 조사를 마치고 총평 시간에 혜영 씨가 말했다. "아마 옛날에 우리 엄마가 이곳을 봤다면 혜정이를 당장 데려왔을 것이다. 확실히 부모의 욕구가 완벽하게 반영된 곳이다. 그런데 나는 싫다. 예

---

* 이 영화는 〈어른이 되면〉이라는 제목으로 2018년 개봉했고, 같은 해 동명의 책(장혜영 글·장혜정 그림, 《어른이 되면》, 우드스톡)도 출간됐다.

전에 혜정이가 살던 대형 시설보다 이곳이 나는 더 싫다. (그곳에서는 혜정이가) 직원들한테 학대를 받기도 했지만 그래도 거주인들 사이에 인간관계가 있었다. 자기 친구라며 소개하기도 하고, 싸우기도 하는 그런 인간관계가 여기에는 전혀 없는 것 같다."

혜영 씨가 이곳에 인간관계가 없다고 느낀 이유는 무엇일까? 그건 '생활재활교사'가 거주인들 간의 인간관계를 끊어버리기 때문이다. 24시간 안전한 생활을 책임지는 생활재활교사가 한시도 쉬지 않고 생활실을 일망 감시한다. 누가 사고를 당하지 않는지, 사고를 일으키지는 않는지, 그런 밀착된 감시 속에서 거주인들 간의 직접적인 관계는 끊어지고 생활재활교사를 매개로 한 상호 감시만 남는다. 거주인들이 서로 주고받는 말의 대부분은 생활재활교사에게 듣는 "그거 하면 안 돼!" 같은 말뿐이다. 이 말은 CCTV로 생활재활교사를 감시하는 부모의 말이기도 하다. "그렇게 하면 안 돼요!"

돌아오는 내내 머릿속이 복잡했다. 그 좋은 시설을 왜 하필 산속에 지었을까? 남양주 시내에 지었다면 거주인들이 지역 내 복지관을 이용할 수도 있고, 다른 봉사 단체들이 찾아오기도 좋지 않은가? 매일매일 동네 산책도 하고, 시장도 가고, 극장도 가고, 동네 사람들과 인사도 나누고 그러면 안 되는 걸까? 장애인 자립생활센터나 장애인 야학, 발달장애인 자조모임과 연계 프로그램을 운영한다면 더 좋을 것이다.

그러나 정작 부모들은 그런 걸 원치 않는다고 한다. 발달장애가 있는 자녀가 지역 곳곳을 돌아다니다 손가락질 받는 것이 싫고, 사고를 당하는 것도 싫고, 사고를 일으키는 건 더 싫기 때문이다. 장애인 자조모임과 엮여 '탈시설 바람'이라도 들면 그땐 훨씬 더 골치 아프다. 산 좋고 물 맑은 곳에서 '안전하고 편안하게' 사는 게 좋다. 보고 싶을 때 찾아가서 보고, 잠깐 함께 외출하고, 가끔씩 외박하는 게 좋다. 그게 당사자와 가족 모두가 평안하고 행복한 길이다. 산속에 '안락한 감옥' 같은 시설을 지어놓은 부모회의 뜻이 아프게 전해졌다.

'자유' 대신
'보호'를 원하는 사람들

거주시설이 '안락한 감옥' 같다는 말은 빈말이 아니다. 실제로 일본에서는 적지 않은 빈곤 노인들이 감옥을 거주시설로 활용하고 있다. 일본의 '범죄 백서'가 제시하는 2016년 통계에 따르면, 형사 범죄 검거 인원 중 65세 이상 고령 인구가 과거 5년 전 대비 약 5.2배 증가했다. 2016년 교도소에 수감된 노인은 2,498명으로 대부분 절도 같은 경범죄로 들어왔다. 재범률도 계속 상승하고 있어 수감자 전체의 30퍼센트가 재범자라고 한다. 인구 고령화는 갈수록 심해지는데 공적연금과 노인복지는 부족하니 상대적으로 처우가 좋고 안전한 교도소를 복지시설로 선택하는 것이다. 감옥에서는 삼시세끼 꼬박 식사가 제공되고, 동료들도 있어 덜 외로우며, 최소한 '고독사'는 면할 수 있다는 생각이다.

물론 이런 현상이 (일본에서) 아직 흔한 일은 아니며, 한국에도 상세히 알려진 바는 없다. 하지만 이 사례는 중요한 의미를 띤다. 앞서 언급한 '상윤이 사건' 피의자인 발달장애인 이씨에게 '감옥'(치료감호소)이 거주시설로 기능하는 것처럼, 또 수많은 발달장애인들이 '안락한 감옥' 같은 복지시설에 거주하는 것처럼, 감금시설은 어떤 조건에서는 복지시설로 이용될 수 있다. 게다가 이런 '용도 전환'은 안전과 보호에 대한 자발적 요구에 의해 일어난다. 발달장애인의 경우 부모의 요구에 의해, 빈곤 노인은 본인이나 가족의 요구에 의해 '안락한 감옥' 같은 시설에 간다.

여기에 아동·청소년 보호시설도 포함시켜야 할 것이다. 2019년 보건복지통계연보에 따르면, 사회복지 생활시설 8,758개소(24만 9,389명 입소) 중 가장 많은 유형은 노인 복지시설(5,915개소 18만 5,256명)이고, 그다음이 장애인 시설(1,557개소 2만 9,662명), 그리고 아동 시설(872개소 1만 4,749명)이다. 장애인 시설 중에서는 지적장애인 시설이 313개소(1만 1,485명)로 가장 많다. 오늘날 시설의 필요성은 확실히 '보호'에 대한 요구에 있다.

발달장애인과 빈곤 노인, 그리고 아동·청소년에 대한 보호 장치는 비단 '시설'만이 아니다. 이들은 모두 법적 보호자·후견인을 필요로 하며 후견인의 의사결정에 의탁해야 한다는 점에서 비슷한 처지에 있다. 특히 부모에게 보호받지 못해 가정을 나온 '거리 청소년'에게 의사결정권 부재는 곧바로 생존의 위협으로 다가온다.

여성가족부가 청소년 쉼터 홍보주간을 맞아 발표한 보도자료 〈가정 밖 청소년에게 따뜻한 시선을〉(2017)에 따르면, 대략 27만 명의 청소년들이 가정을 나와 거리에서 생활하고 있으며, 가족과의 불화나 어려운 가정형편이 가출 원인의 68.4퍼센트를 차지한다.* 가정의 보호를 받지 못하는 '거리 청소년'은 문자 그대로 생존의 위기에 처한다. 2013년 서울시가 가정 밖 청소년 205명을 조사했을 때, 3명 중 1명이 하루 한 끼도 먹지 못했다고 대답했다. 그들 중 22.1퍼센트가 성매매 경험이 있다고 대답했는데, '잘 곳이 없어서'(21.4퍼센트), '배가 고파서'(11.2퍼센트)가 그 이유였다. 먹을 것을 구하기 위해 앵벌이를 하거나 구걸을 하는 경우도 있다. 목욕과 세탁을 하지 못하는 것도 '거리 청소년'이 겪는 어려움 중 하나다.

탈가정 청소년을 위한 대표적인 보호시설은 '청소년 쉼터'이다. 전국 262개 시군구에 134개의 청소년 쉼터가 운영되고 있지만(2019년 기준), 대도시에 몰려 있다보니 쉼터가 없는 시군구가 적지 않다. 한 개 쉼터의 평균 수용 인원은 10명 안팎이고, 남자 쉼터와 여자 쉼터가 분리되어 있는 점까지 감안하면 134개는 수요 인원에 비해 턱없이 부족한 수이다. 청소년들이

* 박정수, 〈빈곤의 젊은 얼굴, 탈가정 청소년〉, 비마이너, 2019. 11. 5.

청소년 쉼터의 존재를 잘 알지 못하는 것도 문제다. 여성가족부의 '청소년 매체 이용 및 유해환경 실태조사'(2018)에 따르면, 1만 5,594명의 청소년 중 청소년 쉼터를 알고 있다고 대답한 사람은 38.2퍼센트, 이용한 경험이 있다고 답한 사람은 3.2퍼센트에 불과하다.

청소년 쉼터의 가장 큰 문제는 탈가정 청소년의 자기결정권을 전혀 인정하지 않는 점이다. 청소년이 오면 청소년 쉼터는 일단 원가정의 '보호자'에게 연락을 한다. 가정폭력이나 가정불화로 가정을 탈출해서 나온 청소년에게 이것은 쉼터를 꺼리는 가장 큰 요인이 된다. 청소년 쉼터는 기본적으로 가정 복귀를 목표로 삼으며, 탈가정 청소년을 계도의 대상으로 보고 규칙과 금기를 훈육시킨다. 9시 기상 후, 출근이나 등교를 하지 않는 입소생은 거실에 나와 있어야 하고, 외박은 부모님과의 만남 외에는 금지되며, 외출은 하루 한 번에, 반드시 목적지를 기록해야 한다. 밤 11시부터는 아예 와이파이가 차단된다. 이러한 규칙과 금기는 쉼터가 탈가정 청소년을 위한 주거공간이 아니라 훈육·교정시설임을 말해준다. 이런 이유로 2016년 한 해 청소년 쉼터를 찾은 2만 9,256명의 청소년들 중 55.9퍼센트인 1만 6,352명이 무단이탈, 자의퇴소, 무단퇴소 등 제 발로 쉼터를 나간 것으로 확인됐다.

탈가정 청소년의 자립을 지원하는 '청소년자립지원관'은 전국에 6개밖에 없으며, 그중 주거까지 지원하는 곳은 서울과 인천 두 곳뿐이다. 자립을 하려면 일을 해야 하는데, 이때도 부모동의서를 요구한다. 주거지와 연락처가 불안정한 데다가, 고용주의 부정적인 인식까지 더해져 탈가정 청소년이 일자리를 구하는 건 특히 어렵다. 일자리를 구해도 근로계약서를 쓸 수 없는 신분을 악용하는 고용주들의 '갑질'과 초과 착취에 시달리기 일쑤다. 어쩌면 청소년의 자기결정권을 인정하지 않는 이런 보호주의적 태도가 탈가정 청소년을 가정과 쉼터, 일자리로부터 추방하여 범죄사회로 내몰고 있는 것은 아닐까?

법원에서는 부모의 친권이 박탈된 청소년에게 미성년 후견인을 지정해준다. 미성년이라서 의사결정 능력이 없다고 간주하기 때문이다. 마찬가지로, 성년이라도 의사결정 능력이 없다고 판단되는 발달장애인이나 노인에게도 법정 후견인을 지정해준다. 이것이 바로 성년후견인 제도다. 2013년 7월 민법 개정과 함께 금치산자 제도는 폐지됐고 대신 성년후견인 제도가 설립되었다. 성년후견인 제도를 만든 단체의 중심에 발달장애인 부모회와 노인회가 있었다.

이들이 목소리를 낸 덕에 한 사람의 사회적 생명을 박탈했던 무시무시한 금치산자 제도가 웬만큼 똑똑하지 않으면 코 베이기 십상인 복잡하고 위험한 자본주의 행정 사회에서 합리적 결정을 대리해주는 세련된 법률 서비스 제도로 탈바꿈한 것이다. 성년후견인 제도의 취지는 질환, 장애, 고령 등으로 의사결정 능력이 없는 사람을 사기꾼으로부터 보호해주고, 휴대폰 구입이나 주민센터·병원 업무 등 까다로운 행정 처리를 대리해주자는 것이다. 법에 의한 자격 박탈이라는 부정적 이미지를 벗고 신상 보호라는 긍정적 뉘앙스로 변신한 이 흐름을 어떻게 바라봐야 할까? 이것이 정말 긍정적인 전환인 걸까? 푸코는 우리에게 조금 다른 이야기를 들려준다. 자유의 박탈이 신상 보호로 합리화되면서 근대 복지국가와 생명권력이 탄생했다는 것이다.

구빈원:
감옥의 기원을 찾아서

그 흐름의 기원에 감옥이 있다. 푸코의 감옥정보그룹은 이런 물음을 던졌다. 감옥이란 무엇인가? 거기에는 어떤 사람들이 있으며, 무슨 일이 일어나고 있는가? 감옥은 범죄를 저지른 사람을 처벌하는 곳이다. 그렇다면 감옥에 가두고 노역(징역)을 시키는 것이 어째서 '처벌'인 걸까? 일정 기간 자유를 빼앗고, 하기 싫은 일을 시키면 충분한 처벌이 될까? 근대 사법 제도가 감옥을 형벌기관으로 선택한 것은 필연도, 합목적적인 결과도 아니다.

근대 이전의 사법 제도에서 처벌의 근간을 이루는 것은 감금이 아니라 신체형이었다. 죄인의 신체에 정교하게 고통을 가하는 것, 그리고 그것을 공개된 장소에서 하나의 '볼거리spectacle'로 제시하는 것이 근대 이전의 주된 처벌 형식이다. 1757년 루이 15세를 시해하려다 체포된 다미엥에게 내려진 판결문을 보자.

> 손에 2파운드 무게의 뜨거운 밀랍으로 만든 횃불을 들고, 속옷 차림으로 파리의 노트르담 대성당의 정문 앞에 사형수 호송차로 실려와, 공개적으로 사죄를 할 것. 다음으로 상기한 호송차로 그레브 광장에 옮겨간 다음, 그곳에 설치될 처형대 위에서 가슴, 팔, 넓적다리, 장딴지를 뜨겁게 달군 쇠 집게로 고문을 가하고, 그 오른손은 국왕을 살해하려 했을 때의 단도를 잡게 한 채, 유황불로 태워야 한다. 계속해서 쇠 집게로 지진 곳에 불로 녹인 납, 펄펄 끓는 기름, 지글지글 끓는 송진, 밀랍과 유황의 용해 물을 붓고, 몸은 네 마리의 말이 잡아끌어 사지를 절단한 뒤, 손발과 몸은 불태워 없애고 그 재는 바람에 날려버린다.*

프랑스혁명 전까지만 해도 서구에서 모든 형벌은 신체형의 요소를 갖고 있었다. 신체형에는 군주의 권력을 죄인의 신체적 고통으로 '가시화'하려는 의지가 담겨 있다. 본보기를 보이겠다거나 공포를 유발하겠다는 목적은 부차적이다. 이 공개형의 스펙터클에서 상연되는 것은 '교육' 극장이 아니라 군주의 힘(권력)과 그에 도전한 죄수의 힘(인내력)이 벌이는 치열한 '대결'이다.

---

* 미셸 푸코,《감시와 처벌》, 오생근 옮김, 나남, 1994, 23쪽.

공개처형의 목적은 죄인을 죽음에 이르게 하는 데 있지 않다. 범죄 행위에 상응하는 양과 질의 고통을 가하는 데 그 진짜 목적이 있다. 이런 고문은 형벌 이전의 소송 절차에도 있다. 문서 본위, 비밀 유지, 증거의 양적 계산과 함께 전통적인 소송 절차의 일부로 고문이 포함되어 있었다. 고문의 목적은 자백을 받아내는 것이다. 소송 절차와 형벌 절차 내내 계속되는 고문과 자백은 군주의 힘이 승리했음을 죄인의 입을 통해 만천하에 알리는 스펙터클의 핵심 요소다. 모든 전쟁이 그렇듯 이 '의지의 전쟁'에도 패배의 위험은 있다. 죄인이 자백하지 않거나 군주 권력의 보조 집행자로 초대된 인민들이 돌변해서 형리나 군주 권력을 향해 돌멩이를 던질 위험, 즉 인민봉기의 위험이 언제나 도사리고 있다.

18세기에 접어들면 법률학자들을 중심으로 공개처형에 대한 비판이 제기된다. 근대 형법학의 시조라고 불리는 체사레 베카리아Cesare Beccaria(1738~1794) 같은 개혁론자들은 형벌의 원칙을 여섯 가지로 제시했다. ① 양의 최소화 법칙: 범죄는 이익 때문에 발생하므로 징벌은 범죄의 기대이익보다 조금 더 큰 손해를 부과하는 것으로 충분하다. ② 관념성 충족의 법칙: 범죄의 동기는 이익에 대한 기대감이므로 처벌의 핵심은 신체적 고통이 아니라 괴로움, 불쾌감, 불편함 같은 관념 표상이다. 따라서 처벌은 신체를 대상으로 할 것이 아니라 관념 표상을 겨냥해야 한다. ③ 측면 효과의 법칙: 형벌은 범법 행위를 하지 않은 사람들에게도 교육적 효과를 내야 한다. ④ 완벽한 확실

성의 법칙: 죄를 지으면 그에 상응하여 반드시 처벌받는다는 생각을 갖게 한다. 이를 위해 경찰조직을 대폭 확장한다. ⑤ 공평한 진실의 법칙: 고문을 이용해 자백을 강요하는 대신 반박의 여지가 없는 확실성의 토대 위에서 범죄의 진실을 규명해야 한다. ⑥ 최상의 특성화 법칙: 범죄의 종류에 대해 세밀하고 명료한 분류표를 작성하고, 그것을 징벌과 대응시키기 위해 범죄자의 성격이나 범행 동기에 대해 심리학적 관심을 기울인다. 범법 '행위' 대신 범죄자의 범죄 '소인'이 형벌의 관여 대상으로 부각된 것이다.

계몽주의 이데올로그idéologue(관념학파)가 수립한 형벌의 핵심 목적은 범죄를 생각할 때 곧바로 처벌의 고통이 떠오르도록 만드는 것이다. 따라서 범죄와 처벌의 관계는 최대한 직접적이어야 한다. 가령, 공적인 자유를 남용한 자에게서는 개인의 자유를 박탈해야 하고, 법의 혜택과 공직의 특권을 남용한 자에게서는 그 시민권을 빼앗아야 할 것이며, 독직이나 고리대금에 대해서는 벌과금을 물리고, 절도에 대해서는 재산을 몰수하며, 명예 훼손에 대해서는 공개 사과를 시켜야 한다는 것이다. 마찬가지로 살인에 대해서는 사형, 방화에 대해서는 화형, 독살자에 대해서는 사약을 내려야 한다.

얼핏 근대 이전의 신체형에 있던 상징적 대응관계와 유사해 보이지만, 이는 보복의 대칭성이 아닌 교육학적으로 기호 내용과 기호 사이에 투명한 관계를 수립하려는 것이다. 형벌은 범죄에 대한 생각을 일으키는 원동력을 제거해야 한다. 이를테면, 걸인은 감옥에 가둘 게 아니라 강제로 일을 시켜야 하며, 나쁜 정열에는 좋은 습관을, 광신자에게는 신체적 고통이 아니라 그 교만함을 짓부술 공개적 수치를 부과해야 한다. 오늘날 한국사회의 깨어 있는 시민과 정의로운 사람들이 원하는 사법정의의 모습도 이런 게 아닐까?

그러나 개혁론자들의 주장은 채택되지 않았다. 1810년 형법전은 사형과 벌금형 중간에 있는 광범위한 처벌의 영역을 오직 징역형으로만 채웠다. 국민의회에는 "그래서 조국을 배반했을 경우에도 감금되고, 아버지를 살해했을 경우에도 감금된다. 상상할 수 있는 일체의 범죄는 완전히 획일적인 방식으로 처벌된다. 마치 어떤 병일지라도 똑같이 치료하는 의사를 보는 것 같은 생각이 든다"며 불만을 제기한 의원들이 다수 있었다.* 하지만 결국 감옥이 지배적인 형벌 기구가 되었다.

원래 감옥은 형벌 기구가 아니었다. 중세시대에도 지하 감옥, 첨탑 감옥이 있긴 했지만 활용 범위는 그리 넓지 않았다. 단지 신체형의 부속 기구일 따름이었다. 근대 감옥은 구빈원 같은 교정시설에서 출발했다. 푸코는 구빈원형 감옥을 근대 감옥의 기원으로 보았다. 일례로, 1696년 암스테르담에 개설된 라스푸이[Rasphuis]라는 감옥이 있다. 이곳은 걸인이나 미성년 범죄자를 수용하는 기관으로, 형기는 수감자의 개선 여부에 따라 결정된다. 노동은 의무 사항으로 공동 작업 형태로 수행

---

* 《감시와 처벌》, 178쪽.

되며, 완료된 일에 대해서는 수당을 준다. 엄격한 일과표, 체계적인 금지나 의무의 조항들, 빈틈없는 감시와 격려, 성서 읽기 등 '선善으로 이끌고 악惡을 멀리하도록' 하는 일련의 조치들이 수감자들의 일상을 채웠다.*

프랑스 강Gand의 감옥은 특히 노동을 통한 교정을 강조했다. 무위도식의 생활이 대다수 범죄의 원인이라는 판단하에 노동을 통해 질서를 습득하고 급료에 대한 욕망을 갖게 했다. 영국의 모형은 노동 원칙에 덧붙여 독방을 교정의 주된 조건으로 삼았다. 수용자들을 모아놓으면 공갈이나 공모를 벌일 가능성이 있기 때문에, '나쁜' 영향을 받지 않고 스스로의 양심 속에서 '선한' 목소리를 재발견하도록 독방 수용을 원칙으로 삼았다.

이런 구빈원형 감옥 중 가장 유명한 것이 미국의 필라델피아 모델이다. 1790년에 창설된 필라델피아 월넛 스트리트Walnut Street 감옥은 작업장에서의 강제노동, 계획적인 일과 시간, 노동에 따른 급료 지불을 교정 원칙으로 삼았다. 감옥 내 생활은 끊임없는 감시 아래 시간표에 정해진 대로 바둑판의 눈금처럼 구획·정리되어 있다. 하루의 일과는 시간별로 배분되고 활동 내용은 구체적으로 명시되어 있으며 의무와 금지의 규칙들이 촘촘히 부과되었다.** 단순히 가두기만 하는 것

* 《감시와 처벌》, 184쪽.
** 《감시와 처벌》, 189쪽.

윌리엄 러셀 버치 William Russell Birch**의 〈월넛 스트리트 감옥〉(1800)에 표현된 18세기 후반의 '월넛 스트리트 감옥'과 감옥이 있던 거리의 현재 모습.** 1790년에 창설된 필라델피아 월넛 스트리트 감옥은 작업장에서의 강제노동, 계획적인 일과 시간, 노동에 따른 급료 지불을 교정 원칙으로 삼았고, 감옥 내 생활은 끊임없는 감시 아래 시간표에 정해진 대로 바둑판의 눈금처럼 구획·정리되어 있다. 하루의 일과는 시간별로 배분되고 활동 내용은 구체적으로 명시되어 있으며 의무와 금지의 규칙들이 촘촘히 부과되었다.

이 아니라 집요한 노력과 규율로 사람을 개조시키는 교정시설 réformatoire인 것이다.

근대 사법이 형벌 기구로 채택한 감옥은 이런 교정시설이다. 18세기 개혁론자들이 자신의 사법 원리와 어긋나는 감옥을 받아들인 이유는 무엇일까? 우선, 감옥을 통한 자유의 박탈은 모든 계급, 모든 종류의 범죄자에게 동일한 형태의 처벌을 부과한다는 점에서 평등의 원칙에 부합한다. 게다가 수감 기간에 따라 형벌을 정확히 수량화할 수 있고, 그 기간만큼 범죄가 사회 전체에 손해를 끼쳤다는 관념을 구체화할 수 있다. 무엇보다 감옥에 가두고 교정함으로써 사회에 유익한 개인을 만든다는 합리성을 확보할 수 있다. 감옥이 근대 사회의 형벌 장치로 채택된 이유다.

통치권력과 규율 장치의 탄생

감옥은 형벌 기구이지만 그 안에서 수감자들을 지배하는 것은 사법권력이 아니다. 감옥을 지배하는 것은 처벌하는 힘의 의지가 아니라, 지도하고 양성하는 힘의 의지이다. 근대 감옥이 구빈원에서 출발했다는 사실은 이런 맥락에서 중요하다.

푸코는 《광기의 역사》에서 17세기 유럽 전역에서 이뤄진 구빈원 정책이 '통치police' 문제에 대한 응답이었다고 분석한다.* 17세기 유럽에서 '폴리스'란 오늘날처럼 범죄자를 때려잡는 사법적 억압 기구를 지칭하는 단어가 아니었다. 원래 '폴리스'란 고대 그리스에서 '정치공동체'(도시국가)를 가리키거나 시민들이 공동체의 문제를 토론하고 합의하는 '활동' 혹은 그런 활동이 이뤄지는 '장소'를 가리키는 단어였다. 그러던 것이 17세기에 들어서 군주의 '통치'를 뜻하는 단어로 사용되었다.

서구에서 군주는 원래 '통치gouverner'하는 자가 아니었다. 군주는 '군림하는régner'하는 자였다. 그런 생각의 결정판을 보여주는 저작이 바로 마키아벨리의 《군주론》(1513)이다.** 백성 위에 군림하는 자로서 안팎의 위험으로부터 자신의 주권과 영토를 지키기 위한 처세술을 담은 이 책은 당시 엄청난 반발을 불러일으켰다. 그 대항-마키아벨리즘 속에서 군주는 군림하는 자가 아니라 통치하는 자라는 정치사상이 확산되었다.

통치란 무슨 뜻일까? 16세기 전까지 '통치gouverner'라는 단어는 매우 다양한 의미를 갖고 있었다. '이끌다', '길을 따라 가

---

* 미셸 푸코, 《광기의 역사》, 141쪽.

** 마키아벨리의 《군주론》은 19세기에 민족국가 건설이라는 맥락 속에서 다시 부각되어 새롭게 해석되었다. 그래서 흔히 마키아벨리는 근대 정치사상의 선구자로 평가받는다. 그러나 푸코는 그렇게 생각하지 않는다. 푸코에 따르면, 마키아벨리의 사상은 군주권의 수호를 본질로 삼는 정치사상의 정점을 표시하며, 그런 정치사상은 이후 인구 통치를 본질로 삼는 근대 생명정치가 대두하면서 급속히 쇠락한다. "마키아벨리가 정치사상의 근대를 열었다고는 생각하지 않습니다. 차라리 그는 어떤 시대의 종말을, 그도 아니라면 군주와 그 영토의 안녕이 문제가 됐던 시기의 정점을 표시했다고 말할 수 있습니다." 미셸 푸코, 《안전, 영토, 인구》, 오트르망(심세광·전혜리·조성은) 옮김, 난장, 2011, 103쪽.

(게 하)다', '생계를 꾸리다'(식량을 제공하다), '누군가를 인도하다', '영혼을 지도하다', '식이요법을 부과하다', '품행을 지도하다', '말을 나누다', '성교를 하다' 등등. 이렇게 다양한 의미를 갖고 있던 '통치'가 16세기에 들어와 정치적인 의미를 띠게 된 것이다. 기욤 드 라 페리에르Guillaume de La Perrière의 《정치의 거울》(1555)이 마키아벨리의 군주론에 맞서 군주의 통치를 설파한 대표적인 책이다. 이 책에서 라 페리에르는 통치를 "목적에 편리하게 이를 수 있도록 정리된 사물들의 올바른 배열"*이라고 정의했다. 통치와 연관되는 사물은 다양하다. 부·자원·생존 수단·기후·관개 등 사람들의 생활 환경을 지탱하는 요소들, 관습·습관·행동·사고방식 등 올바른 삶에 필요한 요소들, 기근이나 전염병·죽음·사고·불행 등 행복한 삶을 위해 극복되어야 할 요소들이 그것이며, 이 요소들에 올바른 질서를 부여하는 것이 '폴리스'다.

17세기 '구빈원'이 '폴리스'의 문제의식 속에서 운영되었다고 할 때, 그건 바로 이런 의미다. 군주의 통치 질서를 확립하는 '폴리스'의 차원에서 구빈원은 이곳저곳 떠돌며 무위도식하는 걸인, 부랑인, 광인, 무질서한 행동을 일삼는 방탕아, 비행자, 무질서를 종용하는 자유사상가와 종교 이단자들을 강제로 수용했다. 또한 노동이야말로 자연에 질서를 부여하는 인간 활동이라는 기조를 내세워 수용인의 몸과 영혼에 질서를

* 《안전, 영토, 인구》, 146쪽.

형성하고자 노동을 의무로 부과했다.

하지만 구빈원의 통치에는 실속도 구체성도 없었다. 수용자의 몸과 영혼에 질서를 부여하는 구체적인 통치 전략과 테크놀로지가 부재했기 때문이다. 16세기에 등장한 '통치'권력은 18세기 중반에 이르기 전까지는 구체적 전술과 기술을 발전시키지 못한다. 우선 30년전쟁으로 인한 파괴와 황폐화, 농민과 도시인의 반란, 재정위기 등 큰 위기들이 17세기에 잇달아 닥친 영향이 컸다. 또한 중상주의가 득세하면서 군주권이 강조된 탓도 있었다. 물론 중상주의는 라 페리에르가 말한 통치 이성을 정당화했으나, 그 목적이 다름 아닌 군주권을 강화하는 데 속박되어 있었다. 군주권이 지나치게 거대하고 추상적인 인식틀로 다뤄지면서 정작 세부적인 통치 기술은 발전하지 못한 것이다.

18세기에 이르러서야 다양한 영역에서 통치 기술이 발전할 수 있었는데, 군주들을 괴롭힌 군사적, 정치적, 경제적 긴장이 어느 정도 완화되는 한편, 인구와 산업이 팽창하고 화폐 유통과 농업 생산이 증가한 덕이었다. 새로운 통치 기술의 대표적인 영역이 '훈육' 혹은 '규율'로 번역되는 'discipline'이다. 'discipline'이란 'dis'(완전히)와 'cip'(잡다)의 합성어로, '아래에 완전히 잡아두다'라는 뜻을 지닌다. 예수의 '제자'를 가리키는 단어 'disciple'과 어원이 같은데, 애초 '규율'이라는 것 자체가 예수의 제자를 양성하는 수도원의 엄격한 수련 시스템에서 탄생했기 때문이다. 수도원을 다스리는 원리였던 것이 18세기부터 감옥, 학교, 군대, 공장의 운영 원리로 확장된 것이다. 중세 수도원과 근대 통치기관의 규율은 공히 노동을 중심으로 엄격한 일과표와 세밀한 상벌 규칙을 부과했다.

그러나 수도원의 규율과 속세의 규율 사이에는 결정적인 차이점이 있다. 수도원의 규율이 속세의 포기(구원)와 자기의 포기(금욕)를 전략적 목표로 삼은 데 반해 근대의 규율은 효용성의 증대와 역량의 강화를 전략적 목표로 삼는다. 근대 통치기관의 규율은 하나의 메커니즘 속에서 신체가 유용하면 할수록 더욱 순종적이 되며, 복종하면 할수록 더욱 유용해지는 그런 관계를 확립하고자 했다.*

19세기 이후 규율 장치는 부르주아 사회의 핵심적인 통치 기술로 기능했다. 그러나 20세기 후반 신자유주의가 대두하면서 규율 장치는 군대를 제외하고는 그 원형을 찾아볼 수 없이 변질되었다. 감옥, 공장, 학교는 더 이상 규율을 통한 역량 증대(교정, 생산성, 교육)를 기대하지 않는다. 감옥은 처벌에 대한 집착 때문에, 공장과 학교는 자유를 향한 갈망 때문에 규율(훈육)을 포기한 듯하다. 오늘날 감옥은 교정보다는 단지 범죄자 격리를 통한 사회 안보security를 목표로 한다.

* 미셸 푸코,《감시와 처벌》, 206쪽.

특수학교,
체념과 차별의 절묘한(?) 조화

장애계의 요구 중 문재인 정부에서 드라마틱하게 관철된 사안이 하나 있다. 바로 특수학교 설립 건이다. 지역 주민들의 반발에 가로막혔던 특수학교 설립이 2017년 9월 5일 강서구 특수학교 설립 주민토론회를 기점으로 물꼬를 텄다. 토론회가 끝나갈 즈음 발달장애인 자녀를 둔 부모들이 지역 주민들 앞에서 무릎을 꿇었다. 그 모습을 담은 사진이 언론과 SNS를 통해 일파만파 퍼져나가면서 관련 기사들이 쏟아졌다. 언론은 '님비NIMBY에 장애인 부모들이 무릎을 꿇었다'며 그들의 절절한 '무릎 호소'를 앞다퉈 보도했다. 남들은 걸어서 가는 학교를 몸이 불편한 중증장애인들은 왕복 네 시간 걸려 통학한다는 이야기가 뉴스를 채우자, 지역 주민들을 향한 비난이 쏟아졌다. 그 '불쌍한' 아이들을 위해 특수학교를 짓겠다는데 땅값 걱정에 기를 쓰고 반대하느냐는 것이었다.

촛불혁명의 여파였을까? 예년 같지 않은 장애 우호적 여론에 새 정부도 발 빠르게 대응했다. 김상곤 당시 교육부 장관은 "특수학교 설립은 장애 학생들의 교육권 확보를 위해 양보할 수 없는 사안"이라며 단호한 입장을 밝혔다. 조희연 서울시 교육감도 "서울시 모든 자치구에 특수학교를 짓겠다"고 공표했으며, 김병기 더불어민주당 국회의원은 모든 기초지방자치단체에 특수학교를 의무적으로 설치하도록 하는 '초·중등교육법' 일부개정안을 발의했다. 이 모든 일이 9월 한 달 동안 일어났다. 교육부 역시 2017년 12월 4일 특수학교를 대폭 확충한다는 내용의 '제5차 특수교육발전 5개년(2018~2022) 계획'을 발표했다. 그 결과 2019년 9월 서초구에 '나래학교'가 개교했고, 2020년 3월에는 강서구에 '서진학교'가 개교했다.

오랫동안 특수학교를 요구해온 학부모들 입장에서는 눈물겨운 승리였다. 그러나 장애인 통합교육의 관점에서 보면 그리 좋기만 한 결과는 아니다. 특수학교는 장애인 통합교육을 위한 기관이 아니기 때문이다. 특수학교를 요구하는 목소리가 커졌다는 건 곧 '통합교육의 실패'를 의미한다. 2008년 '장애인 등에 대한 특수교육법'이 제정되면서 장애인도 비장애인과 더불어 통합교육을 받아야 한다고 법으로 명시하게 되었지만, 지난 10년간 통합교육의 성과는 미미했다. 가까스로 경증장애 학생 위주로 통합수업이 이루어졌을 뿐이다. 주로 발달장애를 가진 중증장애 학생들은 통합학급에서 놀림과 따돌림을 받아 특수학급에 고립·방치되는 게 다반사였다. 일반학교에서 천덕꾸러기 신세가 되느니 차라리 장애인들끼리 모여 있는 특수학교에 보내고 싶다는 것이 발달장애인 자녀를 둔 학부모들의 환멸 어린 욕구였다.

그들의 '무릎 호소'에 교육부 장관과 교육감, 그리고 수많은 네티즌들이 뜨겁게 반응했다. 물론 정의감도 없지는 않겠지만, 그 이면에는 '불쌍한 장애인'에 대한 동정과 '절절한 모성애'에 대한 연민, 그리고 장애인은 '분리'해서 교육할 필요가 있다는 차별 의식도 분명 깔려 있다. 다시 말해 이 사건은 일반학교에서 왕따를 당하느니 차라리 특수학교에 보내겠다는 학부모들의 체념 의식과 다른 학생들 수업을 방해하는 발달장애인은 분리시키는 게 낫다는 차별 의식이 조화롭게(?) 맞아떨어진 경우다.

2008년 '특수교육진흥법'을 폐지하고 '장애인 등에 대한 특수교육법'을 새로 제정할 때 '특수교육'이라는 개념을 버리지 못한 게 화근이었다. '특수교육'이라는 단어는 각각의 특이한 장애 유형과 특성에 따라 특별한singular 교육적 관심이 요구된다는 본래 취지와 달리, 장애인에게는 일반교육과 구별되는 특수particular교육이 필요하다는 분리주의를 함축하게 되었다. '장애인'의 상대어로 '일반인'을 쓰는 것이 장애인을 정상에서 벗어난 특수집단으로 분류하는 차별적 언사라는 인식이 겨우 상식으로 자리 잡아가는 상황에서 장애인이 받는 교육을 '특수교육'으로, 장애인을 '특수교육 대상자'로 범주화하는 것은 시대착오적이다.

실제로 '특수교육'이라는 용어는 '특수학교', '특수학급', '일반학교', '일반교육' 따위의 단어를 파생시켰고, 통합교육이랍시고 일반학교에 특수학급을 두어 장애 학생을 분리시키고, 그들에게 제공하는 교육을 '특수교사'만의 직무로 분리시켰다. '특수학교' 설립안은 이런 실행들의 연장선상에서 발생한 것으로, 곧 '특수학교'를 만들어 아예 공간 자체를 분리시키자는 요구나 다름없다.

앞서 이야기했듯, 특수학교를 요구해온 이들은 주로 발달장애(지적장애, 자폐성 장애)를 가진 학생의 부모다. 청각장애와 시각장애를 제외하고 학교교육에서 가장 많은 장애를 겪는 이들이 발달장애인이기 때문이다. 발달장애developmental disability라는 개념 자체가 학교교육을 통한 '정상적인' 발달 단계를 따라갈 수 없다는 의미를 내포한다. 영연방 문화권에서는 '발달'이라는 단어에 깃든 목적론적 함의를 경계하여 '학습적 장애learning difficulties' 개념을 쓰기도 하는데, 사실상 이 개념 역시 '학교 수업을 받는 데 따르는 장애'를 함축한다.

푸코에 따르면, 서구에서 '학교school'가 교육을 독점하게 된 과정과 발달장애가 '광기'로부터 분리 정립된 과정은 밀접하게 연결되어 있다. 발달장애의 과거 명칭인 '백치idiot'는 18세기 중반까지만 해도 광기 일반에 포함되어 있었다. 1840년경부터 백치는 광기나 질환이 아니라 지적 능력의 발달이 정지되거나 지체된 상태로 정의되기 시작했다. 다시 말해 '정신지체'는 성인보다는 아동을 대상으로 한 아동심리학에서 하나의 개념으로 형성된 것이다. 이후 아동심리학은 '발달' 개념을 중심으로 발전하게 되는데, 그 배경에는 '정상적인 아이들' 사이에서 '정신지체아'를 구별해내는 과정이 있었다. 다시 말해 '정상 발달'이라는 개념 자체가 '정신지체아'를 구별하는 과정에서 확립된 것이다.

'학교'라는 이름의 추방

발달장애를 판정하는 사람은 의사가 아니라 교사였다. 19세기 말 초등(국민)학교가 도처에 설립되고 초등교육이 정교해지면서 학교는 발달장애와 정신지체를 포착하고 걸러내는 기관으로 기능했다. "백치에 대한 대대적인 조사는 학교라는 장에서 전개된다."* 학생들 가운데 학교의 규율에 적응하지 못하는 학생이 누구인지, 어떤 학생이 학교 수업에 집중하지 못하고, 학교가 제시한 학습 단계를 따라갈 수 없는지 관찰하고 판별하는 사람은 교사다. 아동심리학자가 아니라 학교 교사에 의해 학교 부적응자로서 발달장애인이 선별된 것이다.

즉 발달장애인이라는 범주는 '학교에 다니는 것조차 불가능한 아이들은 누구인가?'라는 질문 속에서 만들어진 것이다. 따라서 발달장애인은 곧 학교에 들어갈 수 없는 자, 훈육과 교육이 불가능한 자로 정의된다. 그럼 학교에서 걸러진 발달장애인은 어디로 보내졌을까? 정신병원의 분리된 공간에 수용되었다가 점차 독립된 정신박약시설로 보내졌다.

미국에서도 백치는 1840년대까지 빈민구호소almshouse에 부랑인들과 섞여 있었다. 1840년 백치와 미치광이에 대한 인구조사가 처음으로 이뤄졌고, 백치와 부랑인은 분리되어야

---

* 미셸 푸코, 《정신의학의 권력》, 308쪽.

한다는 개혁가들의 입법 청원이 이어졌다. 그 결과 백치와 정신박약을 수용하는 전용 시설이 우후죽순 생겨났다. 흥미롭게도 그 시설들은 주로 '학교school'라는 명칭을 내걸었다. 가령, 1848년 남부 보스턴에 지어진 백치들을 위한 시설의 이름은 '백치와 정신박약 청년들을 위한 매사추세츠 학교The Massachusetts School for Idiotic and Feeble-Minded Youth'였다. 1888년 무렵에는 미국 전역에 4,000여 개의 정신박약시설이 설립되었다.*

발달장애가 학교의 '여과 장치'에 의해 정의되고, 그렇게 학교에서 추방된 발달장애아를 수용하는 시설을 또다시 '학교'라고 부른 이 역설을 어떻게 이해해야 할까? 역설은 이뿐만이 아니었다. '발달장애인을 위한 학교'라는 곳이 학생들을 대하는 이중적인 태도도 그랬다. 그 시설들은 스스로 '학교'라는 정체성을 내걸면서도 수용된 아이들을 교육과 개선이 불가능한 존재로 보았다. 구제불능의 아이들을 그저 사회로부터 '안전하게 보호'하는 데 만족할 뿐이었다. 그러나 진짜로 보호받는 쪽은 발달장애인이 아니라 그들을 제외한 가족과 사회였다. '학교school' 혹은 '생활학교life-school'로 불린 그 시설들은 교육기관이라기보다는 감시와 처벌 장치를 중심으로 운영되는 격리·보호시설이었다.

---

* Licia Carlson, "Docile Bodies, Docile Minds: Foucauldian Reflections on Mental Retardation", *Foucault and the Government of Disability*, University of Michigan Press, 2005, p.140.

그럼에도 발달장애 아동의 교육·개선 가능성은 그 특수한 학교가 존립할 수 있는 핵심 근거였다. 적절한 규율과 환경은 발달장애를 개선시킬 수 있으며, 발달장애인들을 유용하고 생산적인 인간으로 만들 수 있다는 믿음 속에서 시설은 교육과 훈련 프로그램을 마련했다. '직업재활', '직업훈련', '직업교육' 차원에서 이뤄진 발달장애인들의 노동은 시설 운영비에 충당되었다. 발달장애인 학교의 규율discipline 장치는 감시와 처벌을 한 축으로 하는 격리·보호 기능과 교정 및 훈련을 다른 한 축으로 하는 교육 기능을 하나의 메커니즘 안에 통합했다.

미국 장애인 탈시설 운동의 이정표가 된 '펜허스트 학교·병원'도 그랬다. 이 시설은 1908년 '동東펜실베이니아 정신박약자와 간질환자 보호소'라는 이름으로 설립됐다. 설립 목적은 "정신박약자와 백치를 위한 구금 돌봄detention care과 훈련training"이다. 이곳 역시 징벌방 등의 엄격한 규율 및 결박, 단종수술 같은 폭력적인 조치가 직업훈련, 음악교육 같은 프로그램과 자연스레 통합되어 있었다. 점차 규모가 커진 시설은 1924년 '펜허스트 주립 학교·병원Penhurst State School and Hospital'으로 개명했다. 1950년대에는 600명의 직원이 3,500명의 수용 인원을 돌봐야 할 정도로 몸집이 불어났으며, 그 결과 교육은 고사하고 최소한의 돌봄과 치료조차 없는 '인간창고'로 전락했다. 80년의 역사가 흐르는 동안 총 1만 500명의 발달장애인이 이곳에 머물렀다. 그들은 이 '학교'에 들어와 방치와 학대 속에 살다가 이 '병원'에서 죽어 나갔다.

1960년대 민권운동의 바람은 이곳 펜허스트에까지 불어왔다. 1968년 NBC 방송이 이 수용시설의 끔찍한 실태를 고발했다. 그 후 1970년대에 지적장애인의 시민권을 위한 법적 소송이 성공을 거두면서 지적장애인도 공교육을 받을 권리를 획득했다. 투쟁은 1977년 유명한 '할더만 대 펜허스트' 소송에서 정점을 찍었다. 법원이 탈시설 장애인들의 손을 들어주면서 승리는 완전히 굳혀졌다. 법원은 장애인들을 폐쇄적인 시설에 분리 수용하는 것 자체가 불법이라며, 주정부에게 시설 거주자들을 위한 지역사회 내 그룹홈과 활동 기반을 마련하라고 명령했다.

'펜허스트 학교·병원'에서 지역사회로 나온 장애인들을 30년간 추적 조사한 탈시설 연구의 권위자 제임스 콘로이James Conroy 박사는 지적 능력, 인지 능력, 사회성을 비롯해 측정 가능한 모든 측면에서 탈시설 발달장애인들의 상태가 시설에 있을 때와는 비교할 수 없이 향상되었음을 확인했다. 교육과 개선이 불가능하니 사회에서 추방해야 한다는 논리를 보기 좋게 뒤집어, 발달장애인들에게 최고의 학교는 다름 아닌 지역사회라는 사실을 증명해 보인 사례였다.

Pottstown Mercury

Report on

Pennhurst: The Shame of Pennsylvania

A Vast Junkyard Of Wasted Humans

An Editorial

Enough Talk

펜허스트 병원 건물(↑)과 펜허스트 시설의 실태를 보도한 1972년의 한 언론 기사(←). 80년의 역사가 흐르는 동안 총 1만 500명의 발달장애인이 이곳에 머물렀다. 그들은 이 '학교'에 들어와 방치와 학대 속에 살다가 이 '병원'에서 죽어 나갔다.

생명권력과
'양떼들'의 행복

규율discipline 장치는 근대 국가가 ('지배'가 아닌) 인민의 '통치'를 스스로의 존재 이유(국가이성)로 설정하면서 개발한 첫 번째 통치술이었다. 완벽한 질서를 추구하는 규율의 통치 이념은 이상적인 만큼 현실성이 떨어졌다. 개인의 신체 역량을 극대화하는 동시에 복종이 몸에 배도록 만든다는 것, 개별화하면서 동시에 전체화한다는 전략 자체가 모순적이었기에 실현되기 어려웠던 것이다. 정상 규범normality을 개별 인간의 몸과 행동 하나하나에 주입시키는 일은 너무나 많은 노력을 요구했지만 그에 비해 성과는 미미했다. 규율 통치는 최적화된 조건과 최대치의 통치 활동을 요구하면서도 현실에 즉각적인 결과를 내지 못했고, 그래서 경제적이지 못하다는 비판을 받았다.

18세기 중후반이 되면 규율과 나란히, 그것을 비판하면서 새로운 통치 기술이 출현한다. 규율이 개인의 육체를 겨냥하는 것과 달리 이것은 종species적인 육체, 즉 무리로서의 생명체를 겨냥한다. 또한, 규율이 개인의 육체를 기계처럼 다루면서 해부정치학적 기술로 통치한다면 이것은 사람들을 마치 양떼/무리population처럼 다루면서 생-정치학적bio-politique 기술로 통치한다. 푸코는 이것을 생명-권력bio-pouvoir이라 불렀다.

생명권력의 대상은 '인구'로 번역되는 'population'이다.

생물학에서는 '개체군個體群'으로 번역되는 '인구人口'는 사람의 입, 즉 먹여 살릴 입으로 계산된 무리를 뜻한다. 생명권력의 통치 이상은 '인구'를 안전하게 보호하여 '행복well-being'으로 인도하는 것이다. 복지welfare 개념도 여기서 탄생했다. '복지'의 사전적 정의는 '좋은 건강, 윤택한 생활, 안락한 환경들이 어우러져 행복을 누릴 수 있는 상태'다. 우리 자신을 '양떼'로 상상해보자. 그때 우리가 원하는 게 뭘까? 양떼로서 우리가 원하는 좋은 삶, 그게 바로 '복지'의 뜻이다. 여기서 우리를 이끄는 목자가 있다고 상상해보자. 목자는 꼭 우리와 다른 종일 필요는 없다. 양떼에 속한 한 마리의 양일 수도 있고, 여러 마리의 양일 수도 있다. 이때 우리는 목자에게 무엇을 기대하게 될까? 아마도 양떼로서 우리가 원하는 좋은 삶으로 인도해주기를 기대할 것이다. 그게 바로 '통치'의 의미다.

다시 남양주의 중증장애인 시설 이야기로 돌아가보면, 부모회가 만든 그 시설 역시 아이들이 "가정에서처럼 편안하고, 안락하게, 행복하게 지낼 수 있도록" 돌보는 것을 목적으로 한다. 실제로 그들은 가정과 유사한 25평형 생활실에서 생활재활교사의 촘촘한 돌봄을 받으며 편안하고 안락하게 사는 것처럼 보인다. 마치 인자한 목자의 인도를 받는 평화로운 양떼처럼. 그런데 그걸로 충분할까? 때리고, 굶기고, 더러운 곳에 방치하지만 않으면 괜찮은 걸까? 깨끗한 환경에서 잘 먹고 잘 입고 사고 없이 안전하게 지내기만 하면 아무 문제 없는 걸까?

이런 의문은 '인권이란 무엇인가'라는 근본적인 질문으로 귀결된다. 인권은 주로 지켜질 때보다 침해될 때 소환된다. 시설에서 결박, 감금, 폭행, 성폭력, 강제불임 같은 일이 벌어졌을 때 우리는 흔히 '인권'이 침해되었다고 말한다. 그때 인권이란 동물복지 단체에서 말하는 '동물권'과 내용이 거의 같다. 반면, 장애인이 마음대로 외출하거나 외박하지 못하도록 제약받는 상황, 휴대폰을 갖도록 허락받지 못하는 상황, 혼자 있을 수 있는 공간을 갖지 못하는 상황, 직장에서 일하지 못하는 상황, 무엇보다 살고 싶은 곳에서 원하는 사람과 함께 살지 못하고 어디인지도 모를 깊은 산속에서 단체생활을 강요받는 상황에 대해서는 '인권'이 침해되었다고 잘 말하지 않는다. 즉 우리는 시민들이 대체로 누릴 수 있는 삶이 봉쇄된 상황에 대해서는 '인권' 침해를 논하지 않는다. 장애인의 인권을 딱 생물학적 존재, 즉 동물로서의 인간이 누려야 할 행복의 요건 정도로 간주하는 인식이 여과 없이 드러나는 지점이다.

인권선언의 역설

인권을 동물권과 비슷하게 '생물학적으로' 안전하고 쾌적한 삶을 향유할 권리로 이해하는 전통은 어디에서 비롯되었을까? 인권 선언의 시초로 꼽히는 프랑스 인권선언부터 그런 여지를 남겼다. 1789년 8월 26일 라파예트Lafayette 후작이 기초起草한 17조로 이뤄진 이 선언문의 정식 명칭은 〈인간과 시민의 권리 선언〉이다. '인간과 시민의 권리'라니, 제목부터 혼란스럽다. 인간과 시민이 동일한 권리 주체라는 걸까, 아니면 구별되는 범주라는 걸까? '인간'이 정치적 주체인 '시민'과 별도로 병기되는 순간 '인간'은 '시민'이 아닌, 비정치적, 생물학적 범주로 내몰릴 운명에 처한다.

이 프랑스 인권선언 제1조에 따르면, "인간은 자유롭고 평등한 권리를 지니고 태어나서 살아간다. 사회적 차별은 오로지 공공 이익에 근거할 경우에만 허용될 수 있다". 이게 무슨 말일까? 인간은 태어나면서부터 평등한 권리를 지닌다는데, 공공의 이익에 따라 어떤 경우에는 차별할 수 있다고 한다. 공공의 이익이라 함은 국가, 즉 시민공동체의 합의에 의해 결정된 이익을 뜻하니, 말하자면 시민들의 합의에 따라 어떤 인간은 차별할 수 있다는 것이다.

또한 제3조에 따르면, "모든 주권의 원리는 본질적으로 국민에게 있다. 어떤 단체나 개인도 국민으로부터 직접 나오지 않는 권력은 절대 행사할 수 없다". 이 말인즉슨 인권은 자연적으로 주어지는 반면, 주권은 국민으로부터 나온다는 것이다. '권리는 법률로 제정되고 법률을 제정하는 권리(주권)는 국민에게 있다'는 명확한 논리와 달리, 인권의 제정 원리는 불명확하다. 이는 법률을 제정하는 국민의 뜻에 따라 인권의 운명이 좌우될 위험을 시사한다. 국민이 아닌 인간, 시민사회의 공익을 위해 차별받는 인간도 평등한 권리 주체로 볼지는 순전히 국민들 판단과 결정에 달려 있다.

〈인간과 시민의 권리 선언〉은 인권과 시민권의 관계를 어떻게 설정하고 있는 걸까? 선언적으로는 자연권인 인권이 정치적 시민권의 전제가 된다. 즉 귀족이든 상인이든 노동자든 인간이라는 점에서 모두 같다는 동일성이 정치적 평등을 떠받치는 근거가 된다. 그러나 법 권리의 주체는 시민이지 자연적 인간이 아니다. 인권은 시민권의 전제로서 보편적 권리로 선언되지만, 현실에서는 시민권이 없는 인간을 위한 예외적 권리로 나타난다.

한나 아렌트가 인권을 비판한 이유도 여기 있다. 인권이 시민권과 달리 자연권으로 선포되면서 인권은 동물권과 비슷한 것이 되고 말았다는 것이다. 인권 보호를 위해 만든 "집단과 그들이 발행한 선언은 언어와 작문에서 동물 학대 방지를 위한 단체들의 것과 기이하게 닮아 있다"*. 인권에 호소하는 이들은 누구인가? (국민이 아닌) 무국적자 혹은 난민이 인권에 호소하고, 아직 시민이 아닌 미성년자가 인권에 호소한다. 또한 법적으로는 시민이지만 사회적으로 차별받는 여성, 장애인, 노숙인 등이 인권에 호소한다. 인권은 배제되고 차별받는 약자들이 즐겨 쓰는 구호가 되었다. 현실에서 인권은 일종의 추가적인 권리, 즉 달리 의지할 데 없는 사람들에게 필요한 예외적 권리일 따름이다.**

---

* 한나 아렌트,《전체주의의 기원 1》, 526쪽.

** 《전체주의의 기원 1》, 527쪽.

인권의 예외성과 '비정상인'의 인간학

'인간의 권리'와 '시민의 권리'를 구별한 〈인간과 시민의 권리 선언〉은 인간학이 정상과 비정상의 구분 속에서 인간의 본질을 탐구할 수 있는 정치적 배경을 제공했다. 일례로, 《프랑스혁명론》(1790)***을 저술함으로써 프랑스혁명에 반기를 든 영국의 보수주의 정치가 에드먼드 버크Edmund Burke는 "자신들의 시민권을 인간의 권리로 주장하는 자들을 경멸했다. 그가 보기에 이 권리는 오직 영국인의 권리로서만 주장하는 것이 적합하다"****. 버크가 보기에 '인간의 권리'는 너무나 추상적인 말이다. 인간은 대체 누구를 가리키는가? 또한 인간이라면 모두 다 같은가? 아프리카 원주민이나 아메리카 원주민을 보라. 그들이 '우리 영국인'과 같은 인간이란 말인가?

버크와 같은 보수주의자들이 제기한 이런 의문에서 비롯된 것이 바로 서로 다른 인간들 사이의 종적 차이를 부각하는 '인종race' 개념이다. 18세기 프랑스의 계몽주의 철학자 볼테르는 《철학사전》(1764)*****의 '사람' 항목에 "우리는 이 지구에 살고 있는 인종들이 얼마나 서로 다른지, 그리고 서로 만났던

*** 에드먼드 버크, 《프랑스혁명에 관한 성찰》, 이태숙 옮김, 한길사, 2017(개정판).

**** 한나 아렌트, 《전체주의의 기원 1》, 347쪽.

***** 볼테르, 《불온한 철학사전》, 사이에 옮김, 민음사, 2015.

최초의 흑인과 백인의 놀라움이 얼마나 컸을지 보았다"라고 썼다.* 인권의 평등을 주장하는 논리에 대항하여 인간의 차이를 탐색하는 과정에서 탄생한 것이 인종 개념이기에, 인종은 단순히 피부색으로만 나눠지지 않는다. 정신병원의 광인들 역시 다 같은 '인간'의 범주에 넣기 힘든 부류였다. 소위 '문명인'의 눈에 유색인 원주민과 정신병원의 광인은 매우 유사해 보였으며, 공히 선사시대의 인종처럼 낯설고 이해하기 힘든 타자로 느껴졌다. 그런 점에서 아프리카 원주민의 세계에 던져진 유럽 백인의 다음과 같은 경험은 시사하는 바가 크다.

> 원주민들의 세계는 문명의 현실에서 도피한 남성들에게는 완벽한 무대장치였다. 무자비한 태양 아래에서 완전히 적대적인 자연에 둘러싸여 그들은 목적 달성을 위한 미래도 이미 완성한 과거도 없이 살고 있는 인간들, 정신병 환자처럼 이해할 수 없는 인간들을 대면하고 있었다. 이 선사시대의 인간이 우리를 저주하거나 우리를 경배한다고, 아니면 우리를 환영한다고—누가 말할 수 있었겠는가? 우리는 주변 환경의 이해로부터 차단되어 있었다. 우리는 마치 유령처럼 그들 옆을 미끄러져 지나쳤으며, 정신병원의 열광적인 소동 앞에서 정신이 멀쩡한 사람이 그렇게 하듯

* 한나 아렌트, 《전체주의의 기원 1》, 347쪽.

이 놀라고 내심 겁에 질려 있었다.**

말하자면 '인간이란 무엇인가?'라는 물음은 아프리카 원주민을 선사시대 원시인으로 간주하고, 그들의 타자성을 '정신병 환자'의 타자성과 등치시키는 이런 감각 속에서 제기된 것이다. 이에 답하는 가장 손쉬운 방법은 그들을 비인간화하거나 동물화하는 것이다. '백치의 얼굴과 두개골은 정상인의 얼굴에 합당한 대칭을 보여주고 있지 않다', '입은 너무 크고 입천장은 아치형 곡선을 이루고 있다', '왜소한 체구와 육체적 발달 부진에도 불구하고 성性 기관은 정상적으로 발달해 있다' 등등이 '유럽 백인'이 백치에게서 발견한 특징이다. 이 특징은 아프리카 원주민의 특징, 그리고 침팬지나 오랑우탄에게서 발견한 특징과도 일치한다.

푸코는 정신병원과 감옥에 수감된 온갖 '비정상인'에 대한 세심한 관찰과 묘사, 데이터, 방법론, 지식, 처방으로부터 '인간학'이 탄생했을 거라고 말한다. 그 밖에 인간학의 데이터가 모인 곳으로 푸코는 식민지 건설 사업, 노예제, 유아 돌봄노동을 제시한다.*** 식민지의 원주민, 노예, 유아 등 〈인간과 시민의 권리 선언〉에서 시민과 구별되어 호명된 인간, 그래서 시민권을 보장받지 못하고 예외적 권리로서의 인권에 호소해야 하

** 《전체주의의 기원 1》, 369쪽.

*** 미셸 푸코, 《감시와 처벌》, 211쪽.

는 사람들이 인간학의 연구 대상이었던 것이다.

근대 생명권력의 종착지, 인종주의

푸코는 1976년의 콜레주 드 프랑스 강의(《사회를 보호해야 한다》)에서 생명권력의 기원을 '전쟁' 담론의 계보에서 찾는다. 그에 따르면, 생명권력은 주권자를 위한 단일민족 서사와 사법-철학 담론에 대항하여 '종족 간 전쟁의 역사'를 주장하는 역사-정치 담론 속에서 출현했다. 군주를 하나의 환영이나 도구 혹은 적敵으로 규정하는 '종족 전쟁'의 역사 담론은 영국에서는 혁명기 민중의 요구와 만나면서, 프랑스에서는 왕에 대항한 귀족들의 요구와 만나면서 발전했다. 이 담론에서 파생한 적대적 '종족' 개념은 19세기에 와서 '민족', '계급', '인종' 개념으로 분화했다.

푸코는 인종 전쟁 담론이 19세기에 들어 더 이상 '주권-사법' 담론에 대항하지 않고 오히려 그 담론에 흡수된 현상에 주목한다. 그런 변화와 함께 인종 전쟁은 내부 전쟁으로, 즉 집단 내부의 열등한 인종을 청소하여 새롭고 우수한 인종으로 거듭나고자 하는 권력의지로 변형된다. 히틀러의 아우슈비츠와 스탈린의 굴락이 그러했듯, 근대 생명권력은 결국 우생학적 인종주의로 치달았다.

아렌트 역시 푸코를 따라 히틀러와 스탈린의 전체주의에서 우생학적 생명권력을 발견한다.* 근대 국가의 통치권력이 법 권리보다는 인간 생명에 대한 직접 통치, 즉 생물학적, 우생학적, 인종주의적 법칙에 입각한 통치를 지향한다고 본 것이다.

예외적인, 너무나 예외적인 인권

푸코와 아렌트는 '인권의 정치'에 비판적 태도를 보인 점에서도 유사하다. 인권에 대한 푸코의 태도를 엿볼 수 있는 사건이 하나 있다. 1977년 7월 독일 적군파 '바더 일당'의 변호를 맡았던 클라우스 크로이산트Klaus Croissant가 프랑스로 망명 요청을 해오자 프랑스 정부는 그의 망명을 거절하며 크로이산트를 독일 정부에 인도하려 했다. 푸코는 이 사건에 개입하여 정부에 맞섰다. 정부가 크로이산트를 추방하기 위해 감옥에서

---

* 한나 아렌트, 《전체주의의 기원 2》, 이진우·박미애 옮김, 한길사, 2006, 148쪽. "인종도태 원칙의 꾸준한 강화는 나치 정책의 모든 구절에서 발견된다. 그렇게 하여 가장 먼저 말살되어야 할 인종은 순수 유대인들이었고, 그다음에는 절반의 유대인과 4분의 1 유대인이었다. 또는 가장 먼저 정신병자들이 말살의 대상이었고 그 뒤를 이어 불치 환자, 그리고 마지막으로 모든 '불치 환자'의 가족들이었다. 결코 정지될 수 없는 도태는 나치 친위대가 도태되기 전까지 멈추지 않는다."

끌고 나왔을 때 푸코는 십여 명의 사람들과 함께 감옥 앞에서 바리케이드를 쳤다. 경찰은 시위대를 난폭하게 해산시켰고, 그 과정에서 푸코는 갈비뼈 하나가 부러지는 부상을 입었다. 또한 당시 크로이산트를 숨겨준 혐의로 두 명의 여성이 기소되었는데, 푸코는 이 여성들을 변호해야 한다고 지식인 사회에 호소했다. 이런 노력에도 불구하고 크로이산트가 끝내 독일에 송환되자 푸코는 친구들을 모아 레퓌블리크 광장에서 항의 집회를 열었다.

푸코는 시사 주간지 《새로운 관찰자Le Nouvel Observateur》에 보낸 기고문에서 망명자의 권리는 인간의 권리라기보다 '피통치자gouverné'의 권리이며, 피통치자의 권리는 '인간'의 권리(인권)보다 더 명확하게 역사적으로 규정된 권리라고 했다. 〈콜로누스의 오이디푸스〉의 오이디푸스가 그랬듯, 고대에는 자기 폴리스에서 추방된 사람이 다른 폴리스를 찾아 보호를 요청할 때 그 영토의 수호자가 (테세우스처럼) 망명자를 보호해야 한다는 관습법이 있었다. 중세에도 영토 안에 있는 사람과 재산은 그 영토 지배자의 통제를 받는다는 원칙하에 망명자를 보호했다. 푸코는 근대의 통치국가 역시 영토 안에 있는 인구population와 그들의 생명을 안전하게 보호하겠다는 '안전 협정'을 맺었다고 말한다. 푸코는 이후 《안전, 영토, 인구》라는 제목으로 출간된 1977~1978년 강의에서 인권의 근거가 되는 '사회계약'보다 이 '안전 협정'이 훨씬 더 실질적인 근거를 갖는다고 지적했다.*

여기서 주목할 점은 푸코가 크로이산트의 망명권을 주장하면서도 크로이산트가 변호한 독일 적군파는 옹호하지 않았다는 사실이다. 이 지점에서 푸코는 질 들뢰즈와 의견을 달리했고, 그로 인해 한동안 둘의 관계가 서먹해졌다. 푸코가 크로이산트의 망명권을 옹호한 데 그친 반면, 질 들뢰즈가 펠릭스 가타리Félix Guattari와 함께 서명한 청원서는 서독이 파시즘 체제로 치닫고 있다고 비판하면서 그에 저항한 독일 적군파의 테러까지 옹호했던 것이다. 서독의 정치체제를 어떻게 볼 것인지, 독일 적군파를 어떻게 평가할 것인지는 논외로 하더라도, 푸코와 들뢰즈가 망명자의 권리를 서로 다르게 이해하고 있었음을 분명하다.

들뢰즈가 크로이산트의 망명을 지지한 것은 그가 파시즘 체제의 피억압자이기 때문이다. 그래서 그의 망명은 과거 북한에서 남한으로 망명해온 사람들을 '귀순용사'라고 불렀던 것처럼 '귀순歸順'으로 이해된다. 즉 '나쁜' 편에서 억압받다가 '우리' 편으로 왔다는 논리다. 그러나 푸코는 망명자의 권리를 이렇게 대립적인 국가 이념이나 종교 이념의 맥락에서 이해하는 것에 반대한다. 푸코가 망명자의 권리를 인권의 하나로 바라볼 수 없다고 한 것도 같은 맥락이다. 당시 망명자의 권리 보호에 앞장선 '프랑스 인권연맹'은 종교적 양심이나 반체제 활동 때문에 박해받는 개인들을 구출하는 데만 관심을 기울였

* 미셸 푸코, 《안전, 영토, 인구》, 497쪽.

다. 그들의 활동은 모든 사람이 정치적 양심과 종교적 양심을 가질 자유가 있다는 인권 개념에 근거하여 이뤄졌다. 그때 그 '인권'이란 양심에 따라 정치공동체를 구성할 '시민'의 권리에 다름 아니다. 문제는 시민권의 연장선상에서 파악된 인권과는 다른 이유로 망명을 요청한 훨씬 많은 수의 난민에 대해서 '프랑스 인권연맹'이 어떤 관심이나 대책도 마련하지 않았다는 점이다.

한나 아렌트 역시 《전체주의의 기원》(1951)에서 국민국가 체제에서 인권에 근거하여 난민 문제를 해결하려는 노력의 난망함을 지적한다. 그에 따르면, 제2차 세계대전 후 국민국가 체제로 재편된 국제사회에서 망명의 권리는 성문법이나 헌법 또는 국제협정으로 보장받지 못했다. 정치적, 종교적 양심에 따라 망명을 요청한 개인들 이외에 유대인처럼 집단적으로 국적을 박탈당하거나 내전이나 기후 재난으로 한꺼번에 수십 만 명의 난민이 망명을 요청할 때 국민국가 체제하의 국제연맹은 그들을 받아들일 힘도, 근거도 없다. 아렌트가 보기에 망명자의 권리는 이런 점에서 인권과 같은 운명에 처해 있다. 즉 법으로 규정되지 못한 채 단지 정상적인 법 제도 바깥에서 하나의 예외적인 경우로서, 또한 하나의 도덕적 호소로서 공허한 실존을 이어가고 있다는 것이다.*

푸코가 제시한 '피통치자의 권리'는 어떤가? 푸코에 따르

* 한나 아렌트, 《전체주의의 기원 1》, 509쪽.

면 '피통치자의 권리'는 '인권'보다 더 명확하게 역사적으로 규정된 권리다. 하지만 그것도 시민권에 비해 실정성과 구속력이 떨어지기는 마찬가지다. '피통치자의 권리'는 '인권'과 마찬가지로 실정법으로 규정된 권리가 아니기 때문이다. 그렇다고 무의미한 건 아니다. 프랑스 인권선언이 시민권의 전제로 천부인권을 제시한 것처럼, 피통치자의 권리는 제반 권리들에 앞선 권리, 구체적 법 권리들의 성립 조건이 되는 선험적 transcendental 권리로서 의미가 있다.

아렌트는 인권을 박탈당했을 때 비로소 그런 권리가 있다는 사실을 깨닫게 된다고 말한다. 그래서 아렌트는 그것을 "권리들을 가질 수 있는 권리(그것은 어떤 사람이 그의 행위와 의견에 의해 평가받을 수 있는 하나의 구조 안에 살고 있다는 것을 의미한다)"라고 부른다. 자신의 행위와 의견을 평가받을 수 있는 어떤 정치적 공동체에 속해 있다는 것, 그 '소속'의 권리가 인간의 조건이자 '권리에 앞선 권리'라는 것이다. 국민국가 체제에서 국가로부터 추방되어 어떤 소속도 갖지 못한 사람은 다른 모든 권리들도 박탈당한 채 벌거벗겨진 생명체로 전락한다.

푸코가 이야기한 '피통치자의 권리' 역시 실증적 권리들에 앞선 선험적 권리이다. 그러나 '피통치자의 권리'는 (아렌트가 말한) 권리들을 '가질' 권리보다는 권리들을 '만들' 권리에 가깝다. 그것은 어떤 공동체에 '소속'됨으로써 주어지는 '자격'이나 '소유'의 권리가 아니라, 삶을 통치하는 데 필요한 권리들을 '요구'하고 '동의'할 권리다. 권리들은 법률로 제정되기에 앞서 '발명'되어야 한다. 권리를 발명하는 곳은 국회가 아니라 법에 앞선 영역, 즉 삶life의 지대다. 푸코가 통치의 영역이라고 부른 지대 말이다. '피통치자'는 삶의 통치가 이뤄지는 영역의 행위 주체subject로서, 단지 통치자의 법에 복종하기만 하는 게 아니라 그에 앞서 권리들을 발명하고 동의한다.

안전사회의 무시무시한 논리

푸코가 생명권력의 운용 원리로 주목한 것은 통치의 절약이다. 규율권력은 개별 인간 모두에게 정상 규범을 주입하려는 전략적 목표를 가진다. 그래서 통치 활동의 양이 과도할 정도로 많다. 반면 생명권력은 '인구population'로 파악된 '통계학적 생명'의 안전을 목표로 삼는다. 그 과정에서 될 수 있는 한 적은 양의 통치만으로 개입할 수 있도록, 통치 활동의 절약을 추구한다. 생명권력이 추구하는 정상성normality은 개별 인간의 정상성이 아니라 통계학적 정상성, 즉 '정상분포' 곡선이다. 통계학적 정상성은 평균에서 벗어난 개별 생명에는 관심을 두지 않는다. 우생학의 메커니즘이 그러하듯, 무리 생명의 안전을 위해서라면 필요에 따라 열등한 개체는 도태시켜도 된다는 것이 근대 생명권력의 안보 전략이다. 푸코는《안전, 영토, 인구》강의 첫날 안전을 추구하는 사회('안전사회')에 대해 말한다.

> 제가 여기서 연구하고 싶은 것은 소위 안전테크놀로지의 역사이며, 안전사회라는 것을 실제 운운할 수 있는지 포착하는 것입니다. 어찌 됐든 이 안전사회라는 이름으로 제가 알고 싶은 것은 단지 안전테크놀로지라는 형태를 취하는, 혹은 안전테크놀로지에 의해서 지배되고 있는 권력의 어떤 일반적 체계가 실제로 있는지의 여부입니다.*

2014년 세월호 참사 이후 한국에도 '안전사회'에 관한 담론이 급속히 확산되었다. 2018년 3월 문재인 대통령이 발의한 헌법 개정안에 '생명권'과 '안전권'이 새로 추가되기도 했다. 푸코가 우려한 '안전사회'에 대한 검토가 실제로 이뤄지고 있는 것이다. 물론 19세기 유럽과 지금 한국의 상황이 같다고 보기는 어렵지만, 안전 메커니즘 특유의 배제 논리는 여전해 보인다. 2016년 '강남역 살인사건'이 발생했을 때도 여성의 안전을 위해 정신질환자에 대한 예방적 조치를 단행해야 한다는 배제의 담론이 강하게 대두했다. 그 결과 경찰은 범죄 우려가 있는 정신질환자 명단을 미리 확보하고, 현장에서 식별할 수 있는 체크리스트와 언제든 강제로 입원시킬 수 있는 매뉴얼을 만들었다. 법무부는 교도소에서 출소한 정신질환자에 대한 치료감호를 확대하고, 보호관찰을 더욱 엄격히 강화하기 위해 관련 법령을 개정했다.

---

* 미셸 푸코, 《안전, 영토, 인구》, 30쪽.

무엇보다도, '아이들'이 (세월호 사건 이후) 안전 담론의 주요 대상으로 떠올랐다. 발달장애인 부모회가 깊은 산속에 거주시설을 짓는 것도 아이들의 안전을 희구해서다. 지역사회는 발달장애 아이들에게 위험하고, 지역사회 역시 발달장애인을 위험한 존재로 여기기 때문이다. 학부모들이 발달장애인 자녀를 특수학교에 보내려는 것도 왕따와 폭력이 난무한 일반학교에 비해 특수학교가 안전하다고 생각하기 때문이다. 이들에게 통합교육이란 아이들의 안전을 사수하기 위해 희생해야 할 가치일 뿐이다.

지역사회의 비장애 아동 부모들이 발달장애인 직업능력개발센터나 특수학교 설립을 죽기 살기로 반대하는 것도 다 아이들의 안전 때문이다. '커리어월드' 사태는 그 단적인 예다. 2016년 서울시교육청이 동대문구 소재의 성일중학교 안에 14개의 직업체험 실습실과 4개의 테마존으로 구성된 발달장애인 직업능력개발센터 '커리어월드'를 짓겠다는 방안을 내놓자, 지역 주민들은 아이들의 안전을 위해 가만히 있을 수 없다며 설립을 반대하고 나섰다. 부모들은 '세월호 사건'을 거론하며 아이들의 '안전'을 주장했다. 발달장애인의 '문제 행동'이 아이들의 안전을 해칠 수 있다는 게 그들이 내세운 논리였다.*

세월호 사건이 쏘아올린 '안전사회' 담론이 발달장애인 혐

---

* 하금철, 〈안전 책임의 사유화 시대, 발달장애인 공포증은 어떻게 만들어지는가? ①〉, 비마이너, 2016. 1. 18.

오에 동원된 것을 어떻게 이해해야 할까? 2018년 500여 명의 예멘 난민들이 제주도에 들어왔을 때 여성운동 진영 안에서 이슬람 문화권에서 온 남성들이 한국 여성에게 젠더 폭력을 가할 위험이 있다는 '안전' 담론이 퍼진 것은 또 어떻게 이해해야 할까? '강남역 살인사건' 때는 단지 경찰의 입에서만 나왔지만, 2018년 '예멘 난민 사태' 이후로는 여성운동 진영 안에서도 여성의 안전을 위협하는 정신질환자에 대한 담론이 형성되고 있다. 조만간 보수 세력과 진보 세력이 '안전사회' 건설의 기치 아래 대통합을 이루는 미래를 상상해야 하는 걸까? '내 아이'와 '우리 여자'의 안전을 위해서라면 조금이라도 위협이 되는 이질적 존재를 제거해야 한다는 논리가 과연 '안전사회'의 이름으로 정당화될 수 있을까?

'선택의 자유'가 은폐하는 것들: 산전 검사와 신우생학

발달장애인 부모들이 극복해야 할 문제는 발달장애인을 바라보는 외부의 시선만이 아니다. 더 중요한 건 발달장애인 자녀를 바라보는 부모 스스로의 시선이다. 자녀의 안전을 위해 그들의 자유를 부정하는 부모의 시선부터 바뀌어야 한다. 발달장애인 자녀의 안전과 자유를 어떻게 종합할 것인가? '안전이냐 자유냐'라는 양자택일이 아니라 안전과 자유의 종합, 그것이 생명권력의 안전 메커니즘에서 푸코가 주목한 사항이다.

푸코에 따르면, 근대 생명권력은 자유주의와 밀접하게 연결되어 있다. 19세기 자유주의는 곧 '국가의 개입을 최소화하고 개인의 자유를 최대화하는 통치는 어떻게 가능한가?' 하는 통치 문제에 대한 하나의 응답이었다. 19세기 생명권력의 안전 메커니즘은 '자연'의 힘에 근거한 자유방임을 통치 원리로 제시했다. 가령, 질병을 통치하는 문제에 대해 규율 메커니즘은 (페스트 대처법처럼) '병자'와 '정상인'을 분리하고 각 개인에게 정해진 위치와 행동 규범을 부과하고 감시하는 방식을 취한다. 반면, 안전 메커니즘은 장티푸스 예방접종처럼 병을 박멸 대상으로 보기보다는 감내해야 할 자연적 소여로 보고, 면역에 의해 소멸될 때까지 통계학적 차원에서 관리하려 한다.

식량난(기아)에 대한 대처 방식도 다르다. 규율 메커니즘이 (특히 도시의) 식량난을 저지하기 위해 곡물 수출을 통제하고 식량을 비축해놓거나 경작지를 통제하는 등 인위적인 예방·규제 정책을 시행한다면, 안전 메커니즘은 식량난을 피할 수 없는 자연적 소여로 보고 곡물 생산의 자연적 순환과 시장에서의 교류를 통해 저절로 사라지도록 관리한다. 이런 정상화 과정에서 일부 사람들은 병들어 죽거나 굶어 죽을 것이다. 안전 메커니즘의 관점에 따르면, 그것 또한 불가피한 자연 현상일 따름이다. 관건은 통계학적 정상성을 유지하는 것이다. 이처럼 안전 메커니즘은 자연의 힘을 믿고 '내버려둔다laisser faire'는 의미로 자유를 보장하는 통치 원리이다.

19세기 자유주의는 시장 가격을 자연 가격으로 보고, 시장의 조절 원리를 '보이지 않는 손'으로 신격화(자연화)했다. 이와 달리 제2차 세계대전 전후의 신자유주의, 즉 독일의 질서자유주의와 미국의 무정부적 자유주의는 시장을 자연적 소여로 보지 않는다. 신자유주의는 시장을 인위적인 경쟁의 장으로 보았다. 경쟁은 자연적인 현상이 아니다. 경쟁은 형식화의 원리, 그것도 불평등한 형식화의 원리이다. 경쟁은 존중해야 하는 자연적 소여가 아니라, 통치술의 역사적 목표다.* 19세기 자유주의가 시장의 독립성을 주장했다면, 20세기 신자유주의는 시장의 경쟁 원리를 사회 통치의 모델로 삼았다. 이제 자유는 '내버려둔다'는 의미의 소극적 자유가 아니라 경쟁의 주체가 능동적으로 행사하는 어떤 것으로 파악된다.

신자유주의 통치에서 주체의 역량으로 제시된 자유는 곧 '선택'의 자유이다. 푸코는 신자유주의의 철학적 기원으로 영국의 경험론을 든다. 흄은 다른 이유를 댈 필요도 없고 타인에게 양도할 수도 없는 '선택의 주체'를 발명해냈다. "원자론적이고 무조건적으로 주체 자신에 준거하는 선택의 원리가 바로 이해관계라고 불리는 것"**으로, 이해관계의 원리에 따라 선

---

* 미셸 푸코, 《생명관리정치의 탄생》, 오르트망(심세광·전혜리·조성은) 옮김, 난장, 2012, 187쪽.

** 《생명관리정치의 탄생》, 376쪽.

택하는 인간이 바로 신자유주의 인간형인 '호모 에코노미쿠스'(경제적 인간)이다. 시장의 경쟁력과 통치의 합리성을 보장하는 것은 이제 '호모 에코노미쿠스'의 선택 원리이다.

신자유주의 생명통치의 기술적 메커니즘을 단적으로 보여주는 것이 산전 장애아 검사이다. 오늘날 국가는 더 이상 우생학적 인구 관리를 위해 유전적 장애를 가진 예비 부모의 인공임신중절수술을 강제하지 않는다. 그 대신 예비 부모들 스스로 '합리적 선택'에 이르도록 충분한 정보를 제공할 뿐이다. 주로 태아의 장애 여부와 관련된 그 정보는 통계학적 수치에 불과하지만, 현실의 경험론적 주체에게는 특정한 방향의 선택을 유도하는 규범으로 작용한다.

태아의 장애 여부를 확인하기 위한 진단검사에는 양수를 채취하거나(양수검사), 자궁 경부를 통해 태반 조직을 떼어내(융모막융모생검) 태아의 염색체를 분석하는 방법이 있다. 그러나 이런 침습성 검사는 태아의 안전을 위협하여 조산이나 유산을 일으킬 수 있다. 그래서 모든 임신부가 아니라 고위험군의 임신부만 선별해서 진단검사를 받게 한다.

고위험군을 선별하는 전통적인 자료는 연령 곡선이다. 임신부 연령과 다운증후군 위험도의 상관관계 곡선에서 임계점으로 기능해온 나이는 35세다. 질병관리본부에서 운영하는 국가건강정보 포털*에 의하면, 확률적으로 35세 임신부 중

---

* https://100.daum.net/encyclopedia/view/145XXXXXX3350

0.4퍼센트(1:250)에게서 다운증후군 태아가 발생하고, 그때부터 위험도가 급격히 증가한다. 이런 통계 자료에 입각하여 35세 이상 임신부는 고위험군으로 분류되어 양수검사를 권유받는다.

연령 곡선의 통계 수치가 개별 임신부에게는 남의 일처럼 느껴질 수 있다. 좀 더 개별적으로 와닿는 위험도risk를 이야기해보자. 1984년 미국의 메르카츠Irwin Merkatz라는 의사가 혈청 알파태아단백의 농도가 다운증후군 태아를 임신한 여성에게서 낮게 나타난다는 것을 발표하면서 모체 혈청 검사를 통해 고위험군을 선별screening하는 기술이 발전했다. 모체의 혈액에 녹아 있는 세 가지 표지 물질인 알파태아단백, 사람융모생식샘자극호르몬, 에스트리올의 농도를 검사하여 태아의 다운증후군 위험도를 계산하는 삼중표지자 검사triple test가 그것이다. 이 검사는 세 가지 표지 물질의 혈중 농도를 독립변수로, 임신부의 나이, 임신 주차, 인종, 가족력, 몸무게, 기저질환 등을 조건변수로 삼아 태아의 다운증후군 위험도를 컴퓨터로 계산한다.

그 개별 위험도의 의미를 해석할 때 쓰는 기준이 또 35세 연령 임신부의 통계적 위험도다. 삼중표지자 검사 결과 양성 기준을 1:100으로 할지, 1:300으로 할지는 임의로 정할 수 있지만, 전통에 따라 보통 35세 연령의 통계적 정상치인 1:250을 기준으로 삼는다. 그래서 개별 위험도가 1:250보다 높으면 고위험군 '양성'으로 선별되고, 그보다 낮으면 '음성'으로 판정된다. 즉 삼중표지자 검사 결과 '양성positive' 판정을 받았다는 것은 0.4퍼센트의 확률로 다운증후군 태아를 가질 고위험군에 속하므로 양수검사 같은 진단검사를 받을 필요가 있음을 뜻한다.

삼중표지자 검사는 모체의 혈액만 채취하면 되니, 매우 간단하고 태아에게도 안전하다. 정부는 우생학적 인구관리를 위해 이 검사를 국민건강보험 보장 항목에 포함시켜, 보건소에서 무료로 받게 했다. 예비 부모들의 '합리적'인 선택을 위해 '충분한 정보'를 제공하려는 목적이다. 그 결과 삼중표지자 검사는 고위험군에서 제외되던 35세 미만의 임신부들까지 포함하여 거의 모든 임신부들이 장애아 출산의 위험도를 확인받고, 이후 양수검사나 융모막융모생검 같은 침습성 진단검사까지 받게 만들었다.

삼중표지자 검사에 대한 국가 지원은 이 검사를 거의 '의무화' 내지 '정상화'시켰다. 그로 인해 수많은 검사가 이루어져, 이 검사 자체의 정확성에 대한 통계치도 쌓였다. 국가건강정보 포털에서는 "삼중표지가 검사가 다운증후군 태아를 발견할 확률(발견율)이 약 70퍼센트 정도"라고 한다. 이 말은 마치 이 검사의 정확도를 70퍼센트로, 즉 양성 판정을 받은 임신부의 태아 중 70퍼센트가 다운증후군이라는 뜻으로 오해할 소지를 준다. 통계학에서는 오해의 소지가 다분한 '발견율'이라는 표현보다 '예민도sensitivity'라는 표현을 쓰는데, 선별검사를 채에 비유한다면 이 '예민도'는 채의 구멍 크기에 해당한다. 채 구멍이 크면(예민도가 낮으면) 선별되어야 할 사람들이 많이 빠져나가고, 채 구멍이 작으면(예민도가 높으면) 불필요한 사람까지 많이 선별된다. 삼중표지자 선별검사의 예민도가 70퍼센트라는 것은 추후 다운증후군으로 확인된 경우의 70퍼센트가 사전의 삼중표지자 검사에서 고위험군 '양성'으로 선별되었다는 뜻이다. 달리 말해, 30퍼센트의 다운증후군 태아는 선별검사에서 걸러지지 못하고 빠져나간 것이다. 이것을 '위음성율'이라고 한다. 통상적인 진단 기준으로 예민도가 70퍼센트에 불과한 검사는 선별 기능이 현저히 떨어지는 검사로 본다. 반대로 삼중표지자 검사에서 양성으로 선별되었지만 실제로는 태아에 이상이 없는 '위양성율'도 상당히 높게 보고된다. 이런 경우, 태아에 이상이 없음에도 공연히 고위험군으로 잘못 선별되어 위험한 침습성 진단검사를 받게 될 수 있다.

사람들이 정작 알고 싶어 하는 것은 삼중표지자 검사에서 '양성' 판정을 받을 경우, 몇 퍼센트의 확률로 진짜 다운증후군 아이를 출산하게 되는가이다. 그것을 '양성 예측율'이라 부른다. 국가건강정보 포털은 삼중표지자에 '인히빈inhibin'이라는 표지 물질을 추가하여 보강한 사중표지자 검사quad test의 양성 예측율을 2퍼센트라고 소개한다. 그보다 정확도가 떨어지는 삼중표지자 검사의 양성 예측율은 1퍼센트대에 그친다. 물론 다운증후군 고위험군의 선별 기준이 0.4퍼센트(1:250)이므로, 1퍼센트(1:100)라는 예측율이 결코 낮다고는 할 수 없다. 그러나 국가건강정보 포털이 인정하듯이, 양수검사를 받을 때

양막 파손으로 인한 태아 손실의 위험도도 1퍼센트에 이른다는 점을 고려하면 이야기가 달라진다. 사중표지자 검사의 양성 예측율이 2퍼센트인 반면, 양수검사와 함께 최근 임신부들이 많이 받는 융모막융모생검으로 인한 태아 손실 위험도는 2퍼센트보다 높게 보고된다.

삼중표지자 검사에서 '양성' 판정을 받았을 때 어떻게 하는 것이 합리적인 선택일까? 합리성rationality이라는 단어는 서로 다른 두 수의 비교를 뜻하는 '라티오ratio'에서 유래했지만, 삼중표지자 검사의 양성 예측율과 침습성 진단검사의 태아 손실율 사이에는 '시원한' 차이가 보이지 않는다. 애초에 두 수치를 비교하는 것은 별반 의미가 없다. 중요한 것은 예비 부모들이 산전 장애아 검사 절차 안으로 '이미' 들어왔다는 사실이다. 그렇게 된 이상, 삼중표지자 검사를 받은 예비 부모들 앞에 놓여 있는 것은 중립적인 '수치'가 아니라 장애아 출산의 '위험risk' 가능성이다. 위험 가능성의 경험 주체는 산술적으로 판단하지 않는다. "검사 절차를 받아들인 여성은 일반적으로 유전적 손상이 있는 아이를 가질 위험성 1퍼센트와 양수검사로 인한 유산 위험성 1퍼센트가 수치상으로는 똑같음에도 후자를 덜 위협적으로 여긴다."*

---

* Anne Waldschmidt, "Who is Normal? Who is Deviant? Normality and Risk in Genetic Diagnostics and Counseling", *Foucault and the Government of Disability*, edited by Shelley Tremain, University of Michigan Press, 2015, p.203.

장애아 출산과 유산의 확률을 비교할 때 작동하는 합리성은 이미 중립적이지 않다. 산전 장애아 검사 절차를 받아들였다는 것은 이미 정부가 견지하는 우생학적 합리성을 받아들였다는 것으로, 아이를 잃는 유산의 고통보다 장애아를 낳는 고통의 크기가 더 크게 설정된 세계로 들어감을 뜻한다. 장애인 차별이 엄연한 현실에서 발달장애아를 낳아 기르는 고통이 클 것이라는 예비 부모들의 인식이 완전히 틀렸다고 할 수는 없다. 하지만 예비 부모들은 장애인의 삶과 권리에 대해서 얼마나 알고 있는가? 정부와 의사들은 장애아 출산의 위험도에 대해 많은 말들을 하지만, 현실 장애인의 삶과 권리에 대해서는 거의 말하지 않는다. 그 결과 예비 부모들은 장애아를 낳을 때 어떤 삶이 가능하며, 장애인의 권리와 복지가 무엇인지에 대해 생각할 겨를도 없이, 공포와 불안에 휩싸여 '유산의 위험성'을 감수한 채 '합리적 검사'를 받으라는 '신우생학적 선택'을 강요받고 있지는 않은가.

신자유주의와 '선택 장애'

이처럼 신자유주의 안전 메커니즘은 호모 에코노미쿠스의 선택이 통계적 다수, 즉 통계학적 정상성을 이루도록 만든다. 시장에서의 상품 거래는 물론 법률이나 신상과 관련한 문제에서 호모 에코노미쿠스로서 선택하고 책임지는 사람이 많아지게 한다. 그 결과 개인의 행위 양식conduct 전체가 '계약'으로 법률화되는 경향이 발생한다. 따라서 이해관계를 따져 선택하는 주체는 곧 법률적 주체다. 이것이 바로 신자유주의가 가장 발전한 나라인 미국에 수많은 변호사들이 존재하는 이유이자, 신자유주의의 수입과 함께 국내 법률서비스 시장이 개방된 이유다.

사문화되어가던 금치산자 제도가 성년후견인 제도로 탈바꿈하여 일종의 법률서비스로 활용되는 것도 이런 맥락으로 이해할 수 있다. 선택 상황이 폭발적으로 증가한 신자유주의 생활 환경에서 발달장애인이 겪는 가장 두드러진 장애는 '선택 장애'다. 호모 에코노미쿠스로서 '똑 부러지게' 선택하고 계약하지 못한다면, 자기 자신은 물론 가족에게도 크고 작은 위험을 초래하게 된다. 발달장애인 부모들이 성년후견인 제도를 도입하는 데 적극 나선 것도 이 때문이다. 거래와 약정이 난무하는 현실에서 신뢰할 만한 법인이 발달장애인 사녀의 선택을 대리해줄 필요를 강하게 느끼는 것이다.

그러나 이런 안전장치는 발달장애인 당사자의 자율성을 너무나 쉽게 부정한다. 성년후견인 제도 자체가 발달장애인은 무언가를 선택하고 책임질 수 있는 능력이 없다고 가정하기 때문이다. 물론, 신자유주의 체제가 육성하는 호모 에코노미쿠스의 기준으로 볼 때 발달장애인의 선택 능력은 미미하다. 발달장애인뿐만 아니라 치매를 앓는 노인, 치매가 없어도 새로운 기술에 적응하지 못하는 노인이나 나이 든 노동자 등 많은 이들이 신자유주의가 요구하는 선택 능력과 결정의 테크놀로지를 갖지 못해 '선택 장애'를 겪는다. 발달장애인이나 치매노인의 장애를 '인지장애'로 병리화하여 성년후견인을 지정하기 전에, 신자유주의 통치 환경이 만든 '선택 장애'를 사회적 맥락에서 이해하고, (결정을 '대리'하는 제도가 아니라) 당사자의 결정을 '지원'하는 제도를 마련해야 한다.

신자유주의를 분석하면서 푸코는 통치의 영역에서 자유를 어떻게 실현할지 고민한다. 신자유주의는 자유를 이해관계에 따라 선택하고 법적 주체로서 거래나 계약을 맺는 문제로 환원했다. 푸코는 흄과 칸트의 시대 이전으로 거슬러 올라가 그들과 다른 방식으로 자유를 사유할 수는 없는지, 다른 방식으로 통치와 자유를 결합할 수 없는지 탐색한다. 고대 그리스로의 사유 여행을 통해 푸코는 통치자(돌보는 자)와 피통치자(돌봄을 받는 자) 모두에게 요구되는 자유, 즉 자기-돌봄의 능력에서 비롯된 자유를 발견한다.

5

섹슈얼리티의 역사와 나르키소스들의 반란

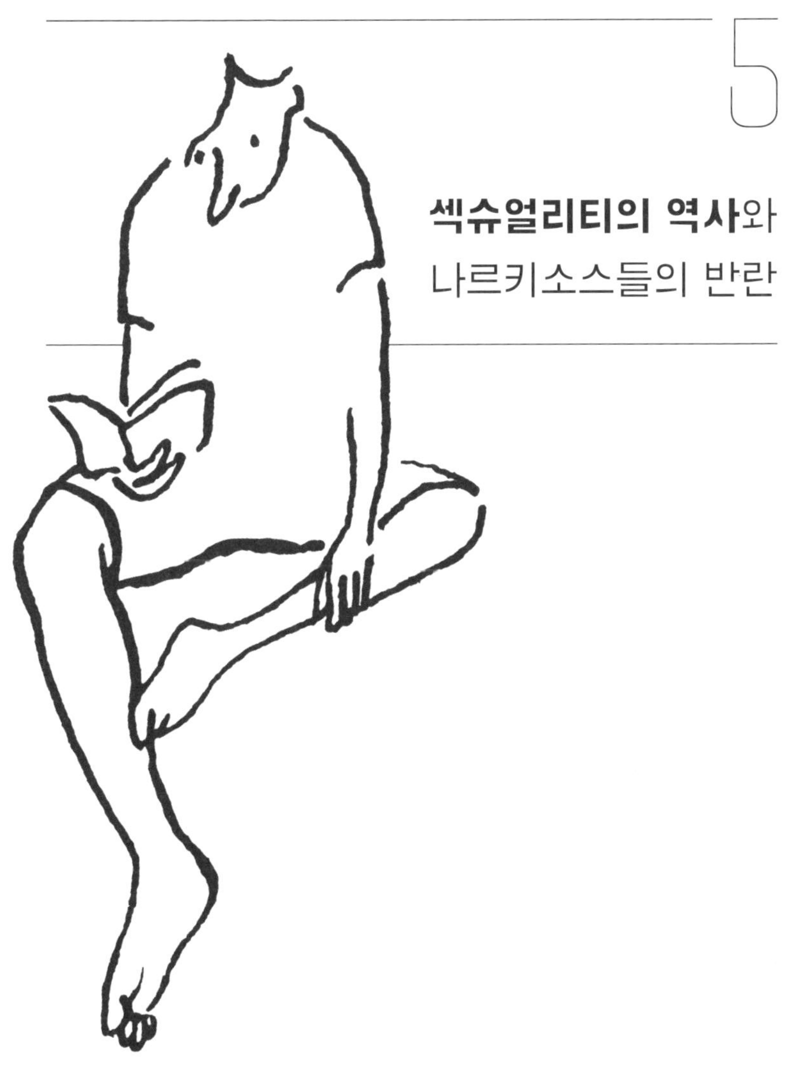

나르키소스와 에코:
'자기'와 '타자' 사이에서

고대 그리스와 현대 신자유주의 사회에 공통된 인간형이 있다. 그것은 자기 자신에 몰입된 인간, 즉 '나르키소스'형 인간이다. 나르키소스 신화에는 고대 그리스인들이 자기에 대한 관심과 타인에 대한 관심을 이해하는 독특한 방식이 담겨 있다. 전설에 의하면 나르키소스는 그리스 최고의 미소년이었다. 그를 본 자는 누구든, 신이든 요정이든 동물이든 인간이든, 남자든 여자든 사랑에 빠지지 않을 수 없을 정도로 그는 빼어난 미모의 소유자였다. 하지만 나르키소스는 타인에게는 전혀 관심이 없는 성격이었다. 그래서 상처받은 이가 많았다.

그중 대표적인 이가 '에코'다. 에코는 원래 수다스런 님프였다. 어느 날 에코는 제우스의 '불륜 현장'을 덮치러 가는 헤라를 만나 수다를 떤다. 에코의 수다 때문에 그 현장을 놓친 헤라는 화를 내며 에코에게 앞으로 남이 하는 말을 따라 하는 것 외에는 스스로 어떤 말도 하지 못하도록 저주를 내렸다. 그렇게 자기 말을 빼앗긴 에코는 나르키소스를 만나 사랑에 빠진다. 하지만 저주 때문에 사랑한다는 말은 하지 못하고 그저 그를 따라다니며 지분거린다. 가뜩이나 타인에게 관심이 없던 나르키소스는 귀찮게 구는 에코를 밀치며 '못생긴 여자가 따라다닌다'고 모욕했다. 그 말을 들은 에코는 치욕을 견디지 못해 산속으로 도망친다.

존 윌리엄 워터하우스 John William Waterhouse, **〈에코와 나르키소스〉(1903).**
이 설화에서 특히 흥미로운 점은 나르키소스와 에코의 대칭성이다. 나르키소스는 자기 자신에게만 관심 있을 뿐 타인에 대해서는 아무런 관심도 없는 반면, 자신의 말을 하지 못하는 에코는 남의 말만 따라 할 수 있다. 나르키소스에게 자기 자신만 있고 타자는 없다면, 에코에게는 자기가 없고 타자만 있다.

에코는 동굴 속에 몸을 숨긴 채 못생긴 자기 몸을 혐오했다. 혐오의 목적은 존재를 소멸시키는 데 있다. 에코의 지독한 자기혐오는 자신의 몸을 사라지게 했다. 산속 동굴에서 몸이 소멸된 에코는 결국 남이 하는 말만 따라 하는 목소리로만 남았다. 에코의 이 이야기는 동굴에서 울려퍼지는 메아리가 어떻게 생겨났는지 말해주는 유래담이기도 하다. 복수의 여신 네메시스는 에코의 비극을 듣고 나르키소스에게 복수를 해주기로 한다. 복수는 등가성의 원칙으로 이뤄져야 한다. 받은 대로 돌려줘야 한다. 그렇다면 에코가 나르키소스에게 받은 피해는 무엇일까? 그건 사랑하는 이에게 사랑받지 못한 슬픔이다. 따라서 나르키소스에게 복수를 하려면 그 역시 누군가로부터 거절당하도록 만들어야 한다. 하지만 그는 절대 꽃미남으로, 그의 사랑을 거절할 존재는 세상에 없었다.

'미러링'의 천재였던 네메시스는 나르키소스를 우물로 이끌었다. 우물에 비친 자기 모습을 본 나르키소스는 곧바로 사랑에 빠졌다. 사랑은 동일성을 내포하지만, 나에게 없는 것 혹은 나와 다른 점이 타인에게 있을 때 비로소 완성될 수 있다. 순전한 동일자의 사랑에 빠진 나르키소스는 괴로워하다 우물 속의 자기를 껴안고, 그 순간 우물 속에 비친 자신의 상은 물론 그 상을 껴안은 자기의 생명도 산산조각 난다.

이 설화에서 특히 흥미로운 점은 나르키소스와 에코의 대칭성이다. 나르키소스는 자기 자신에게만 관심 있을 뿐 타인에 대해서는 아무런 관심도 없는 반면, 자신의 말을 하지 못하는 에코는 남의 말만 따라 할 수 있다. 나르키소스에게 자기 자신만 있고 타자는 없다면, 에코에게는 자기가 없고 타자만 있다. 이 이야기는 고대 그리스인들이 나르키소스적 인간과 에코적 인간을 어떻게 평가하는지 잘 보여준다. 그리스 문화가 잘 반영된 이 이야기는 두 성격의 '하모니', 즉 자기에 대한 관심과 타자에 대한 관심의 조화를 교훈으로 제시한다. 자기에게만 몰두하여 타인에게 무관심한 나르키소스, 자기 생각은 없이 남의 말만 따라 하는 에코 모두 경계해야 한다는 것이다.

고대 그리스인들이 만든 이 이야기는 놀랍게도 오늘날 신자유주의의 명령과도 들어맞는다. 신자유주의적 통치체제는 어떤 유형의 인간을 양산할까? 그 체제는 '아무도 남을 돌보지 말라'는 모토로 작동한다. 그런 모토에 따라 타인에 대해서는 철저히 무관심한 채 오직 자기에게만 몰두하는 '나르키소스'가 바로 신자유주의적 인간형이다. 다른 한편, 신자유주의적 인간은 에코적이기도 하다. 자신의 생각이나 요구는 제시하지 못하고 남의 말만 따라 하는 그런 인간형 말이다. 신자유주의적 자기계발에 몰두하는 사람들, 이를테면 자녀의 적성이나 욕망은 아랑곳 않고 미친 듯이 자녀를 사교육 시장으로 내모는 부모들을 떠올려보라. 자녀가 견디지 못해 폭발할 수도 있고, 투자 비용 대비 결과가 나쁠 가능성도 적지 않은데 그들은 왜 그렇게 사교육 투자에 열을 올리는 걸까? 열에 아홉은 아마 이렇게 대답할 것이다. "남들도 다 하니까."

신자유주의 체제는 구체적 목표나 규범을 제시하지 않는

다. 오직 통계적인 정상치만 제시할 뿐, 정상분포 안에 드는 것은 각자의 몫이다. 사회의 전 영역과 개인의 품행 전반에 걸쳐 경쟁을 조장하고, 성과에 따른 차등 보상과 도태의 고통을 본보기로 제시한다. 그렇게 해서 사람들이 스스로 정상분포 안에서 선택하고 자기계발에 몰두하도록 한다. 신자유주의 통치에서는 통치자가 따로 없다. 서로가 서로의 교사이고 모델이고 거울이다. 다수가 생각하는 대로 생각하고 다수가 행동하는 대로 행동하는 것, 그것이 신자유주의 체제의 명령어이다. 그 다수의 이름이 바로 '남'이다. 따라서 신자유주의 통치체제가 원하는 인간형은 역설적으로 나르키소스인 동시에 에코이다. 자기밖에 모르는데 정작 자기 것은 없고, '남들 다 하는 대로' 따라 하는 인간 말이다.

고대 그리스와 신자유주의 문화에서 동일하게 '나르키소스이면서 에코'인 인간형이 나타난다는 점은 우리에게 무엇을 말해주는가? 푸코는 1979년 '신자유주의와 생명권력'에 관한 강의를 마친 후 1980년 미국으로 건너가 '주체성과 진실'에 대해 강의했고, 1981년 다시 프랑스로 돌아와 '주체의 해석학'에 대해 강의했다. 이 일련의 강의에서 푸코는 고대 그리스에서 '자기self'가 다뤄지는 방식을 연구했다.

신자유주의에 대한 강의에서 푸코는 신자유주의가 '나르키소스와 에코'를 종합하는 하나의 방식임을 밝혔다. 이후 푸코는 고대 그리스 문화를 통해 신자유주의와 다른 방식으로 '나르키소스이면서 에코'인 주체 형성을 탐사하기 시작했다.

그것의 총괄이 1983년부터 1984년 죽기 전까지 '자기와 타자의 통치Le gouvernement de soi et des autres'라는 제목으로 진행된 강의다. 우리는 다른 방식으로 나르키소스이면서 에코일 수 없을까? 이것이 푸코의 마지막 문제의식이다.

생명통치에 맞서는 나르키소스들의 반란

2017년 신자유주의 통치체제의 위기 속에서 대중들은 '박근혜'라는 독특한 나르키소스적 통치자를 권좌에서 끌어냈다. 다수의 깨어 있는 시민과 정의로운 사람들은 이제 '에코'에게서 대안을 구한다. 케인스주의의 복귀를 명령하고, 국가에 더 많은 통치를 요구한다. 신자유주의 시대는 끝났으니 이기심을 버리고 국가와 더불어 공동체를 회복하자고 외친다. 하지만 이런 이항대립적 인식은 통치성의 변화에 관한 중요한 사항을 놓치게 한다. 푸코에 따르면, 신자유주의는 정치이념이 아니라 통치성의 역사적 형식으로, 케인스주의 역시 신자유주의 통치성의 한 표현 이념이다. 또한, 신자유주의적 주체는 (타인과의 관계가 단절되었다는 점에서) 나르키소스일 뿐만 아니라 또한 (공허하게 타인의 목소리를 따라 한다는 점에서) 에코이기도 하다. 신자유주의 통치성의 변화는 나르키소스에서 에코로의 정권 교체가 아니라, 나르키소스와 에코가 종합되는 '다른' 통치

방식의 발명을 통해 일어난다. 그 변화와 발명의 징후를 우리는 오히려 새로운 유형의 나르키소스들에게서 찾을 수 있다.

생명통치의 변화된 현실을 보여주는 흥미로운 사례가 있다. 2017년 봄 최황 씨(34)는 정관수술을 받기 위해 비뇨기과 의원을 찾았다가 거절당했다. 의사는 '미혼·무자녀 남성에게는 정관수술을 해주지 않는다'고 했다. 이유를 물으니 '나중에 후회할 수도 있고, 생명윤리적 측면도 있다'는 답이 돌아왔다. 정관수술을 받겠다는 의지가 강했던 최 씨는 다른 병원을 찾았으나 같은 이유로 거절당했다. 최 씨는 결국 세 번째 병원에서 자신이 기혼이며, 쌍둥이 자녀가 있다는 거짓말을 한 뒤에야 수술대 위에 누울 수 있었다.* 이처럼 미혼이거나 자녀가 없는 기혼 남성은 정관수술을 받기 어렵다. 법으로 금지되어서가 아니라 '정상성'에 투철한 의사들의 도덕 관념 때문이다. 피임 목적으로 혹은 페미니즘에 동참하기 위해 정관수술을 원하는 성인 남성의 자유의지가 '정상 가족'을 수호하는 의사에 의해 좌절되는 경험을 하고 나서야 남자들은 '생명을 통치하는 권력'의 존재를 실감한다. 내 몸에 대한 통제권이 나 자신에게 있지 않고 타자의 도덕 기준에 좌우되는 경험 말이다.

남성의 정관수술은 국가의 인구정책에 따라 저지되기도 하고 권장되기도 한다. 1960년대는 '가족계획 사업'의 일환으

* 〈비뇨기과 병원이 '미혼 무자녀 남성' 정관수술 거부하는 이유〉, 《한겨레》, 2018. 2. 8.

로 정부에서 정관수술비를 지원해주던 시대였다. 1970년대에는 수술을 받은 이들에게 아파트 분양 우선권까지 제공했으며, 1982년에는 정관수술을 한 사람에게 예비군훈련 잔여 시간을 면제해줬다. 그래서인지 1984년 한 해에만 8만 3,527명이 정관수술을 받은 것으로 기록되어 있다. 여기서 눈여겨봐야 할 사실은 정관수술이 일반적으로는 권장·유도되었지만, 어떤 사람들에게는 강제로 시행되었다는 점이다. 한센인의 경우가 그랬다.

2017년 2월 한센인 강제 정관수술에 대해 국가의 배상 책임을 인정한 첫 대법원 판결이 나왔다. 해방 후 1980년대까지 한센인 산아제한 정책으로 이뤄진 강제 정관수술 피해 남성 9명에게 3,000만 원씩 배상하라는 판결이다. 더불어, 낙태 피해 여성 10명에게는 4,000만 원씩 배상하라고 판결했다. 이들이 전부가 아니다. 2011년부터 500여 명이 6차로 나누어 소송을 제기했는데, 그중 한 건만 대법원 확정 판결을 받은 것이다.

국가의 우생학적 생명통치 역사에 종지부를 찍는 이 소송에서 흥미로운 판결이 하나 나왔다. 2016년 9월 23일 서울고등법원 민사 30부(부장판사 강영수)는 국가의 책임을 인정하면서도 배상액을 감액하여 남녀 균일하게 2,000만원을 선고했다. 소록도국립병원에 '특별 법정'까지 만들어 국민적 관심을 끈 이 재판부는 '일베'에나 실릴 법한 요상한 근거를 제시했다. 이 재판부는 1심 재판부가 배상액을 강제 정관수술 피해 남성에게는 3,000만원, 강제 낙태수술 피해 여성에게는 4,000만원으로 차별 산정한 것은 "헌법 제11조 모든 영역에서 불합리한 차별을 금지한" 평등 원칙에 위배되고, "낙태수술과 정관 절제수술로 인해 여성과 남성으로서 받았을 정신적 고통은 서로 그 정도를 비교하여 경중에 차이가 있다고 볼 자료가 없으므로" 동일한 금액으로 보상하라고 판시했다. 국가의 생명통치권에 대한 논란과 별도로 재생산권에 관한 남녀평등 문제를 제기한 것이다.

이 재판부는 강제 정관수술로 남성이 입은 피해에 대해 "자신의 성 정체성에 대한 혼란과 상실감, 자녀를 가질 수 없을 수도 있다는 두려움과 정관 절제수술을 받을 당시 느꼈을 치욕은 평생 잊을 수 없는 분노로, 고통받았을 것"이라고 했다. 정관수술 때문에 "성 정체성에 대한 혼란"을 겪었을 거라는 논리는 불가사의하다. "자녀를 갖지 못할 수도 있다"는 것이 핵심인데, 아마 판사의 머릿속에는 남자로서 씨를 뿌릴 권리, 대를 이을 권리, 자식을 낳아 노년에 봉양받을 권리가 침해됐다는 말이 맴돌았을 것이다.

정관수술과 낙태수술은 신체에 가해지는 폭력의 침습성 면에서 확연한 차이가 있다. 또한 정관수술로 인해 남성은 '생길 수도 있는' 자식을 잃지만, 낙태수술로 인해 여성은 '이미 생긴' 태내의 생명을 빼앗긴다. 소록도에서의 낙태수술은 대부분 임신 사실이 겉으로 드러난 후에 이뤄졌다. '산모의 배(태아 머리)에 주사를 놓아 아이가 죽었고, 그 이후에 약물로 꺼냈다'든지 '7~8개월 된 태아를 개복수술로 꺼내 죽였다'는 식의 증언들이 쏟아졌다. 정관 절제수술로 인해 남성은 "자녀를 갖지 못할 수도 있다는 두려움"을 느끼지만, 강제 낙태수술을 받은 여성에게는 죽음의 공포와 함께 "태아를 지키지 못하였다는 죄책감이 평생 마음에 한으로" 자리 잡는다. 그러나 이 항소심 재판부는 정관수술이 가하는 폭력과 낙태수술이 가하는 폭력의 차이를 감지하지 못했고, 그래서 배상액에 차별을 두는 것은 헌법에 적시된 평등의 원칙에 위배된다고 꾸짖었다.

강제 단종수술로 한센인들이 침해받은 권리는 어떤 권리일까? 재판부가 헌법에서 찾아낸 것은 '행복권'과 '인격권'이었지만, 더 정확한 개념은 '재생산권'이다. 임신과 출산, 즉 인간 생명의 재생산에 관한 권리는 누구에게 있으며, 제약 범위와 조건은 무엇인지, 재생산권에 대한 사회적 논의와 법제화가 요청되고 있다. 재생산권은 개인의 기본권으로, 국가가 결코 이를 침해할 수 없다고 헌법에 명시해야 한다는 주장도 있지만, 아직 '공공의 이익'이나 '우생학적 필요'에 의해 국가가 개입할 여지를 남겨둬야 한다는 주장이 더 많다. 재생산권이 '개인'에게 있다고 하면 가장 중요한 재생산 수단인 '포궁胞宮'의 소지자, 즉 여성이 실질적인 권리 주체가 될 가능성이 크다. 그렇기 때문에 다수의 가부장주의자들은 재생산권의 법제화에 반대할 가능성이 크다.

'내 몸은 나의 것'이라는 나르키소스적 기치 아래 '낙태금지법 폐지'를 외친 여성들은 국가주의적 생명통치에 대항하는 반란에 돌입했고, 2019년 헌법재판소로부터 '낙태죄 헌법 불합치 판결'을 이끌어냈다. 하지만 이런 나르키소스적 반체제 역시 신자유주의적 안전 메커니즘 안에서 일어난 것이다. 그렇기에 산전 검사와 선별적 유산을 통해 국가가 유도하는 우생학적, 비장애중심주의적ableism 선택을 하는 주체로 포섭될 가능성도 완전히 배제할 수 없다.

현행 '모자보건법' 14조는 "우생학적 또는 유전학적 정신장애나 신체질환이 있는" 예비 부모의 낙태를 허용·유도하고 있다. 이 조항이 형법 제270조의 '낙태금지' 조항과 공존하고 있는 현실은 우리에게 어떤 진실을 말해준다. 낙태금지법은 생명의 보편적 가치를 보호하거나 우생학적, 장애차별적 선별을 막기 위해 고안된 것이 결코 아니며, 실제로 막지도 못한다. 낙태금지법과 '모자보건법'은 한편으로 '우수한' 인종의 결혼 및 출산을 장려하고, 다른 한편으로 '열등한' 인종의 출산을 금지한 나치의 뉘른베르크법을 모델로 한 국가의 생명통치 장치이다.

낙태금지법 폐지가 진정 대항-통치로서의 의미를 가지려면, 그 나르키소스적 선택이 지닌 에코적 의미에 주의를 기울여야 한다. 우선 개개인의 선택이 우생학적 생명통치의 현실에 부딪혀 어떤 반향을 일으키는지, 즉 장애차별적 선별주의로 정상화되는지, 아니면 대안적 생명통치를 외치는 소수자들의 목소리와 공명하는지 잘 들어야 한다.

또한 자기 몸을 돌보는 선택이 태아의 생명이라는 문제와 부딪혔을 때 발생하는 울림에도 귀를 기울어야 한다. 태아의 생명을 어떻게 돌볼 것인지의 문제와 여성이 스스로 자기 몸을 어떻게 돌볼 것인지의 문제는 결코 분리될 수 없다. 태아의 생명을 통치할 권리는 일차적으로 여성에게 있다. 여성의 자기 돌봄과 타자(태아)의 돌봄을 대립관계로 인식하며 태아의 돌봄 여부(임신중단 여부)를 제3자의 관점 혹은 '공공의 관점'에서 판단해야 한다고 주장할 때, 그 공공의 관점이란 실은 여성의 몸을 식민통치해온 가부장의 관점에 다름 아니다. 푸코가 말했듯, 인민의 정의에 제3자는 없다.

방치되는 죽음 vs 죽음의 자기결정

삶은 물론 죽음에 대해서도 나르키소스적 선택권을 주장하는 목소리가 커지고 있다. 자신의 생명에 종지부를 찍을 권리를 당사자에게 부여해야 한다는 주장이 법제화됐다. 2018년 2월 '호스피스·완화의료 및 임종과정에 있는 환자의 연명의료 결정에 관한 법률', 즉 '연명의료결정법'이 시행된 것이다. 또한 정부는 2019년 3월 '연명의료결정법'을 일부 개정하여 연명의료의 의학적 시술 범위와 대상 환자의 범위를 확대하고, 연명의료 중단 결정 절차를 간소화하는 한편, 환자 가족의 전원합의를 통해 환자의 연명의료 중단을 결정할 때 가족의 범위를 대폭 축소함으로써 더 많은 이들이 연명의료 중단을 결정하도록 유도했다. '연명의료결정법'의 취지는 회생 불가능하고, 인간의 존엄이 상실된 채 오직 고통과 죽음만 기다리고 있는 이에게 삶을 스스로 중단할 권리를 주자는 것이다. 그러나 연명의료 중단이 결정되는 과정을 살펴보면, 당사자가 결정하는 경우보다 가족 합의에 따른 결정이 압도적으로 많다. 서울대병원 완화의료임상윤리센터가 2018년 2월 5일~2019년 2월 5일 서울대병원에서 연명의료 결정 서식을 작성한 뒤 사망한 19세 이상 성인 환자 809명을 조사한 결과, 환자 스스로 연명의료 결정 서식에 서명한 비율은 29퍼센트에 그쳤고, 나머지 71퍼센트는 가족에 의해 결정된 것으로 나타났다. 또한, 본인이 연명의료를 결정한 경우 유보 비율이 98.3퍼센트이고 실제 중단은 1.7퍼센트에 불과했다. 반면 가족이 연명의료를 결정한 경우 중단 비율은 13.3퍼센트로 나타났다.

연명치료 중단에 관한 법률과 관련해서 우리가 잊어서는 안 될 역사적 사실이 있다. 그건 바로 나치의 인종학살이 '치료 불가능한 환자'들에게 '안락사'를 허용하면서 시작되었다는 점이다.* 심지어 연명치료 중단을 정부의 건강보험 재정 부담과 가족의 의료비 부담을 덜기 위한 경제학적 조치로 보는 견해도 있다. 이런 주장은 '유전성 장애를 지닌 사람 한 명이 60세까지 생존하는 데 5만 마르크가 필요하며, 이러한 비용이 독일 노동자의 어깨를 짓누르고 있음'을 묘사하고 있는 나치의

---

* 한나 아렌트, 《예루살렘의 아이히만》, 김선욱 옮김, 한길사, 2005, 392쪽.

연명치료 중단에 관한 법률과 관련해서 우리가 잊어서는 안 될 역사적 사실이 있다. 그건 바로 나치의 인종학살이 '치료 불가능한 환자'들에게 '안락사'를 허용함으로써 시작되었다는 점이다. 물론 연명치료 중단을 정부의 건강보험 재정 부담과 가족의 의료비 부담을 덜기 위한 경제학적 조치로 보는 견해도 있다. 이런 주장은 **'유전성 장애를 지닌 사람 한 명이 60세까지 생존하는 데 5만 마르크가 필요하며, 이러한 비용이 독일 노동자의 어깨를 짓누르고 있음'을 묘사하고 있는 나치의 선전 포스터**를 떠올리게 한다. 그 결과, 이른바 'T4 작전'에 의해 1939년부터 1941년까지 7만 273명의 장애인이 무가치한 생명으로 판정받아 소각되었다.

선전 포스터를 떠올리게 한다. 그 결과, 이른바 'T4 작전'에 의해 1939년부터 1941년까지 7만 273명의 장애인이 무가치한 생명으로 판정받아 소각되었다.

연명치료의 중단은 생명권력의 한 가지 작동 방식일 수 있다. 푸코는 근대 생명권력의 특성을 '살게 만들고faire vivre 죽게 내버려둔다laisser vivre'는 말로 표현했다.* 근대 이전의 군주권력이 인민의 삶에 무관심했던 것과 달리 근대의 생명권력은 인민의 생명에 적극적인 관심을 갖고 개입한다. 생명을 특정한 형태로 만드는fair 태도와 상반되게 근대 생명권력은 죽음에 대해서는 내버려두는laissre 태도를 보인다. 군주권력이 공개처형처럼 죽음에 개입함으로써 존재감을 드러내는 것과 달리 생명을 관리하는 근대의 권력은 죽음을 권력의 소멸·한계로 보고 방기한다. 연명의료 중단은 생명을 관리하는 의료권력의 중단이라는 점에서 '내버리기'의 형태로 생명권력이 작용하는 방식일 수 있다.

1997년 한국은 국제통화기금IMF의 관리하에서 신자유주의 체제를 도입한 바 있다. 'IMF 사태'로 불리는 엄청난 구조조정 속에서 수많은 가장들이 직장을 잃고 길거리로 쏟아져 나왔다. 직장과 가정에서 버려진 그들은 빈곤과 고립, 그리고 알콜중독 속에 방기된 삶을 살다가 가장 처절한 고독을 맛보며 죽어갔다. 아무도 모르게 혼자 죽어간 사람들 중 태반

* 미셸 푸코,《사회를 보호해야 한다》, 박정자 옮김, 동문선, 1998, 279쪽.

이 IMF 사태 이후 길거리로 내몰린 50대 남성들이다. 2015년 김춘진 의원실이 밝힌 무연고 사망자 통계에서 2015년 한 해 1,245명 중 가장 많은 비율을 차지한 연령대는 베이비부머인 50대(368명, 29.6퍼센트)로, 60대(282명, 22.7퍼센트)보다 오히려 많았다. 또한 2016년에 발생한 무연고 사망자를 성별로 나누어보면 남성이 894명(73퍼센트), 여성이 228명(19퍼센트), 성별 미상이 110명(9퍼센트)이었다.* 이들 베이비부머 남성들의 '방기된 죽음'은 신자유주의 생명권력이 죽음을 '방치한' 가장 끔찍한 사회적 증거로 기록될 것이다.

2018년에 '비마이너' 기획으로 '무연고 사망자'들의 장례식을 취재한 적이 있다. 2015년부터 무연고 사망자의 장례식을 치러온 사회단체 '나눔과 나눔'의 헌신적인 노력으로 무연고 사망자 장례식의 공공성에 대한 인식이 확산되었고, 2018년 3월 서울시는 광역단체 최초로 무연고 사망자와 저소득층 시민의 장례 지원을 위한 '서울시 공영장례 조례'를 만들었다. 무연고 사망자 장례식의 공공성과 함께 필요하다고 느낀 것은 '사후 자기결정권'이다. 즉 사후에 자기 장례식을 치러줄 사람을 생전에 당사자가 결정할 권리가 인정되어야 한다.

현행 '장사 등에 관한 법률'은 사자의 시신을 인수하여 장례를 치를 권리를 배우자, 자녀, 부모, 자녀 외 직계 비속, 부모 외 직계 존속, 형제, 자매 순으로 규정해놓았다. 만약 이 순서

* 성유진·이수진·오소영, 《남자 혼자 죽다》, 생각의 힘, 2017. 10쪽.

상의 가족이 시신 인도를 포기하면 사자는 곧바로 '무연고' 처리된다. 법적 가족은 아니지만 수십 년간 동거해온 반려자, 가족과 다름없이 지내던 이웃이나 친구들, 함께 활동하던 단체 사람들이 있고 그들이 사자의 장례를 치를 의사가 있어도 소용없다. 사자의 생전 의사와도 상관없이 오직 법적 가족만이 시신을 인도하여 장례를 치를 권한을 갖는다. 근대의 생명권력은 죽음을 비가시화해야 할 수치로 여긴다. 그래서 죽음을 '가족'이라는 전형적인 비가시성의 사적 영역에 내맡기는 방식으로 방기한다.

자신의 장례를 스스로 결정하는 '사후 결정권'이 생명권력에 대한 모종의 반체제처럼 느껴진 것도 그 때문이다. 2018년 8월 14일 나는 김병국 노년유니온 위원장의 '생전 장례식'에 초대받아 참석했다. 은평구의 한 고시원에서 홀로 지내오던 김 위원장은 지병인 전립선암이 온몸에 퍼져 살아갈 날이 얼마 남지 않은 상태였다. 그는 죽어서 하는 장례식은 의미가 없다면서 그동안 함께 활동하고 친하게 지낸 사람들과 덕담을 나누고 노래를 부르며 파티처럼 장례식을 치렀다. 나는 그 장례식에서 춤과 노래가 어울리고, 즐거움과 고통이 뒤섞이며, 경건함과 잔혹함이 함께하는 디오니소스 제전의 환희를 느꼈다. 거기에는 '장사법'과 법적 '가족' 혹은 '상조회사'에 내맡겨진 죽음 대신, 마지막 자유의지를 불태우고 있는 한 삶의 주권자가 있었다.

이런 측면에서 나는 죽음에 대한 자기 결정권에는 근대 생명권력에 대항하는 반체제성이 잠재해 있다고 생각한다. 근대 생명권력과 생명 테크놀로지는 생명의 절대성과 영원성을 이데올로기적으로 신봉해왔다. 민족의 생명, 국가의 생명, 인간의 생명을 영원히 유지하고자 하는 편집증적 욕망에 의해 얼마나 많은 동물과 빈민과 소수자들이 가스실에서 혹은 다국적 생체자본의 실험 대상으로 희생되어갔는지 가늠키 어렵다. 어쩌면 이 생명권력이 방기한 '죽음'에 관심을 돌리고, 죽음에 구체적 형태를 부여하며, 죽음에 대한 주권적 결정을 되찾아 오는 과정에서 그 편집증적 욕망을 멈출 수 있는 길이 열리지 않을까? HIV 감염으로 죽음을 앞둔 푸코가 좋은 삶의 완성을 좋은 죽음에서 찾은 고대 철학자들의 지혜와 용기에 관심을 기울인 것도 이 때문일지 모른다.

섹슈얼리티 통치에 대항하는
나르키소스적 반체제

푸코는 1976년 출간된 《성의 역사 1: 앎의 의지》에서 생명권력bio-pouvoir에 대해 논의하기 시작했다. 이 책에서 푸코는 성sexualité에 대한 억압이 법과 권력의 본질이라고 보는 욕망의 정치학을 비판하면서, 금지와 억압에 근거한 사법권력과는 다른 종류의 권력, 즉 인간의 생명life에 직접 개입하는 생명권력이 근대에 출현했다고 주장한다. 이런 주장은 성 해방을 저항의 기치로 삼은 68혁명의 젊은 히피들에게 보내는 푸코의 신중한 충고 같은 것이었다. 이 주장에는 권력이 삶의 방식life style에 직접 개입한다면 그에 대한 저항 역시 '라이프 스타일'에서 일어날 것이고, 또 그래야 한다는 함의가 담겨 있다. 그런 맥락에서 '섹슈얼리티'의 영역은 근대 생명통치 권력이 작동하는 지점인 동시에 그에 대한 반체제 혹은 대항통치가 발생하는 지점이라 할 수 있다.

생명통치 권력이 개인의 섹슈얼리티에 개입하는 이유는 무엇일까? 피통치자를 다시 양떼로 상상해보자. 통치자·목자는 아침저녁으로 양들의 머릿수, 즉 '인구population'를 계산할 것이다. '몇 마리가 태어나고 몇 마리가 죽었나?' 18세기부터 국가는 영토 내 인구를 파악하는 통계를 내기 시작했다. 부富와 노동력으로서의 인구가 정치경제적political economy 문제로 등장했기 때문이다.

인구 관리에서 가장 중요한 요소는 짝짓기와 출산이다. 출산율 통계를 위해 출산은 결혼과 연동되어야 했고, 신생아는 법적으로 등록되어야 했다. 국가는 적절한 결혼 연령, 합법적 출생과 비합법적 출생, 성관계의 조숙함과 빈도, 성관계를 임신 또는 불임으로 이끄는 방법, 독신생활이나 금욕의 부정적인 효과, 피임 관행 등을 분석해야 했다. 국가는 시민들의 성과 성생활이 어떤 상태에 있는지 파악해야 했으며, 시민들도 자신의 성행위 습관을 통제할 수 있어야 했다. 국가와 개인 사이에서 성性은 공공연한 쟁점이 되었다. 그리하여 담론, 지식, 분석, 명령의 조직망이 성을 둘러쌌다.* 이런 인구통계학statistics을 토대로, 출산 가능성이 정상적인 성과 비정상적인 성을 나누는 핵심 기준이 되었다.

한편, 신자유주의가 대두하면서 출산과 결혼은 개인의 선택 문제로 던져졌다. 결혼하고 출산하는 것이 '정상'이라는 규범의 압박에도 불구하고, 불안정한 고용 속에서 출산과 양육 환경이 나빠지고 개인의 선택 지수가 높아지면서 나르키소스들은 결혼과 출산을 포기하는 쪽을 선택했다. 결혼과 출산의 포기는 신자유주의 안전 메커니즘 속에서 자생적으로 발생한 반체제라 할 수 있다. 생명권력의 반체제자 '이갈리아의 딸들'은 수천 년 이어온 가부장 통치체제에 대한 '메데이아'적 저항으로서 재생산 파업을 벌이고 있다.

이와 함께 가부장 통치체제를 지탱해온 성역할 분배질서 전반에 걸쳐 반체제운동이 일어나고 있다. 가사노동과 임금노동의 분배 방식, 사회적 지위, 직능, 직업의 분배 방식, 집과 회사는 물론 연애관계와 성관계에서 남자가 여자를 통치해온 관습, 관행, 품행에 대한 전면적인 비판과 저항이 들불처럼 번지고 있다. 실로 가부장 통치체제의 역사적 종언을 알리는 페미니즘 혁명이 일어나고 있는 것이다. 페미니즘의 바람이 거세질수록 반혁명의 목소리도 거칠어진다. 가부장 통치체제를 수호하는 목소리가 때로는 '동성애 혐오'로 집중되기도 한다. 그

---

* 미셸 푸코, 《성의 역사 1: 지식의 의지》, 이규현 옮김, 나남, 1996, 45쪽.

한 사례로, 2017년 2월 한동대가 교내에서 페미니즘 강연을 연 학술공동체 회원 1명을 무기정학 처분하고 3명을 징계 처분한 일이 있었다. 학교 측은 페미니즘 강연 내용 중 성노동과 성소수자에 대한 부분을 문제 삼으면서 "페미니즘을 가면 삼아 동성애와 성매매를 합리화한다"고 주장했다. 기독교 재단인 한동대가 동성애를 빌미로 페미니즘까지 몰아내려 한 것이다. 이에 맞서 한동대 당국을 비판한 시민단체들은 페미니즘을 방패 삼아 동성애 혐오를 저지하려 했다.

동성애 혐오의 논리는 교묘하다. 신자유주의 사회가 도래한 만큼 더 이상 결혼과 출산, 성관계에 대한 여성의 자유를 불법화하거나 비정상화할 수 없는 상황이지만, 확실히 동성애는 사정이 다르다는 점을 겨냥하고 있는 것이다. 동성혼 합법화와 동성애자 차별 금지가 세계적인 추세임에도 한국의 군형법은 여전히 동성애 자체를 범죄시하고 있으며, 동성애를 '질병'이나 '비정상'으로 여기는 사회적 인식도 만만치 않다.

한동대 사태에서 보여지듯 동성애 혐오는 페미니즘 혁명을 진압하려는 반혁명 세력의 마지막 보루다. 그들은 동성애 혐오 전선에서의 승리를 발판으로 페미니즘 혁명을 저지하고자 한다. 이것이 페미니스트 전사들이 동성애 혐오에 결코 무관심할 수 없는 이유이자, 동성애자들 역시 페미니즘 혁명에 동참해야 하는 이유이다.

푸코와 동성애

푸코는 동성애자다. 10대 시절 푸코의 고독하고 공격적인 성향은 청소년기에 폭발한 동성애 욕망 때문이라고 할 수 있다. 나치 치하의 비시 정부Régime de Vichy가 제정한 동성애 처벌법과 사회적 편견 속에서 푸코는 자신의 동성애 욕망을 고독과 죄의식으로 돌돌 말아 타인을 향한 공격성으로 표출했다. 고등사범학교 시절 푸코가 보인 광기에서 우리는 자신의 동성애 성향을 부인하며 극단적인 행동을 하는 젊은 게이의 전형을 볼 수 있다. 교실 바닥에 누워 면도칼로 가슴을 그으려는 걸 교사가 보고 제지한 일도 있었고, 밤새도록 칼을 들고 한 친구를 쫓아다니기도 했다. 1948년 그가 자살 시도를 했을 때, 동급생들은 푸코의 심리 상태가 단순히 허약 체질 때문만은 아님을 알았다.

1976년 한 인터뷰에서 푸코는 동성애 성향을 처음 발견했을 때 "세상과 단절하는 일종의 계시 혹은 환희"를 느꼈다고 한다. 그리고 "그 사실을 깨닫는 순간 기쁨과 함께 자신은 선택받았고, 검은 양이고, 죽는 날까지 그러할 것이라는 감정이 북받쳐 올랐다"고 했다. 동성애로의 입문에 대해 그는 "스무살 즈음 동성애자인 어른들과 사랑을 나누기 시작했을 때 나보다 열 살, 열다섯 살 혹은 스무 살 더 나이 많은 사람과 사랑을 나눴다는 사실은 벌써 내가 다시 돌아오기 어려운 한 걸음을 내디뎠음을 의미한다"고 했다. 1978년 한 인터뷰에서 그는《광기의 역사》의 탄생에 관해 대답하면서 이렇게 말했다.

> 내 개인사 속에서도 내가 배제되었다는 것, 진정 배척되었다는 것, 사회의 그늘 속에 속하게 되었다는 느낌을 받은 적이 있었다. 그것은 나의 성 정체성을 깨달았을 때였다. 성 정체성이 바로 자기 문제일 때 그것은 정말 큰 문제가 되는 것이다. 일종의 정신과적 문제로 변모하는 것이다. 당신이 남들과 같지 않다면 당신은 비정상이라는 의미고, 당신이 비정상이라면 그것은 당신이 환자라는 애기가 되기 때문이다.*

'광기의 역사'부터 '정신의학의 탄생', '비정상인들', '성의 역사'에 이르기까지 푸코의 연구는 자신의 동성애에 대한 도덕적, 의학적 편견을 해체하기 위한 작업이었는지 모른다. 하지만 68혁명 이후 동성애 합법화 운동이 전개될 때 푸코는 소위 '커밍아웃'을 하지 않았고, 그 때문에 게이 활동가들로부터 비난받기도 했다. 푸코가 자신의 동성애를 대중들 앞에 '고백'하지 않은 까닭은 무엇일까? 그것은 비시 정권의 억압을 경험한 세대의 '정당한 조심성' 때문이기도 하지만, '고백'이 갖는 정체성 함몰 효과 때문이기도 하다.

1976년 《성의 역사 1: 앎의 의지》에서 푸코는 '고백'의 형

* 디디에 에리봉, 《미셸 푸코, 1926~1984》, 52~53쪽.

태로 성에 관한 진실을 축적해온 근대 성 과학scientia sexualis의 역사를 비판한다. 그리고 동성애에 대한 도덕적, 의학적 진실을 역사적으로 상대화하기 위해 고대의 성애 기술ars erotica을 탐구하기 시작했다. 그의 탐구는 '억압 가설'을 근거로 '성 해방'을 주장하는 게이 운동과는 조금 다른 성격의 반체제와 대항통치를 모색하기 위한 것이었다.

동성애자로서의 정체성을 당당히 밝히는 것은 물론 중요하다. 나아가 동성애 차별법을 폐지하고(프랑스에서 1982년), 동성혼 합법화(프랑스에서 2013년)를 성취하는 것 역시 중요하다. 푸코 정도의 유명세라면 분명 동성애 합법화 운동에 도움이 되었을 것이다. 그러나 푸코는 다른 일에 더 몰두했다. 그는 동성애자의 정체성이 법적으로 승인받는 것보다 동성애로 인해 통치성이 변화하는 측면, 그리고 대항통치를 발명하는 일에 더 관심을 기울였다. 푸코가 《성의 역사 1: 앎의 의지》에서 억압가설을 비판하고 생명통치 차원에서 성의 역시를 조망한 것은 새로운 '라이프 스타일'로서 섹슈얼리티의 통치 기술, 즉 새로운 쾌락의 통치 기술을 발명하는 일이 중요했기 때문이다.

지적장애인 시설의 동성애

동성애 문제를 '억압'이 아니라 '통치'의 관점에서 봐야 한다는 푸코의 주장은 지금 여기의 장애 현실과도 만난다. 2016년 3월 국가인권위원회는 지적장애인 거주시설 '마리스타의 집'에 대해 "시설을 폐쇄하거나 거주인 전원을 다른 시설로 분산 수용할 것"을 권고했다. 시설 거주인들 사이에서 만성적인 성폭력과 성적 학대가 발생해온 사실이 드러났기 때문이다. 2012년 처음으로 이 시설의 인권 실태를 조사한 마포구청은 "50명의 지적장애 남자로 구성된 거주시설의 특성상 거주자 간의 성추행 부분이 완벽히 해소되기 어려운 점이 있다"는 말을 했다. 50명의 지적장애인 남자들로만 구성된 거주시설에서 상호 성폭력·성추행이라니, 도대체 무슨 일이 있었던 걸까?

국가인권위원회의 조사에 따르면, "상대방의 의사에 반하여 손이나 입으로 자신의 성기를 자극하게 하거나 상대방의 성기를 만지거나 자신의 성기를 상대방의 항문에 삽입하는 등 가해자와 피해자를 구분할 수 있는" 성폭행·성추행이 있었다. 이는 논란의 여지가 없는 부분이다. 하지만 그런 일방적인 행위보다 "서로 번갈아 가며 (그런 행위를 한 탓에) 가해자와 피해자를 구분하기 어려운" 상호 성행위가 훨씬 더 많았다. 인권위 조사에 따르면, 2015년 말 40명의 거주인 중 17명이 성적 관계를 맺었는데, 그중 오직 가해자이기만 한 경우는 2명, 오직 피해자인 경우는 5명에 그쳤고, 나머지는 피해자였던 사람이 시간이 지나 가해자가 되거나, 반대로 가해자였던 사람이 피해자가 된 경우로 밝혀졌다.

인권 실태조사에 참여했던 발달장애인 부모회 조사원들

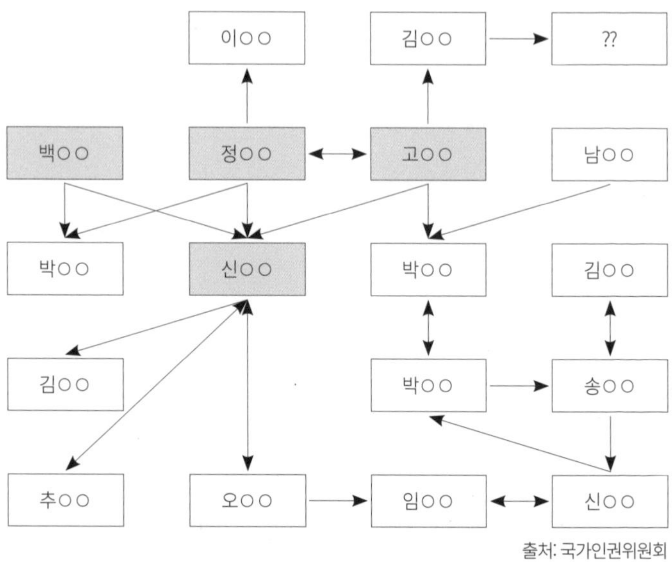

'마리스타의 집' 거주인들 간의 성적 관계를 정리한 관계도. 오직 '가해자'이거나 오직 '피해자'인 경우 일방향 화살표로, 상호 성행위는 양방향 화살표로 표시했다.

은 거주인들 간의 그런 성행위가 일종의 '놀이' 내지는 '문화'였다고 말한다. 그렇다면 '마리스타의 집'을 폐쇄해야 하는 이유는 무엇일까? 물론 가해자와 피해자가 뚜렷이 구분되는 성폭행·성추행이 분명히 있었고, 시설은 그것을 방조했다. 그러나 상호 성행위가 더 많았고, 그것이 하나의 문화로 여겨진 측면도 간과할 수 없다. 그럼에도 '마리스타의 집'이 폐쇄되어야 한다면 그 이유는 뭘까? 이곳은 남자 거주인들만 생활하는 시설로, 도심과 멀리 떨어진 산어귀에 있다. 군부대와 매우 유사한 환경이다. '마리스타의 집'이 군대라고 가정하면, 거기서 일어난 강제 성추행과 상호 성행위는 구분되어야 할까, 아닐까? 대한민국 군형법 제92조의 6항은 "항문성교나 그 밖의 추행을 한 사람은 2년 이하의 징역으로 처벌한다"고 규정하고 있다. 실제로 2016년 2월 육군 중앙수사단이 동성애자 군인을 색출하는 수사를 단행하여 총 22명의 군인이 수사를 받은 일이 있다. 군은 이들이 합의하에 성관계를 했음에도 '항문성교나 그 밖의 추행'을 처벌하는 군형법 92조를 적용해 기소했다. 그 결과 7명의 현역 군인이 군사법원에서 유죄 판결(집행유예 4명, 선고유예 3명)을 받았다.

'마리스타의 집'은 군대가 아니며, 또한 인권위는 합의에 의한 동성 간 성행위까지 처벌하는 군형법 92조 6항의 폐지를 권고해왔다. 그럼에도 인권위가 '마리스타의 집'에서 일어난 거주인 간 성관계에 대해 강제성 유무를 명확히 가리지 않고 시설 폐쇄를 권고한 것은 자가당착이 아닐까? 그런 판단에 대해 그들은 지적장애인이며, 따라서 그들의 성행위를 '일반적인 동성애'로 볼 수 없다는 식으로 반박하는 이들도 있다. 이를테면, 지적장애 여성이 비장애 남성의 '위계'(거짓말 내지 속임수)에 의해 성폭력을 당한 경우 '피해'를 밝히기 위해 지적장애를 강조하는 경우가 있다. 하지만 '마리스타의 집' 거주 남성들의 상호 성행위의 경우, 지적장애를 근거 삼아 '피해자성'을 밝혀야 할 이유가 없다. 게다가 이곳 거주인들은 전반적으로 장애 정도가 심하지 않았다. 지적장애 2급도 더러 있지만, 대부분 3급이었다. 조사원들은 '왜 저런 사람이 여기 있는지' 의

아할 정도로 '멀쩡한' 청년들이 많았다고 한다. 조사에 참여한 거주인 중에는 "보육원에 있다가 여기로 올 때 어느 새 장애인 등록이 되어 있었다"고 말한 청년도 있다.

'마리스타의 집' 거주인들이 동성 간 성행위를 놀이나 문화처럼 여기게 된 까닭은 무엇일까? 그것은 '마리스타의 집'이 폐쇄적인 동성 공동체라는 점과 깊은 관련이 있다. 본래 이곳은 마리스타교육수사회에서 운영하는 사목시설로, 시설이 지적장애 남성만 받은 이유는 시설 법인의 종교 이념 때문이다. 19세기 초 마르첼리노 샴파냐 신부가 창설한 마리스타교육수사회는 '마리아의 작은 형제회'라는 이름에 걸맞게 청소년 선교를 위한 수사brother 공동체를 지향해왔다. '마리스타의 집'에서 소외받는 장애 청소년들을 돌보는 사람도 마리스타 수사들이다.

이 시설 거주인들은 대부분 아동 보호시설에 있다가 10대 초반 이곳으로 왔다. 새로 입소한 아이들은 곧 20대 형들에 의해 성적 착취를 당한다. 이런 일이 반복되면 학대가 학습되고, 피해자들의 피해의식은 옅어진다. 시간이 흘러 피해자였던 아이들은 혈기왕성한 청년이 되고, 새로 들어온 10대의 성을 착취하는 가해자가 된다. '마리스타의 집'에서 이런 동성 간 성착취가 언제부터 누구에 의해 시작되었는지 알 수는 없지만('수사에 의해서'라는 증언이 있었으나 확인할 수는 없었다), 이 사건은 영화 〈스포트라이트〉(2015)에서 다뤄진 가톨릭 교회의 오래된 동성 간 성착취 사건과 유사하다. 〈스포트라이트〉에서 가장 인상적인 장면은 가해자인 신부가 자신을 방문하러 온 취재 기자에게 스스로의 행위를 변명하는 장면이다. 그는 자신의 성추행 사실을 아무렇지 않게 인정하면서, 다만 자기는 강간(삽입)하지 않았으며, 자신 역시 강간을 당해봤기에 그 차이를 안다고 주장한다. '마리스타의 집'에 사는 지적장애인들도 그랬다. 조사자들에 따르면, 2012년 처음 인권 실태조사를 할 때 거주인들은 자기가 한 행위를 거리낌없이 이야기했는데, 그게 폐쇄적인 남성 공동체의 '오랜 문화'였기 때문이다.

'마리스타의 집'이 폐쇄되어야 한다면, 그 이유는 바로 여기에 있다. 지적장애가 있든 없든 아동·청소년들이 자신의 의사와 상관없이 동성 간 성착취가 일상인 폐쇄적 남성 공동체에 편입되는 일이 더 이상 일어나서는 안 되기 때문이다. 인권위의 권고와 장애인 인권단체의 폐쇄 요구가 빗발치자 마리스타교육수사회는 '마리스타의 집' 거주인들을 가족에게 돌려보내거나 다른 시설로 전원 조치했다. 하지만 그 과정에서 성추행 가해자와 피해자가 같은 시설로 전원되는 일도 발생했다.

어쨌든 '마리스타의 집' 간판은 내려졌다. 대신 '참 좋은 집'이라는 새 간판이 걸렸다. 그리고 거주인 자격을 "1급의 중증장애인으로 뇌병변·지적장애인(와상)"이거나 "지적장애인의 경우 뇌병변 또는 중복장애를 수반"하여 "독립보행이 불가능한 와상 상태"로 한정했다. 왜 그런 제한 조건을 내걸었을까? "타인에게 위해가 되는 행동이나 전염성 질병이 없어야 함"이라는 조건이 그 이유를 말해준다. 거주인들의 상호 성추행과 성폭행 때문에 시설이 폐쇄됐으니, 그런 문제 소지를 아예 없애겠다는 것이다. 꼼짝도 할 수 없는, 누워만 있기 때문에 다른 거주인에게 성적인 행동을 일절 할 수 없는 장애인만 받겠다는 그 저의가 놀라울 따름이다. 문제의 원인으로 지목된 거주인들 간 성행위를 방지하기 위해 장애인들을 아예 탈성화하겠다는 것 아닌가. 폭력이 장애인들의 '손'이 아니라 '시설' 자체에서 발생한 것임을 망각한다면 우리는 더 나은 세계로 한 발짝도 나아갈 수 없다.

위력에 의한 성폭력:
권력관계 바로 보기

지적장애 여성의 성폭력 사건에서도 비슷한 문제가 반복된다. 폭력을 '인간관계'가 아니라 사람의 '손'에서만 찾는 문제 말이다. 지적장애를 가진 여성이 수 일 동안 여러 명의 남성들에게 성폭행을 당한 사건이 있었다. 2014년 6월, 당시 13세 2개월 나이의 '하은이'(가명)는 지능지수 70 내외로 지적장애가 있었다. 가지고 놀던 스마트폰을 떨어뜨려 액정화면이 깨지자, 어머니에게 혼이 날까봐 가출을 했다. 가출 후 잘 곳이 없던 '하은이'는 스마트폰 채팅앱에 "재워주실 분 구한다"는 글을 올렸다. '하은이'는 그 글을 보고 연락을 해온 양모 씨(25)를 만나 서울 관악구의 한 모텔로 갔다. 양 씨는 어두운 방 안에서 두려움에 떨던 '하은이'에게 유사성교를 한 뒤 달아났다. 얼마 후 또 다른 20대 남성 김모 씨가 같은 방법으로 '하은이'를 만나 전주의 한 모텔로 데려간 뒤 성폭행을 한 후 사라졌다. 버려진 아이는 이때부터 닷새 동안 여러 남자들에게 성적 착취를 당했다. 결국 '하은이'는 인천의 한 공원에서 악취가 진동하고 두 눈이 풀린 상태로 발견됐다. 집으로 돌아온 '하은이'는 난데없이 사투리를 쓰거나 환청이 들린다고 했고, 흉기로 자해를 시도하기도 했다. 결국 아이는 돌아온 지 이틀 만에 집 근처 정신병원에 입원했고, 그 정신병원에서 50대 남성 직원에게 또다시 성추행을 당했다.

검찰은 '하은이'를 모텔로 데려간 남성들을 '성폭력' 혐의가 아니라 '성매매' 혐의로 기소했다. 형사 재판부는 '하은이'가 "스마트폰 앱 채팅방을 직접 개설"하고 "숙박이라는 대가"를 받았기 때문에 의사결정 능력을 가진 자발적 성매매로 봐야 한다면서, 양모 씨에게 벌금 400만 원을, 김모 씨에게 징역 1년과 집행유예 2년을 선고했다. '하은이' 모녀는 서울시복지재단 공익법센터의 도움을 받아 양모 씨를 상대로 치료비와 정신적 피해보상 청구를 위한 민사소송을 제기했다. 그러나 2016년 5월 28일 서울서부지법 민사21단독(신헌석 부장판사)은 해당 손해배상 청구를 기각했다. 재판부는 "'하은이'가 정신적인 장애로 인해 사물을 변별하거나 의사를 결정할 능력이 미약한 상태에 있다고 인정할 수 없다"는 이유를 제시했다. 그러면서 "현행 아동·청소년의 성보호에 관한 법률(아청법)에서 대상 청소년은 성매수자에 대한 관계에서 피해자로 평가될 수 없다"며 "자발적으로 성매매를 한 후 성매수자를 상대로 낸 손해배상은 허용될 수 없다"고 덧붙였다.

다행히 또 다른 피의자 김모 씨를 상대로 낸 손해배상 청구 소송에서는 원고 일부 승소 판결이 나왔다. 서울서부지법 민사7단독(하상제 판사)은 판결문에서 "'하은이' IQ가 70 정도였다는 점 등에 비춰 성적 자기결정권을 행사할 능력이 부족"하며, "더욱이 성적 가치관이 충분히 형성되지 않은 상태"였다고 판단했다. 2018년 3월 대구지검은 '하은이'를 모텔로 데려간 남성들 중 한 명으로 1차 기소 대상에서 제외되어 잠적했다가 2017년 9월 소재가 확인된 남성 A 씨를 기소했는데, 또다시 '아청법'상 '성매수' 혐의만 적용했다.

'하은이' 사건에 관한 재판 중 유일하게 '하은이' 모녀의 주장을 인정한 재판부는 서울서부지법 민사7단독으로, 이 재판부만 하은이의 지적장애와 어린 나이를 참작했다. 그 '은혜로운' 판결은 역설적으로 '하은이'에게 일어난 그 비극이 조금만 더 일찍 일어났으면 좋았을 것이라며 한탄하게 만든다. 왜냐하면 '하은이'가 만13세를 넘기기 전에 그 사건이 일어났다면 '하은이'를 유린한 남성들은 형법 제305조(미성년자에 대한 간음, 추행)에 의거하여 동의 여부와 무관하게 13세 미만 미성년자 '의제강간죄'로 기소되어 중형을 선고받았을 것이기 때문이다. 또 한편으로, '하은이'의 지능지수가 70보다 조금 더 아래였다면 어땠을까? '하은이'의 지적장애가 더 심해서 채팅방에 글을 올릴 수조차 없었다면, 재판부는 '하은이'의 의사결정 무능력을 좀 더 잘 납득했을 테고, '하은이'를 재워주겠다며 모텔로 데려가 성적으로 착취한 남성들에게 장애 아동·청소년에 대한 강제추행죄를 물어 훨씬 더 중형을 선고했을 것이다.

그리고 또다시 묻고 싶다. 저 안타까운 가정이 실현됐다면 과연 괜찮은 것이냐고. '하은이' 사건이 두 달 앞서 일어나 그 남성들이 의제강간죄로 처벌받거나, '하은이'의 지적장애가 더 심해서 장애 아동 강제추행죄로 처벌받았다면 아무런 문제가 없는 것일까? 물론 '하은이'에게는 더 나은 상황이 전개되었을 수도 있다. 하지만 만13세 이상의 나이에 장애가 없는 탈가정 청소년이 그런 일을 당했다면 어떨까? 그 경우 피해자는 의사결정 능력이 있다고 간주되어 성폭력 피해자로 인정받지 못할 뿐 아니라, 오히려 성매매 죄를 추궁당해 소년원 입소 같은 보호처분을 받을 가능성이 크다. 의사결정 능력만 있다면 이런 판결을 받아도 괜찮은 것인가?

현행 성폭력 처벌법은 성폭력의 강제성을 피해자의 의사결정 무능력으로 환원한다. 가해자의 폭력이나 위협에 의해 피해자가 항거 불능 상태, 즉 의사결정 능력을 발휘할 수 없는 상태였음을 입증해야 '강제' 성추행·성폭행이 인정된다. 같은 맥락으로, 만13세 미만 아동이나 지적장애인의 경우는 의사결정 능력이 없다고 선험적으로 판단하기에 동의 여부와 상관없이 성폭력을 인정하는 것이다. 이것은 만13세 이상 비장애 청소년의 성적 자기결정권을 과대평가하는 문제를 야기한다. 만

13세가 넘은 탈가정 청소년이 노동계약을 체결하거나 투표할 권리는 인정하지 않으면서 유독 성적 자기결정권은 과대평가하는 이유는 무엇일까? 이는 성관계를 정치적, 사회적 관계로 보지 않고 자연 상태에 있는 개인들 간의 본능적 관계로 보는 사고방식에서 비롯된 것이다. 그런 사고방식 속에서 성관계의 주체는 동등한 힘과 자유의지를 가진 개인으로 가정되고, 성폭력의 강제성은 단지 '자유의지의 무력화' 정도로 간주된다. 문제는 그로 인해 성관계에 내재한 권력관계가 은폐된다는 점이다.

이와 다른 방식으로 성폭력을 정의하는 방식이 현행법에도 없지는 않은데, '위계 및 위력에 의한 간음죄'가 바로 그것이다. '성폭력범죄의 처벌 등에 관한 특례법' 제10조는 업무·고용이나 그 밖의 관계로 인해 자신의 보호·감독을 받는 사람에 대해 위계僞計(상대방에게 오인·착각·부지를 일으키는 것)나 유형적, 무형적 위력을 이용해 추행한 사람은 2년 이하의 징역 또는 500만 원 이하의 벌금에 처하도록 규정하고 있다.

이 규정은 성관계상의 폭력을 자유로운 행위자 대 행위자, 즉 자유의지를 가진 주체들 간의 관계에서 정의하지 않고, '보호와 감독'을 하는 자와 받는 자, 즉 푸코의 언어로 '통치하는 자'와 '통치받는 자'의 관계에서 정의하는 것으로, 여기에는 매우 중요한 함의가 있다. 권력을 사법적 관점이 아니라 통치의 관점에서 보라고 한 푸코의 가르침이 쓸모 있어지는 순간이다. '위계 및 위력에 의한 간음죄' 규정은 통치권을 쥔 자가 지적 권력(위계) 혹은 지위에 의한 권력(위력)으로 통치받는 자의 성을 착취한 것에 대해 죄를 묻는 것이다. 이것은 박근혜 전 대통령이 탄핵된 사유와도 무관하지 않다. 통치자가 피통치자와의 '안전협정'을 배반하고, 자신의 통치권력을 사적으로 전용하여 피통치자에게 해악을 입힌 죄를 물은 것이다.

지금껏 성추행 및 성폭력과 관련한 법 집행은 피해자에게 얼마만큼의 '자의'가 있었는지, 피해자의 '의사결정 능력'이 어느 정도였는지에 집착하며 피해자의 책임을 따져왔고, 이는 가해자의 폭력과 책임을 희석시키는 효과를 낳았다. 이와 달리 '위계 및 위력에 의한 간음죄' 규정은 가해자의 책임에 초점을 맞춰 성폭력이 일어나는 권력관계가 무엇이고, 강제성(권력)의 수단에는 어떤 것들이 있는지 사회적으로 성찰한다는 의의를 담고 있다.

그러나 이 규정 역시 현실에서는 별다른 힘을 발휘하지 못하는 듯하다. 현재 해당 규정은 피해자의 의사결정 능력이나 항거 불능 상태를 기준으로 하여 과소적용되고 있으며, 가해자의 형량도 너무 적게 판정되는 경향이 있다. 기존의 법 집행과 별반 다르지 않은 것이다. 안희정 전 충남지사를 '위력에 의한 간음죄' 처벌로 이끈 '미투운동'은 그래서 더욱 의미가 있다. 미투운동을 발판 삼아 그동안 있으나마나 했던 '위계 및 위력에 의한 간음죄'를 새로운 성폭력 처벌 규범으로 확대하고, 성폭력을 통치권력의 관점에서 새롭게 정의해야 한다.

6

자립생활을 위한 **자기와 타자의 통치**

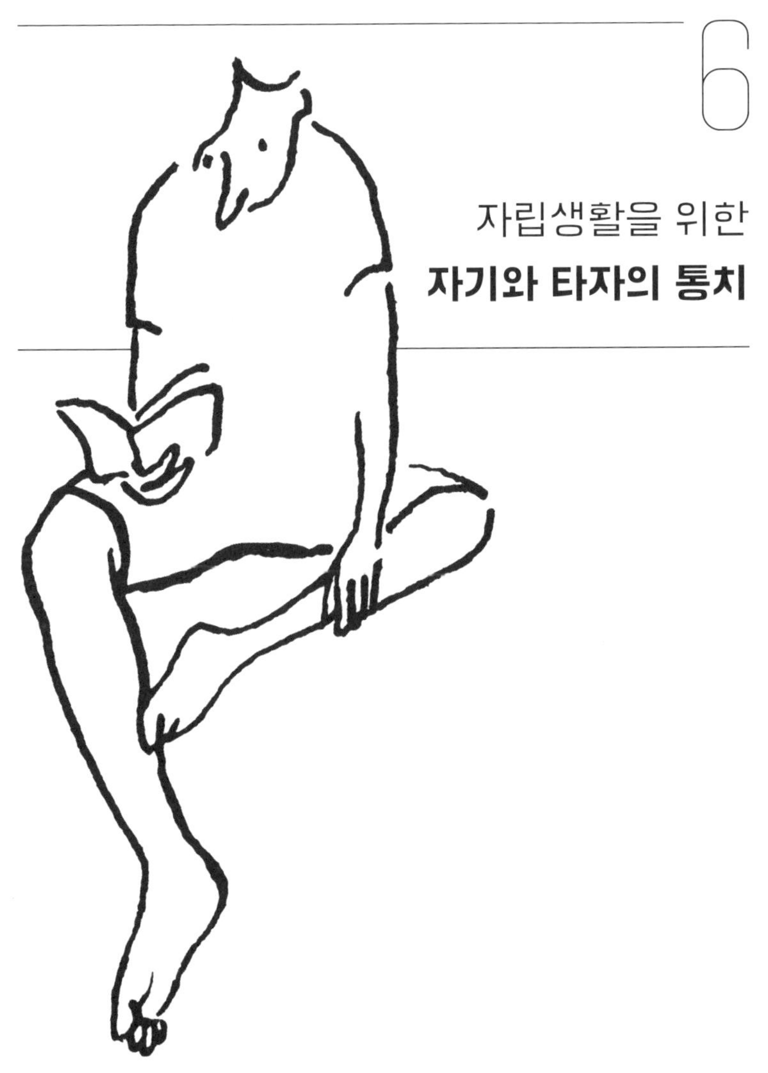

섹슈얼리티 통치와 자기 돌봄

《성의 역사 1: 앎의 의지》에서 푸코는 생명권력이 출현하면서 개인의 섹슈얼리티가 국가의 통치 대상으로 떠오른 역사를 고찰했다. 섹슈얼리티의 통치사를 다루면서 푸코의 관심은 자기를 통치하는 문제, 특히 섹슈얼리티에 대한 '자기통치'의 문제로 이동하기 시작했다.

'자기통치'에 대한 문제의식은 신자유주의 통치 형식에 대한 1979년의 강의에서 한층 더 구체화된다. 신자유주의적 통치는 국가의 통치를 최소화하고, 개인이 시장의 법칙에 따라 스스로를 통치하게 만드는 전략이기 때문이다. 신자유주의는 성과에 대한 보상이나 실패에 따른 리스크를 부여함으로써 사람들을 통계적 정상성 안으로 유도하면서도, 다른 한편 개인의 자기통치를 촉진하기도 한다. 신자유주의 통치에 내재한 자기통치성을 성찰하면서 푸코는 '통치gouvernement'라는 단어를 정치적 의미에 국한하지 않고, '생명vie(삶)을 특정한 방향으로 지도하다/이끌다/돌보다'라는 의미로 사용한다. 여기서 특히 중요한 것은 '돌봄'의 의미이다. 타인의 생명을 돌보든 자신의 삶을 돌보든, 정치 공간에서 돌보든 가정에서 돌보든, 몸을 돌보든 영혼을 돌보든, 의사나 교사, 목사처럼 직업 영역에서 돌보든 일상생활에서 돌보든 모든 '돌봄'은 곧 '통치'이다.

푸코의 《성의 역사 2: 쾌락의 활용》(1984)*과 《성의 역사 3:

자기의 돌봄》(1984)**은 고대 그리스와 초기 로마 사회에서 섹슈얼리티의 통치가 자기 돌봄의 주도적 형태로 이루어졌음을 고찰한다. 고대 그리스에서 '쾌락을 제공해주는 행위나 몸짓, 접촉'을 가리키는 말은 '아프로디지아aphrodisia'(아프로디테에 관한 일)이다. '아프로디지아'에서 중요한 것은 행위와 쾌락과 욕망을 연결하는 힘의 크기와 관계이다. 즉 아프로디지아에서 좋고 나쁨은 쾌락의 본성에 의거하는 것이 아니라, 관계 안에서 능동적인지 수동적인지 혹은 힘의 사용이 과도한지(낭비) 절도가 있는지의 기준으로 평가된다. 쾌락에 대한 윤리적 판단은 쾌락을 시의적절하게 활용하거나 쾌락을 주체의 사회적 지위에 걸맞게 활용하는지 여부를 고려해 이뤄졌지, 쾌락 자체의 '악함'이나 '병리성'을 묻지는 않았다. 고대 그리스인들은 식욕과 동일하게 성욕에 대해서도 '절제'를 중시했으나, 그것은 절대적인 도덕 때문이 아니라 육욕에 대한 자기 통제력을 높이기 위함이었다.

고대 그리스인들은 성적 활동 속에서 '자유를 양식화'하는 것을 성애의 윤리로 삼았다. '자유를 양식화'한다는 것은 법이나 권리로 자유를 규정하는 것이 아니라, 자유인의 능동성을 유지할 수 있는 몸과 영혼과 행위의 상태를 갖추는 것을 뜻한다. 그리스인들에게 자유는 '권리'이기 이전에 자기의 내적 '역

* 미셸 푸코, 《성의 역사 2: 쾌락의 활용》, 문경자·신은영 옮김, 나남, 2018.
** 미셸 푸코, 《성의 역사 3: 자기 배려》, 이혜숙·이영목 옮김, 나남, 2004.

량'이다. 그 자유의 역량을 증가시키는 것이 바로 에토스ethos, 즉 '존재 양식'을 갈고닦는 윤리적 실천이다.

그리스인들은 이런 윤리적 자유가 정치적인 자유로 이어진다고 생각했다. 너무 단순한 논리라는 생각이 들 수도 있다. 그래도 법과 규칙은 필요하지 않을까? 하지만 잘 생각해보면, 법과 규약의 필요성은 (개인이든 집단이든) 자유를 양식화할 수 있는 능력과 자기를 통치할 수 있는 역량이 소진될 때 생겨난다. 법은 복종해야 하는 무엇이 아니라 마치 줄넘기에 줄을 이용하는 것처럼 활용하면 되는 도구와도 같다. 궁극적으로는 없어도 되지만, 부단한 자기통치 활동에 일정한 리듬을 부여하고 통치 역량을 조금씩 증대시키기 위한 도구로 법을 활용할 수 있다.

고대 그리스에서 아프로디지아에 대한 관심은 자기통치의 일환이었기 때문에 성관계를 맺는 대상에 대한 도덕은 상대적으로 강조되지 않았다. 가령 성관계는 철저히 결혼제도 안에서만 가능한 것으로 제한되지 않았고, 부부관계의 충실성에 대한 도덕 또한 별반 강조되지 않았다. 간통은 분명 불법이었지만, 그것은 다른 시민(남성)의 '가정(부인)에 대한 통치권'을 침해했기 때문이지, 아내에 대한 충실성의 원칙을 위반했기 때문이 아니다. 성행위가 이성관계에 제한되어야 한다는 절대적인 원칙도 없었다. 동성애를 특별히 문제 삼지 않은 것도 같은 맥락에서 이해할 수 있다. 누구와 성행위를 하느냐보다, 관계에서 어떤 태도를 취하느냐가 주된 관심사였기 때문이다.

다만 동성애에서는 자기 돌봄뿐 아니라 상대방에 대한 돌봄도 중시되었다. 왜냐하면 동성애를 나누는 파트너 역시 자기를 돌봐야 하는 남성 주체이기 때문이다. 파트너가 소년일 때는 애인이자 스승으로서 그를 통치할 수 있지만, 언제까지 그를 수동적 상태로 내버려둘 수는 없다. 그가 성인의 나이가 되면, 그 역시 능동적인 성애 주체가 되어야 한다. 따라서 언제 (동성)연애 관계를 끊어야 하는지, 어떻게 끊어야 하는지, 그 후 소년은 어떻게 자유인으로 성장할 수 있을지 섬세한 관심이 요청된다. 성애관계에 내재한 정서적 몰입의 위험, 상대에 대한 과도한 집착의 위험, 우정과 사랑 혹은 사랑과 예속의 경계 설정, 불성실과 매음의 비윤리성, 상대방을 배려하는 방법, 관계를 끊는 시기와 방법 등 현대에는 주로 이성애 관계에서 고려되는 '연애의 기술'이 고대 그리스에서는 주로 동성애 관계에서 고민되었다. 오늘날의 동성애에서도 이런 연애술이 필요하긴 마찬가지다. 푸코가 섹슈얼리티의 통치에서 자기통치와 윤리의 문제를 강조한 것은 바로 이런 맥락에서다.

《성의 역사 3: 자기의 돌봄》은 헬레니즘 시대의 성애술에 초점을 맞춘다. 기원후 2세기에 접어들면서 자기 돌봄의 성애술은 더욱 엄격하고 보편적인 윤리학으로 발전했다. 고대 그리스의 자기 돌봄에서 중시된 '절제'의 미덕이 헬레니즘 시대에는 '금욕'의 미덕으로 한층 엄격해졌다. 몸에 좋고 나쁨이 한층 더 강조되면서 자기 훈육을 위한 금욕으로 발전했다. 특히,

시선과 빛의 이미지에 사로잡힌 성욕이 몸을 해치는 것으로 비난받았다. 쾌락 자체를 목적으로 추구하지 말라는 충고가 범람했고, 양생술 일반을 다루는 규범들 중에서도 특별히 성행위에 관한 규범이 더 강조되었다.

철학자의 결혼을 둘러싼 논란도 있었다. 스토아 학파는 철학자라면 마땅히 타인에게 모범을 보여야 하므로 결혼하는 것이 좋다고 주장한 반면, 견유 학파(에피쿠로스 학파)는 모든 이를 사랑해야 하는 현자의 예외성을 고려할 때 결혼을 하지 않는 게 좋다고 했다. 견유주의자들의 금욕은 자기 지배를 위한 역량 강화의 수단이었다. 하지만 기독교의 사목 제도는 금욕을 복종하기 위한 자기 포기로 변형시켰고, 결혼에 대한 현자의 예외성도 목자의 순결성, 목자의 희생을 통한 만인의 구원이라는 초월적 관념으로 변형시켰다.

고해성사와 '고백' 사회

《성의 역사 1: 앎의 의지》에서 푸코는 섹슈얼리티의 통치에서 성에 대한 진실(지식)이 생산되는 장치로서 '고백'의 역사를 고찰했다. 순례자의 참회 의식과 고행의 일환이던 고백이 기독교 사목 제도로 자리 잡은 것은 13세기 스콜라 철학의 시대였다. 성직자의 권한을 강화하면서 평신도는 1년에 한 번,

성직자들은 한 달에 한 번 혹은 한 주에 한 번 자신의 죄를 고백해야 하는 제도가 생겼다. 내키는 대로 아무 데서 아무 말이나 고백하지 않는 것을 원칙으로 하는 것이 '제도화'의 요점이다. 그리고 개인의 '고행'으로 고해를 대신하도록 하지 않고, 반드시 사제를 찾아가 특정한 양식에 맞춰 고백하고 사제를 통해 용서받도록 했다. 이때부터 금지된 성행위가 고백의 주된 내용을 이뤘다. 간음과 간통에 관련된 죄, 합법적 성관계로 귀착되지 않는 애무와 자위행위, '자연스럽지 않은' 성행위인 동성애, 근친상간, 수간 등이 고백해야 할 죄의 내용이었다.

고백 제도는 16세기 종교개혁과 함께 또 한 번 비약한다. 가톨릭 세력은 종교개혁에 대응하여 '양심지도'라는 제도를 발전시켰다. 그 중심에 고해성사의 확대 개편이 있다. 고해실이라는 공간이 처음 언급된 시기도 1516년이다. 고해성사가 확대되면서 고백의 절차와 방식도 바뀐다. 개혁의 핵심은 '조심성'이다. 16세기 양심지도술은 고백 과정에서 일어날 수 있는 언어적 유혹에 민감하게 반응했다. 고백할 때는 반드시 말을 아끼고 조심하여 비유적으로 표현하게 했다. 또한 직접적인 성행위가 아니라, 에둘러서 자신의 몸가짐과 자질구레한 행동, 느낌, 생각을 털어놓도록 고백할 사항도 간접화했다. 조심성에서 비롯된 이런 간접화는 고백해야 할 죄목을 따로 정하지 않고 '삿된' 행위를 일으킬 수 있는 모든 것들, 특히 육욕적인 생각과 욕망에 대해 전부 말하도록 했다.

이때부터 서구는 고백이 유별나게 행해지는 사회가 되었

다. 고백은 성性은 물론 개인에 대한 진실을 산출하는 가장 중요한 기법이 되었다. 고백을 통한 진실은 사법, 의학, 교육, 가족관계, 애정관계, 일상생활과 일상 의례 속으로 퍼져 나갔다. 자신의 범죄와 과오, 생각과 욕망, 과거와 미래의 꿈, 몽상과 환상을 고백하는 것이 권장되고 의무화되었다.

고백이 진실을 산출한다는 믿음은 고백을 통해 자기를 알 수 있다는 믿음에서 비롯된다. 고백은 자기에 대해 말함으로써 자기에 대한 인식에 도달하는 담화 장치다. 자기를 아는 것, 자기를 인식하는 것이 고백의 철학적 가치로, 푸코는 근대 철학이 고백의 담화 장치를 통해 형성되었다고 말한다. 데카르트, 칸트, 헤겔 등으로 대표되는 근대 철학은 고백의 형식으로 진리를 산출하고자 했다. 근대 철학에서 진리는 의심하는 자기를 인식함으로써(코기토cogito) 열리며(데카르트), 인식하는 자기의 선험적 형식에 의해 포착되고(칸트), 자기의식을 향한 정신의 운동을 통해 산출된다(헤겔). '자기를 아는 것', '자기 인식'이 진실(진리)의 주된 형식이 된 것이다.

'너 자신을 알라'의 나쁜 사례

푸코가 자기 인식의 장치로 고백을 강조한 것은 자기 인식의 통치 효과를 부각하기 위함이다. 기독교의 통치권력(사목권력)은 고백의 진실 장치를 통해 통치자(목사)의 권력을 강화했다. 고백에서 진실을 산출하는 자는 말하는 자가 아니라 듣는 자다. 그는 고백의 말을 듣고 거기서 죄의 씨앗을 발견하여 판결한다. 결과적으로 고백은 듣는 자, 즉 자기를 해석하고 판결하는 자에게 복종하도록 만든다. 고백을 통해 알게 된 '자기'는 듣는 이에게 해석된 자기, 듣는 이의 평가틀에 의해 여과된 자기이다.

고백을 통한 자기 인식은 이처럼 타자의 틀에 맞춰진 자기 인식을 요구한다. 이때의 자기 인식이란 결과적으로 자기의 왜소함·보잘것없음, 자기의 오류와 죄를 인식하는 것이다. 이런 자기 인식은 곧 자기를 포기하고 타자의 기준에 복종하도록 유도한다. 자기 인식의 가장 고대적인 표현인 '너 자신을 알라'가 말 그대로 '알라'는 뜻이 아니라 '주제 파악하고 나서지 말라'는 뜻으로 이해되는 것은 이 때문이다. 그런 점에서 장애등급 심사는 장애인에게 자기 포기의 효과를 일으키는 고백 장치와 다름없다. 2013년 7월, 간질장애를 가진 남성 박진영 씨(39)가 주민센터에서 자살한 사건이 있었다. 박 씨는 다섯 살 때부터 간질이 있었다. 그는 간질장애로 근로 능력이 없음을 입증하고 기초생활 수급비로 근근이 생계를 이어왔다. 간질장애는 '장애인복지법'에 의거하여 3년에 한 번씩 의무적으로 장애등급 재판정을 받도록 되어 있었다. 간질장애 3급이던 박 씨는 2010년 장애등급 재판정에서 4급으로 하락했고, 2013년에는 아예 '등급 외' 판정을 받아 기초생활 수급 자격이 박탈됐다. 박 씨는 주민센터를 찾아 자신에게 내려진 '등급 외' 판정에 대한 설명을 요구했지만, 아무도 설명해주지 않았다. 박 씨는 미리 준비한 유서를 세 부 복사하여 청와대, 의정부경찰서, 의정부시청에 보내달라는 말을 남기고, 사회복지 담당 공무원 앞에서 자신의 가슴을 날카로운 흉기로 찔러 죽었다.

장애등급 심사는 타자에게 자신의 몸과 행위에 대해 전부 말하게 함으로써 결함과 무능력에 의거하여 자기를 인식하게 만든다는 점에서 고해성사와 흡사하다. 2019년 7월부터 장애등급제는 폐지되었지만, 상황은 별반 달라지지 않았다. 등급제 대신 도입된 복지서비스 수급을 위한 종합조사는 더욱 촘촘한 심사 기준을 내세워 '너 자신을 알라'는 명령어를 내면화하도록 한다. 장애인들이 서비스 종합조사표를 기준으로 자기 스스로를 결핍되고 무능한 존재로 인식하도록, 그렇게 해서 복지서비스를 '구걸'하고 국가에 '복종'하도록 만드는 것이다.

푸코의 사유 여행:
자기 돌봄의 철학자를 찾아서

신자유주의 통치체제는 사람들로 하여금 타인에게 무관심한 채 각자 '자기 돌봄'에만 몰두하게 만든다. 그런 폐쇄적인 자기 돌봄을 추동하는 것은 스스로의 결핍과 무력함을 발견하도록 하는 고립된 자기 인식이다. 푸코는 신자유주의의 통치체제를 떠받치는 폐쇄적인 자기 돌봄과 고립된 자기 인식의 결합을 고찰한 후, 그와는 다른 방식의 자기 인식과 자기 돌봄을 찾아 고대로 사유 여행을 떠난다. 그 여행에서 푸코는 '너 자신을 알라'는 철학적 명령의 원조인 소크라테스에게서 자기 돌봄과 자기 인식의 새로운 의미를 발굴한다. 소크라테스(BC 470~BC 399)가 살던 시대에는 '돌봄'으로 번역될 수 있을 만한 단어로 '에피멜레이아epimeleia'가 있었다. 에피멜레이아란 누군가를 돌보는 활동, 가령 신이 인간을 돌보고, 폴리스의 법이 시민들을 돌보고, 지휘관이 병사들을 돌보고, 체육교사가 학생들을 돌보고, 가장이 가족을 돌보고, 의사가 환자를 돌보는 것과 같은 활동을 의미한다. 거기에는 신체를 돌보는 일뿐만 아니라 영혼을 돌보는 일도 포함된다. 에피멜레이아는 누군가를 도와 그가 해야 할 것과 하지 말아야 할 것을 지적해주는 활동 혹은 진실한 견해와 잘못된 견해를 구분할 수 있게 해주는 활동이다.* 고대 아테네에서 시민은 가장으로서 '오이코스oikos'(가정)를 돌보고, 민회에 참석하여 '폴리스police'(국가)를 돌볼 권리와 의무를 가진다.

그러나 소크라테스는 가정을 돌보지 않았고, 민회에 참석하는 것도 꺼렸다. 대신 그는 광장이나 길거리에서 사람들을

* Michel Foucault, *The Courage of Truth: The Government of Self and Others II: Lectures at the College de France, 1983-1984*, Translated by Graham Burchell, St Martins Press, 2011, p.109.

찾아다니며 돌봤다. 좀 더 정확히 말하면, 그는 사람들의 지혜를 돌봤다. 당신들의 지혜는 어떠한가? 당신들은 얼마나 자신의 지혜를 잘 돌보고 있는가? 자신의 지혜가 어떤 상태에 있는지 잘 돌봐야 하며, 그게 다른 어떤 돌봄보다 중요하다는 것, 소크라테스가 사람들을 붙들고 강조한 돌봄이란 이런 것이다.

소크라테스의 철학적 명제이자 아폴론 신전 입구에 적혀 있다는 '너 자신을 알라Gnōthi seauton'는 말의 의미가 여기 있다. 지혜를 통해 신도 알아야 하고, 자연도 알아야 하고, 정치도 알아야 하고, 세상사에 관해 알아야 할 것이 많지만, 무엇보다도 먼저 알아야 할 것은 '자기self'라는 것이다. 소크라테스의 나이 40세 무렵, 소크라테스를 존경했던 친구 카이레폰이 델포이의 아폴론 신전을 찾아 그리스에서 가장 지혜로운 자가 누구인지 물었다. 신전의 여사제 퓌티아는 "소크라테스보다 지혜로운 자는 없다"고 대답했다. 신탁을 전해 들은 소크라테스는 그 말을 믿지 않았다. 그럴 리 없다고 생각한 소크라테스는 아테네 곳곳을 돌아다니며 이름난 정치인부터 장인, 비극작가, 체육교사, 소피스트에 이르기까지 지혜롭다는 사람들을 만나러 다녔다.

'소크라테스보다 지혜로운 자는 없다'는 신탁을 검증하기 위해 그는 자신의 지혜를 시금석 삼아 사람들의 지혜를 테스트했다. 정치에 대한 지혜, 용기에 대한 지혜, 사랑에 대한 지혜, 기술에 대한 지혜 등 온갖 종류의 지혜를 놓고 타인의 지혜와 자신의 지혜를 견주었다. 결론은? 신탁이 옳았다. 사람들은 저마다 탁월한 지혜를 지녔고, 어떤 면에서는 소크라테스보다 뛰어났지만, 소크라테스는 그들에게 없는 지혜를 갖고 있었다. 소크라테스에게는 '자기'에 대한 지혜가 있었던 것이다. 자기의 무지에 대한 지혜, 자기의 지혜에 대한 반성적 앎에 있어서 소크라테스보다 뛰어난 자는 없었다.

다른 이들은 '대상'에 대한 지혜가 전부라고 여기며 자신을 한껏 뽐내고 사람들을 가르치려 들었지만, 정작 '자기'에 대한 지혜는 부족했다. 그들의 지혜는 앞으로 나아가지 못한 채 한 곳, 이를테면 전통이나 관습, 통념에 붙들려 있었다. '나는 나의 지혜만이 아니라 나의 무지에 대해서도 알고 있다. 그래서 나는 지혜로운 자·지혜의 교사·소피스트sophist가 아니라, 내게 없는 지혜를 갈구하는 자·지혜를 사랑하는 자·필로소피스트philosophist이다.' 바로 이것이 '철학'을 뜻하는 '필로소피아philosophia'라는 단어가 서구 역사에 출현한 맥락이다.

소크라테스의 통찰:
민주주의를 지탱하는 자기 돌봄

'너 자신의 알라'는 소크라테스의 명령은 자기 돌봄을 촉발한다. 자기에 대한 앎은 자기 돌봄의 실천을 '위해', 자기 돌봄의 실천 '속에' 있다. 자기를 잘 돌보려면 자기를 알아야 한다. 자기 몸과 영혼에 무엇이 부족하고, 무엇이 과도한지 알아야 한다. 소크라테스가 자기 돌봄의 역량을 꼭 갖춰야 한다고 특히 강조한 사람들은 타인을 돌봐야 하는 사람들, 타인을 통치하고자 하는 사람들, 타인을 돌볼 나이가 된 사람들이다. 아테네의 모든 자유인은 성인이 되면 가정과 공론장에서 타인을 돌봐야 한다. 소크라테스는 타인을 돌보는 일에서 가장 중요한 덕이 자기 돌봄이라고 역설한다. 자기를 돌볼 줄 모르는 자가 타인을 통치할 때 그 통치는 무절제해지고, 원칙을 상실하게 되며, 결국은 무력해진다.

펠로폰네소스 전쟁 이후 아테네 민주주의는 본연의 건강함과 진실성을 잃고 무절제한 애국심과 무원칙한 논쟁으로 타락했다. 소크라테스가 보기에 아테네 민주주의의 쇠락은 자기 돌봄 없이 타자의 돌봄에만 집착한 결과이다. 델로스 동맹을 이끌며 페르시아와의 전쟁에서 승리한 아테네는 동맹국과의 관계에서 '제국주의적 기생성'을 띠게 된다. 아테네의 전성시대를 이끈 페리클레스(BC 495~BC 429)는 델로스 동맹에 내는 각국의 세금을 유용하여 아테네 시민들에게 의회 출석 일당으로 배분했다. 또한 솔론과 달리 페리클레스는 외국인에게 시민권을 주지 않았다.

하층 자유민을 뜻하는 '데모스'가 부유함도 권세도 없이 아테네의 민주 정치에 참여하고 발언권을 행사할 수 있게 된 것은 그들이 페르시아 전쟁에 전함의 노잡이로 참가해 폴리스에 공헌했기 때문이다. 하지만 시민이 된 이후 이들은 민회에 참석하고 전쟁에 참여한다는 명목으로 농업·상업 따위의 생업을 외국인이나 노예에게 맡긴다. 민회에 참석할 수 없는 외국인과 노예에게 생계 노동을 '아웃소싱'하는 방식으로 민주주의가 유지된 셈이다. 그런 아웃소싱은 국외로 확장되어 아테네를 다른 폴리스에 대한 제국주의적 착취에 의존하는 민주정으로 타락시켰다.

민주주의와 제국주의 전쟁은 양립하기 어렵다. 스파르타와의 전쟁이 민주주의 동맹을 수호한다는 의미가 남아 있을 때, BC 429년 페리클레스가 전염병으로 죽었을 때 혹은 BC 421년 스파르타와 휴전 협정을 맺었을 때 아테네는 전쟁을 끝냈어야 했다. 그러나 '아테네 제국'을 그리워하던 민주파는 휴전 협정을 파기하고 반-스파르타 동맹을 강화하다 BC 418년 만티네아 전투에서 크게 패한다. 초조해진 아테네는 BC 416년 치명적인 결정을 내린다. 스파르타에 군사 지원을 하고 있었지만 직접 참전하지는 않은 작은 섬나라 멜로스를 포위한 후 스파르타 지원을 포기하든지 몰살당하든지 선택하라는 최후통첩을 보낸 것이다. 하지만 멜로스는 협박에 굴하지 않았다. 멜로스를 점령한 후 아테네의 민회는 순전히 자존심 때문에 멜로스의 성인 남자를 모조리 죽이고, 여자와 아이는 노예로 팔아버렸다.

불과 10년 전인 BC 427년만 해도 아테네는 비슷한 이유로 함락된 미틸레네에 대해 전혀 다르게 행동했다. 그때도 아테네의 민회는 미틸레네의 성인 남자를 모두 죽이고 여자와 아이들은 노예로 팔기로 결정했다. 민회는 미틸레네에 있는 아테네 주둔군에게 이 결정을 알리기 위해 연락선 한 척을 보냈다. 그러나 다음 날 민회는 그 결정이 너무 가혹하다는 의구심을 품고 다시 심의했다. 유력한 정치인 클레온은 강력한 대응만이 제국을 유지하는 길이라며 “변함없는 악법을 운용하는 나라가 불안정한 좋은 법을 운용하는 나라보다 낫습니다”라고 웅변했다. 그러나 클레온의 ‘악법도 법’이라는 취지의 웅변은 받아들여지지 않았다. 정의와 관용을 외친 무명 시민 디오도토스의 연설에 아테네 시민들이 감동한 것이다. 민회는 급히 쾌속선을 띄워 전날의 연락선을 따라잡았고, 결국 대학살을 막았다. 그때까지만 해도 아테네 민주주의는 살아 있었다. 자신의 결정을 번복할 용기가 있었고, 자신의 오류를 교정할 자신감이 있었으며, 전날의 연락선을 따라잡을 속도가 있었다. 그러나 계속되는 전쟁, 패배, 초조함이 국가주의를 강화했고, 제국주의적 기생성 속에서 민주주의는 타락했다.

소크라테스가 민회에 참여하기를 포기한 것은 이 때문이다. 아테네의 민회는 더 이상 ‘진실’을 받아들일 역량이 없었다. 소크라테스는 민회 대신 길거리로 나가 시민들 한 명 한 명을 만나 설득했다. 우선 자기를 알아야 하고, 자기를 돌볼 줄 알아야 한다고, 또한 자기를 통치할 수 있어야 타자 역시 잘 통치할 수 있다고. 자기 돌봄을 통해 소크라테스가 강조한 것은 자립 능력이다. 타인에게 의존하지 않고, 노예의 노동에 의존하지 않고, 다른 동맹국의 세금에 의존하지 않고 스스로를 돌볼 수 있어야 비로소 타인을 통치할 수 있는 것이다.

타인을 돌보는 목표 역시 자기 돌봄에 있다. 소크라테스는 시민들을 돌보았는데, 그로써 그들이 스스로를 돌볼 수 있기를 바랐던 것이다. 즉 소크라테스는 그들의 자기 돌봄을 돌본 것이다. 소크라테스가 자기 돌봄을 얼마나 중시했는지는 그의 친구 크리톤과의 마지막 대화에서 잘 드러난다. 소크라테스가 민회의 사형 선고를 받고 사약을 마시고 죽어갈 때, 친구 크리톤은 그에게 '자녀나 다른 문제로 부탁할 것은 없는지' 물었다. 소크라테스는 마지막 호흡으로 그저 '자기 자신을 돌보라'고 대답했다.

그는 자신의 자녀들에 대해서도 언급했는데, 그 대목은 《변론》에 자세히 나온다. 유죄 선고를 받고 난 뒤 소크라테스는 아테네 시민들에게 "만약 여러분들 생각에 제 아이들이 덕성보다도 재산이나 그 밖의 것들에 더 마음을 쓰는[epimeleistai] 것 같으면, 내가 여러분들을 성가시게 한 것처럼 제 아이들을 성가시게 해서 보복해주기 바랍니다"라고 연설한다.* 자신의 행동을 후회하기는커녕, 자기가 아테네 시민들에게 한 것처럼 자기 아들에게 황소 엉덩이에 붙은 등에처럼 성가시게 해달라고 부탁한 것이다. '등에'로서 끝까지 아테네 시민들의 엉덩이를 힘껏 물어뜯은 소크라테스는 민회라는 황소가 휘두른 꼬리에 맞아 죽는다.

'내 자식들을 잘 돌봐주시오. 그놈들이 자기를 잘 돌보도

---

* *The Courage of Truth*, p.112.

록 부디 등에처럼 성가시게 해주시오.' 소크라테스에게 자기를 돌보는 것과 타인을 돌보는 것은 뫼비우스의 띠처럼 순환한다. 자기를 돌볼 줄 알아야 타인도 돌볼 수 있다. 그리고 타인을 돌본다는 것은 곧 그가 스스로를 돌볼 수 있도록 만드는 일이다.

탈시설 장애인의 자기 돌봄

소크라테스의 이런 가르침은 장애인의 자립생활에도 가닿는다. 자립한다는 것은 자기를 타인의 돌봄에 내맡기지 않고 스스로 돌봄의 주체로 자기를 세우는 일이다. 이는 시설에 사는 장애인에게도 마찬가지로 해당하는 이야기이다. 시설의 비인간성은 장애인을 오직 돌봄의 대상으로만 여겨, 그들이 자기 돌봄의 주체임을 망각하게 만든다.

그런 점에서 고故 '지영' 활동가의 삶은 주목할 만하다. 그녀는 스물아홉에 감기바이러스로 경추 장애 판정을 받은 후 철원에 있는 요양원에 입소했다. 요양원에서 그녀가 마주한 것은 직원들의 결박과 욕설, 일상화된 폭력과 '돼지 밥 같은' 식단이었다. '지영' 씨는 여기에 순응하지 않고 다른 거주인들과 함께 1년 넘게 투쟁했다. 그 결과 그녀는 9시 넘어 TV 보기, 직원들과 동일한 식단 제공받기, 짜장면 시켜 먹기, 머리 기르기, 라면 먹기, 교회 가기, 컴퓨터방 만들기 같은 일상생활을 얻어냈다. 시설 밖에서는 아주 사소한 일들이지만, 시설 안에서는 파격적인 일들이다.

하지만 그토록 바라던 일상이 주어져도 시설은 시설이다. 아직 활동보조 제도가 만들어지기도 전인 2004년, 그녀는 "굶어 죽든 얼어 죽든 내 선택이다. 그게 인간이다"라고 선언하며 탈시설을 감행했다. 당시에는 활동지원사 제도가 없었기 때문에 자원봉사자를 구하지 못하는 날엔 굶기 일쑤였다. 그럼에도 그녀는 자신에게 주어진 자유를 만끽했고, 그 자유를 혼자만 누려선 안 된다는 신념이 있었다. '지영' 씨는 시설에 있는 친구들에게 자유의 공기를 불어넣는 활동가의 삶을 살았다.*

푸코에 따르면, 고대 자기 돌봄 문화의 특징은 자기 돌봄을 수행할 때 반드시 타인의 도움과 지도, 즉 돌봄을 요청하는 데 있다. 그 누구도 홀로 자기를 돌볼 수 없다. 자기 돌봄에는 반드시 타인의 도움과 돌봄이 필요하다. 자기 돌봄을 돕는 사람의 지위와 형상은 다양하다.

> 그 사람은 전문적인 철학자일 수도 있지만 문자 그대로 '아무나'여도 상관없습니다. 그는 제도적인 교육 시스템에 속해 있는 교사일 수도 있고(에픽테투스는 학교를 이끌었습니다), 단지 사적으로 친한 사람일 수도 있으며, 또 연인

* 〈"벚꽃같은 사람 지영, 고마웠어요"〉, 비마이너, 2016. 4. 14.

일 수도 있습니다. 그는 아직 완전히 성숙하지 못한 젊은이, 즉 아직 자기 인생의 근본적인 선택을 하지 못한, 아직 자기 자신에 대해 온전한 주인이 되지 못한 젊은이를 위한 일시적인 지도자일 수도 있고, 한 사람이 죽을 때까지 평생을 따라다니며 지도하는 영구적인 조언자일 수도 있습니다.**

장애인의 자립생활을 돕기 위해 활동지원사 제도를 도입한 것도 이런 취지다. 활동지원사는 가족이나 시설을 대신해서 장애인을 일방적으로 돌봐주는 사람이 아니다. 활동지원사는 장애인의 자립생활, 즉 장애인의 자기 돌봄을 지원해주는 사람이다. 처음 장애인들이 활동지원사 제도를 요구했을 때 공무원들이 그건 '비서'가 아니냐고 반문했는데, 그 말은 반은 맞고 반은 틀리다. 장애인 활동지원사는 장애인을 아래에서 돌봐주는, 즉 '서비스service'를 제공하는 '하인servant'이 아니라, 동등한 위치에서 장애인을 지원하는 노동자라는 점에서 틀렸다. 그러나 활동지원사가 장애인의 요구를 듣고 또 그의 통치를 받는 자라는 점에서 아주 틀린 말은 아니다.

장애인은 활동지원사에게 요구사항을 제시한다는 점에서 통치자이다. 소크라테스가 통치자에게 자기 돌봄 능력이 꼭 필요하다고 한 것처럼, 장애인은 활동지원 '이용자'로서 자기

** Michel Foucault, *The Courage of Truth*, p.5.

돌봄 능력을 길러야 한다. 장애인은 자기를 돌보는 데 무엇이 필요하고, 무엇이 필요 없는지 잘 알아야 한다. 자기 돌봄의 선수가 되어야 하는 것이다. 그래야 활동지원사에게 무엇을 지원해달라고 요구할지 알 수 있다. 그렇다고 활동지원사가 로봇이나 하인인 것은 아니다. 그는 장애인의 자기 돌봄을 인도하는 자다. 그에게는 부모의 인내력이 필요하고, 교사의 테크닉과 철학자의 지혜가 필요하다. 장애인의 자기 돌봄을 돌본다는 점에서 그 역시 통치자이기 때문이다.

다시 소크라테스의 가르침에 따라, 타인을 돌보는 자로서 활동지원사는 우선 자기를 돌볼 줄 알아야 한다. 시설에 살던 발달장애인 동생을 데리고 나와 함께 살기 시작한 다큐멘터리 감독 장혜영 씨는 장애인 형제를 둔 다른 사람들에게 "자기 자신을 사랑하는 일에 조금 더 골몰했으면 좋겠다"라고 꾹꾹 힘주어 말한다.* 활동지원사들이 자기 삶을 돌보기 위해 노조를 만든 이유도 여기 있다. 남을 돌보는 자는 우선 자기를 돌볼 줄 알아야 한다. 자기를 돌본다는 건 생계를 돌보는 것 이상의 의미가 있다. 꼭 철학자가 아니더라도 자기 삶, 특히 장애인의 삶과 깊이 연결된 자기 노동에 대해 철학적으로, 지혜를 갈구하는 태도로 성찰해야 한다. 그래야 자기 자신을 돌보는 것은 물론 장애인의 자기 돌봄도 잘 인도할 수 있다.

---

* 〈탈시설 그 이후의 이야기, '같이 사는 삶'에 관하여〉, 비마이너, 2018. 3. 24.

주권적 삶을 위한 파레지아

푸코에 따르면, 고대 그리스인들의 자기 돌봄 문화에서 돌보는 자에게 가장 중요한 덕목은 '파레지아parrhēsia'다. 파레지아란 어원상 '모든 것을 말하기pan rēma', '솔직하게 말하기', '자기의 진실을 남김없이 말하기'를 뜻한다.** 원래 파레지아는 아테네 민주주의의 핵심 덕목으로, 자유인이 공론장에서 자신의 의견을 자유롭게 말할 권리 및 역량을 의미했다. 소크라테스의 시대, 민회에서 더 이상 파레지아가 불가능해지면서 파레지아는 철학자의 윤리적 덕목이 되었다. 1982년의 강의《주체의 해석학》에서 푸코는 헬레니즘 시대 자기 돌봄의 지도자가 갖춰야 할 덕목으로서 파레지아의 기술적technic 의미를 탐색한다. 스토아 학파의 대표적인 철학자 세네카는 파레지아를 아첨과 대비하여 설명했다. 아첨은 자기를 있는 그대로 파악하지 못하도록 방해한다. 진실의 쓴소리, 즉 파레지아가 필요한 건 이 때문이다. 파레지아를 통해 듣는 이가 타자의 아첨을 필요로 하지 않도록 만드는 것이 중요하다. 쓴소리를 통해 듣는 이가 자신의 진상을 알게 하는 것이 핵심이 아니라, 그가 타인의 아첨에 의존하지 않고 자신의 진실을 낚을 수 있게 하는 것이 중요하다.***

** Michel Foucault, *The Courage of Truth*, p.9.

*** 미셸 푸코,《주체의 해석학》, 심세광 옮김, 동문선, 2007, 406쪽.

헬레니즘 시대 파레지아의 사용에서 강조된 것은 카이로스kairos, 즉 '때를 맞추는' 것이다. 카이로스는 그 이전과 이후를 가르는 '결정적 순간'을 일컫는 말이다. 파레지아에서 '때'가 중요한 이유는 그 목적이 영원한 진실을 도출하는 데 있지 않고 주체를 변형하는 데 있기 때문이다. 아무리 진실한 말이라도 듣는 이의 변화를 이끄는 적절한 때가 있다. 파레이지아의 진실성은 그 때를 맞추는 데 있다.

1983년의 강의 《자기와 타자의 통치》에서 푸코는 파레지아의 윤리적 의미에 주목한다. 소크라테스의 말이 진실한 것은 객관적이고 논리적인 근거 때문이 아니라, 그의 말이 그의 삶과 조화를 이루기 때문이다. 그는 그 누구보다 철저하게 자기 돌봄을 실천했다. 그는 자기를 단련했고, 그렇게 해서 스스로를 매우 강건하게 만들었다. 그는 술자리에서 항상 마지막까지 남아 있었지만 단 한 번도 술에 취해 비틀거린 적이 없었다고 한다. 펠로폰네소스 전쟁에 참여했을 때는 후퇴 시 가장 뒤에서 적을 살피며 다친 친구를 이끌고 천천히 물러섰다. 또한 "얼어붙는 추위도 개의치 않고 아침밥도 원치 않으며, 술과 포식과 그 밖의 어리석은 일들로부터도 멀리 떨어져 있었다"*.

소크라테스는 자유인의 삶을 위해 금욕을 실천했다. 자유롭다는 것은 달리 말해 의존적이지 않다는 것이다. 좋은 옷과

---

* 디오게네스 라에르티오스, 《그리스철학자열전》, 전양범 옮김, 동서문화사, 2008, 102쪽.

좋은 음식과 좋은 집에 대한 욕구에 휘둘리면 그만큼 타인의 도움에 의존해야 하고, 원치 않는 일도 해야 하고, 진실하지 않은 말도 해야 하기 때문이다. 소크라테스는 가게에 진열된 상품들을 두고 "나에게 얼마나 많은 것들이 필요치 않은 것일까? 은 접시도, 자줏빛 옷도 비극작가에게는 도움이 되지만 살아가는 데는 쓸모없는 것들"**이라고 중얼거렸다. 소크라테스는 주인된 자의 자립 능력을 가르치기도 했다. 어느 날 그는 자기 하인을 몹시 야단치고 있는 사람을 발견했다. 왜 그러느냐고 묻자 주인은 하인을 가리키며 "이 자는 먹기만 하고, 아무것도 조심하지 않으며, 돈을 무척 탐내면서 아무 일도 하지 않으려 합니다"라고 말했다. 그러자 소크라테스는 "그대는 두 사람 가운데 누가 더 맞아야 하는지 한 번이라도 생각해보았는가? 그대인가? 그대의 하인인가?"***라고 반문했다.

소크라테스는 항상 다수의 통념에 의존하지 말 것을 당부했다. 누군가 소크라테스에게 그의 제자 안티스테네스가 비천한 트라키아 출신의 어머니에게 태어난 자라며 비아냥거렸을 때 소크라테스는 "너는 아테네인 부모에게서 태어난 것이 그토록 고귀한 일이라고 생각하는가?"****라고 되물었다. 또한 전쟁 포로가 되어 아테네에 끌려와 노예 신세로 전락한 파이

** 《그리스철학자열전》, 100쪽.

*** 크세노폰, 《소크라테스 회상록》, 천병희 옮김, 숲, 2018, 183쪽.

**** 디오게네스 라에르티오스, 《그리스철학자열전》, 104쪽.

돈의 몸값을 치러줌으로써 그를 자유인으로 해방시켰다. 이후 파이돈은 소크라테스를 따르는 철학자가 되었다. 소크라테스의 파레지아적 대화 방식은 자주 사람들을 짜증나게 했기 때문에 그는 사람들에게 주먹세례를 받거나 머리끄덩이를 잡히기 일쑤였다. 그가 발길질을 당해도 참는 것을 보고 질린 얼굴을 한 사람에게 그는 이렇게 말했다. "만일 당나귀가 나를 발길로 걷어찼다면 나는 당나귀를 상대로 소송을 걸어야 하겠는가?"*

소크라테스의 자기 돌봄에 대한 사유는 이후 플라톤 계열과 디오게네스 계열로 분기되었다. 플라톤의 철학은 '자기 돌봄'에서 '자기란 무엇인가?'라는 문제에 천착하여 자기의 '영혼'을 돌보는 형이상학으로 발전했다. 다른 한편, 디오게네스의 철학은 '자기를 돌보는 삶은 어떤 삶인가?'라는 문제에 천착하여 관습과 도덕에 얽매이지 않는 실존의 미학으로 발전했다. 디오게네스와 견유주의자들은 소크라테스의 금욕을 극단으로 밀고 나가 망토와 지팡이 외에는 아무것도 소유하지 않았다. 또한 디오게네스는 통념에 굴복하지 않는 소크라테스의 태도를 극단으로 밀고 나가 국법·관습·도덕에 얽매이지 않고 오직 자연의 이치에 따라 살았다.

그래서 견유주의자들의 삶은 '개와 같은 삶bios kunikos'이 되었고, 사람들도 그들을 향해 '퀴니코스'(개 같다)라고 했다. 그

---

* 《그리스철학자열전》, 99쪽.

들은 개라는 동물에게 부여된 비루함, 부끄럼 없음, 부도덕함 같은 부정적인 가치를 긍정적인 가치로 전도시켰다. 견유주의자들은 비루해 보일 정도로 가난을 실천했다. 즉각 충족되어야 하는 욕구 이상의 어떤 욕망도 갖지 않았으며, 무언가에 집착하지도 않았다. 견유주의자들은 자연의 본성에 따른 삶, 즉 동물적 삶에는 부끄러워할 것이 없다고 생각했다. 그래서 그들은 음식을 먹는 일이나 성욕을 충족시키는 일 모두 공개된 장소에서 했다. 또한 국법이나 관습, 도덕에 의존하지 않는 자율적 삶, 즉 '아우토노모스auto-nomos'를 지향했기에 보편적 자연법을 기준으로 올바름과 그름, 주인과 적을 구별했다. 그들은 적을 보면 짖고 물어뜯는 전투적인 삶을 살았다.

장애인의 자립생활도 그렇다. 역설적이지만, '나는 개가 아니다'라고 외치며 탈시설한 장애인의 삶에도 '퀴니코스'한 면이 있다. 탈시설 장애인의 자립생활을 '정상성'에 입각한 '인간적' 삶에 가둬선 안 된다. 그들의 삶은 정상과 비정상, 인간과 비인간의 경계선 위에서 '짖어대고' 그 경계선에서 발생하는 차별과 배제의 장치들을 '물어뜯는' 견유주의적 전투성을 연상시킨다. 탈시설 장애인의 자립은 단지 사회에 편입되는 생활이 아니라 장애인의 자립을 불가능한 것으로 만드는 가치체계를 전복시키는 삶이다. 그것은 소수자에게도 한 자리 내주는 시혜가 아니라, 정상과 비정상, 쓸모 있음과 쓸모없음의 구분법에 의문을 제기하고, 물리적 문턱과 감각의 문턱, 주체성의 문턱과 관계의 문턱을 물어뜯는 싸움이다.

스토아 학파의 또 다른 철학자 에픽테토스는 견유주의자를 정찰견kataskopos에 비유했다. 견유주의자는 세계 속에서 일어나는 일들이 인간에게 좋은 것인지 나쁜 것인지 알아보기 위해 인류보다 앞서 파견된 정찰병이라는 것이다.* 탈시설 장애인의 자립생활도 그렇다. 시설 밖 생활이 불가능할 것 같던 중증장애인이 자립생활을 이어나갈 때, 의사결정은커녕 의사표현조차 못할 것 같은 발달장애인이 씩씩하게 사회생활을 해나갈 때 그것은 인류 전체의 역량, 사회적 역량의 한계치를 매번 갱신하는 사건이 된다.

따라서 자립생활을 위한 탈시설 장애인의 투쟁은 장애인만의 특수한 문제가 아니라 인류 보편의 문제이다. 장애인은 비장애인과 질적으로 다른 문제를 갖고 있는 집단이 아니라, 비장애인들이 편견, 무지, 게으름 때문에 잘 느끼지 못하는 문제를 훨씬 더 예민하고 절실하게 느끼는 사람들이다. 내가 철학 교사로 있는 '노들장애인야학'이 장애인을 도우러 온 사람(야학 교사나 자원봉사를 하러 온 사람)을 맞이할 때 항상 다음의 문구를 낭독하는 것은 그 때문이다.

> 만약 당신이 나를 도우러 여기에 오셨다면,
> 당신은 시간을 낭비하고 있는 겁니다.
> 그러나 만약 당신이 여기에 온 이유가

* Michel Foucault, *The Courage of Truth*, p.166

당신의 해방이 나의 해방과 긴밀하게 결합되어 있기 때문이라면,
그렇다면 함께 일해봅시다.

—멕시코 치아파스의 어느 원주민 여성

추천의 말

김원영

변호사·《실격당한 자들을 위한 변론》 저자

장애인 운동의 현장('장판')을 조금이라도 경험한 사람이라면 어느 순간 푸코라는 이름을 찾지 않을 수 없다. 장애학/장애인 운동은 늘 장애를 바라보는 사람들의 그 시선과 태도, 권력을 다시 바라보는 일을 수행하기 때문이다. 바로 그것이 푸코가 한 일이다. 그는 근대적인 '인간학'의 형성 과정을 고고학자가 유물을 발굴하듯 탐험한 연구자였고, 구빈원·감옥·정신병원과 같이 '비정상'이라고 여겨지는 사람들을 분류하고 훈육했던 공간을 통해 '정상인'의 세계를 도해한 철학자이자 운동가였다. 하지만 현실의 구빈원·감옥·정신병원을 이제 막 탈출했거나 탈출하는 중인 '장판'의 활동가들이 푸코의 말을 이해하기에는 너무 바쁘고, 치열하다. 반대로 푸코의 사유에 심취한 연구자가 '구빈원'·'감옥'·'정신병원'을 제대로 경험했을 가능성은 높지 않다(지금 이곳이 감옥일지라도 말이다). 이 책 《'장판'에서 푸코 읽기》는 푸코가 2020년 우리가 살아가는 이 공간을 이해하는 데 이토록 생생한 철학자라는 점을 어렵지 않게 전달한다는 점에서 뛰어나다.

그러나 무엇보다 이 작업이 '푸코에서 장판을 읽는' 것이 아니라 '장판에서 푸코를 읽는' 것임을 나는 강조하고 싶다. 이 책을 통해서 우리는 푸코의 언어와 사유에 기초하여 장애인이라는 존재, 장애인을 장애인으로 만드는 근대적 인식론과 권력질서를 이해할 수도 있지만, 푸코의 이념을 우리가 제대로 사유하기 위해서는 '장판'의 한가운데 앉아 있어야 함을 깨닫게 된다. 다시 말해, 이 책은 푸코를 경유하면 '장판'을 이해하는 데 유용하다는 점을 보이기보다는, 푸코의 사유가 '장판' 위에서야 비로소 우리 앞에 그 면모를 드러낸다는 것을 입증한다. 푸코만 그럴까? 이 책을 읽은 후 '장판'을 깔고 앉아서야 가능한 철학(자)의 이름을 열거해보자.

《'장판'에서 푸코 읽기》 알라딘 독자 북펀드에 참여해주신 분들

(가나다 순)

강남규
강명희
강미량
강민정
강병재
강성호
강윤진
강주영
강준모
강혜민
견명인
고영철
고은섬
고 진
곽 호
권용해
권혁진
김광백
김광이
김대엽
김대용
김대현

김동건
김명준
김민영
김새롬
김서룡
김서현
김선득
김성인
김세주
김수경
김수민
김순화
김 신
김아미
김엘림
김영록
김영찬
김예원
김 원
김원영
김유나
김유미

김은영
김정선
김주예
김지원
김철수
김풍기
김 현
김현주
김형준
김호진
김화수
김환희
김효송
나선미
나순현
나영정
노규호
노수희
도영민
류보경
문강현
문민기

문상필
문현삼
민다진
민현경
박고운나
박내현
박도희
박동수
박두현
박복순
박상현
박세빈
박소원
박송이
박승원
박연수
박임당
박장준
박종관
박종주
박주석
박주종

박준우
박준호
박지성
박지유
박혜란
박혜진
배인경
배 현
백수영
백영웅
변수양
변철환
변현준
서문기
서미란
서연재
서주원
선완규
손병국
손상범
송병호
송서경

송승연	유해정	이의철	정동헌	추명구
송시형	윤주영	이자영	정문희	탁영희
신동준	윤해정	이정민	정순우	하금철
신지은	윤 형	이정실	정우주	하재빈
신진호	윤혜진	이정옥	정월수	하택근
안기종	이가연	이준기	정진영	한 준
안지영	이건우	이지양	정창조	한혜선
안희제	이다혜	이지연(2)	정태영	함보현
양재구	이동윤	이지은	정헌목	허 경
양준호	이동환	이지훈	조미연	허 은
엄영선	이미진	이진섭	조성국	허정수
엄재현	이병재	이진옥	조세영	허현덕
여상포	이병현	이창엽	조아라	홍권호
염운옥	이상해	이철원	조주영	홍영득
오상민	이상효	이현수	주수정	홍종원
오세령	이소연	이현열	주진영	홍천행
오예주	이수현	이형기	최명신	화소영
오재현	이수진	이혜영	최문석	황윤정
우동한	이순영	이희진	최미경	황은정
원예은	이슬기	임예지	최보윤	황현숙
유금문	이승원	장문혁	최성용	황희정
유다영	이승환	장유경	최세민	Chansoo Kim
유동훈	이심지	장윤정	최양우	
유명주	이연주	장은지	최유미(2)	
유명희	이영은	장은진	최정선	
유성원	이윤서	장주희	최진석	
유아름	이은영	전설인	최진영	
유일다	이은직	전우종	최진호	
유준상	이은진	정경직	최한별	**총 250명 참여**

'장판'에서 푸코 읽기

초판 1쇄 펴낸날 2020년 8월 3일
초판 2쇄 펴낸날 2021년 7월 1일
지은이 박정수
펴낸이 박재영
편집 이정신·임세현·한의영
디자인 조하늘
제작 제이오
펴낸곳 도서출판 오월의봄
주소 경기도 파주시 회동길 363-15 201호
등록 제406-2010-000111호
전화 070-7704-2131
팩스 0505-300-0518
이메일 maybook05@naver.com
트위터 @oohbom
블로그 blog.naver.com/maybook05
페이스북 facebook.com/maybook05
인스타그램 instagram.com/maybooks_05

ISBN 979-11-90422-40-6 03300

만든 사람들
책임편집 임세현
디자인 조하늘